성공한 노무현, 실패한 노무현

이장규 | 손병수 | 고성표 | 박유미

===== 들어가며 =====

"왜 하필, 지금 노무현인가?"

1년 전 취재팀을 꾸렸을 때 가장 많이 받은 질문이었습니다. 사실은 취재팀 스스로도 궁금했습니다. 비극적으로 삶을 마감한 전직 대통령이, 재직 중에는 인기가 바닥이었던 노무현이, 지금은 국민이 가장 좋아하는 대통령이 된 이유가 도대체 무엇일까. 그래서 우리 팀은 지난해 5월, 봉하마을에서 열린 노무현 대통령 15주기 추도식 출장 취재부터 작업을 시작했습니다.

독자 여러분이 기억하다시피 노무현은 민주화 이후 우리 현대사에서 매우 독특한 존재입니다. 출생에서 죽음에 이르는 모든 과정이 평범하지 않았습니다. 영광과 좌절, 성공과 실패가 씨줄과 날

줄처럼 뒤엉켜 반전에 반전을 거듭한 삶이었습니다. 5공 청문회 스타로 떴지만 3당 합당에 반대해 낙선을 거듭했고, 간신히 야당 후보가 돼서는 승산 없는 후보 단일화에 나섰습니다. 드디어 대통령이 되자 이라크 파병, 한·미 FTA(자유무역협정) 등 지지 기반을 버리는 정책 결정을 감행했습니다. '바보 노무현'으로 집약되는 이런 면모들이 언론과의 싸움, 부동산·교육 개혁 실패, 걸핏하면 터졌던 말실수 등 그가 재직 중에 저지른 무수한 실책들을 가려주고 있습니다.

취재팀은 지난 1년간 노무현과 참여정부 5년의 공과를 복원하고 평가했습니다. 잘한 것은 칭찬하고, 잘못한 것은 질책했습니다. 특히 노무현의 정치적 선택과 정책 판단을 당시 대통령의 입장에서 이해하고 분석하기 위해 노력했습니다. 다시는 당사자를 만날 수 없게 된 한계를 증언과 기록을 통해 최대한 보완했습니다. 이를 위해 20여 년 전 노무현의 시대를 취재 현장에서 겪었던 두 명의 전직 기자, 호기심에 가득한 현직 기자 두 명이 팀을 이뤄 100여 명의 관계자를 인터뷰했습니다. 참여정부에 참여한 인사들이 대부분이지만, 반대 진영에 섰던 인물들도 만났습니다.

"왜 하필 중앙일보인가?"

취재 과정에서 제일 먼저 돌아온 질문이었습니다. 아마도 생전에 노무현과 언론의 갈등 구조에 대한 기억 때문이었겠지요. 첫 회 연재를 시작하면서 다음과 같은 전문前文을 올린 이유도 이런 질문들 때문입니다. 그대로 인용합니다.

"중앙일보는 한국 대통령의 리더십에 주목하는 특별기획을 계속해 왔다. 일찍이 '청와대 비서실'을 통해 박정희 시대를 재조명한 것을 비롯해 전두환 시대의 '제5공 경제 비사', 김대중 대통령의 외환위기 극복 과정을 면밀히 기록한 '금고가 비었습디다' 등을 연재한 바 있다. 최근 들어 박근혜 회고록을 독점 게재한 데 이어 이번에는 20년 전의 노무현 시대로 시곗바늘을 되돌렸다. '성공한 노무현, 실패한 노무현'이 그 제목이다.

역사적 평가 이전에 일차적 관찰과 기록 정리는 당연히 저널리즘의 몫이다. 서점에 가면 노무현 관련 서적이 즐비하다. 유감스럽게도 한쪽으로 치우친 것이 대부분이다. 아마도 그의 충격적 죽음에 대한 아쉬움이 적지 않게 영향을 미쳤을 것이다.

사실 노무현은 업적으로나, 인물로나 매우 독특하고 유별난 리더요 대통령이었다. 과연 그는 성공한 대통령이었을까, 실패한 대통령이었을까? 논란거리가 많을 수밖에 없다. 노무현 시대의 재구성을 위해 여러 기록을 뒤지고 당시의 주요 인물들을 만나 밀착 인터뷰를 통해 다시 묻고 확인했다. 객관적이고 균형된 입장에서 시시비비를 가리고 정리·기록하기 위해서다."

8

중앙일보는 '성공한 노무현, 실패한 노무현'을 온라인 유료 사이트인 더중앙플러스 연재를 전제로 기획했습니다. 2024년 9월 25일에 첫 회 '폐족을 구하다' 편이 나간 후 올해 5월 7일 에필로그 '뻔뻔한 정치판, 그가 그립다'로 막을 내리기까지 매주 수요일자로 총 35회에 걸쳐 연재했습니다. 중앙일보 지면에는 지난해 10월 17일부터 매주 목요일에 시차를 두고 연재했습니다. 신문 연재는 지면의 제약상 더중앙플러스에 먼저 올라간 본문을 축약해 진행했습니다. 이 단행본은 더중앙플러스 연재물을 원본으로 제작한 것입니다.

연재가 진행되는 동안 예기치 못한 상황 변화가 있었습니다. 지난해 12월 당시 윤석열 대통령이 비상계엄을 발동한 후 탄핵 사태, 대통령 파면에 이어 새 대통령을 뽑는 선거전이 숨 가쁘게 이어지고 있습니다. 취재팀은 돌발적이고 충격적인 사태 진전을 감안하지 않을 수 없었습니다. 당초 계획했던 내용들을 빼고 시대 상황과 관련된 취재를 추가해 기획안을 수정했습니다. 급박한 상황 변화 속에서 20년 전 노무현 시대가 던지는 메시지를 최대한 전달하려고 노력했습니다. 탄핵이나 대행 체제, 개헌·대연정 등의 최근 상황은 이미 노무현의 시대에 등장했던 이슈들이었기 때문입니다.

이 자리를 빌려 취재에 응해준 모든 분께 감사드립니다. 연재 과정에서 확인과 검증을 거듭해 준 중앙일보 관계자 여러분, 단행본 제작에 노고를 아끼지 않은 분들께도 감사드립니다. 이 책에 오류나 실수가 남아 있다면 필자들의 책임입니다.

아무튼 지난 1년여 온라인과 지면에 올렸던 노무현과 참여정부 시대에 대한 복원 작업의 결과를 다시 단행본으로 엮어 세상에 올립니다. 이루 말할 수 없이 혼란스러운 시대입니다. 아마도 노무현은 더 오랫동안 한국인이 가장 좋아하는 대통령으로 남아 있을 가능성이 큽니다. 『성공한 노무현, 실패한 노무현』은 이제 독자 여러분의 판단을 구합니다. 노무현은 과연 1등 대통령인가. 아니면 시대가 만들어낸 거대한 착시인가.

2025년 5월 필자 일동

목차

성공한 노무현, 실패한 노무현

"자신을 버려 폐족을 구하다"
스스로 쓴 가혹한 판결문

안타깝지만 노무현 이야기는 그의 최후로부터 시작한다. 돌이켜 보면 대한민국 역대 대통령들은 흑역사의 연속이다. 초대 이승만은 하와이 망명 중에 생을 마감했는가 하면, 윤보선은 쿠데타로 쫓겨났으며, 박정희는 부하의 총탄에 암살당했다. 전두환·노태우는 재판정과 감옥을 오가며 여생을 마쳤고, 이명박 또한 퇴임 후 감옥행이 기다리고 있었다. 김영삼(YS)과 김대중(DJ)은 자식들이 저지른 비리로 민주투사 명예에 먹칠했고, 재임 중에 탄핵을 당했을 뿐만 아니라 징역까지 살았던 박근혜 케이스는 더 설명이 필요치 않을 것이다.

그래도 자살한 대통령은 없다. 조선시대로 거슬러 봐도 없었다. 16대 대통령 노무현이 유일하다. 그는 '운명이다'라며 2009년 5월 23일 이른 아침 자기 집 뒷산에 올라 몸을 날려 생에 종지부를 찍었다.

그의 최후는 정치적 타살론까지 불렀다. 검찰의 표적 수사가 전 정권에 대한 정치적 보복 차원에서 진행됐고, 결국 그를 자살로 몰고 갔다는 것이다.

그런가 하면 수사를 지휘했던 검찰 책임자는 노무현 수사 과정과 내용을 낱낱이 까 보이는 책을 2023년 펴냈다. 피의자 사망으로 수사가 자동 종결되고 수사 조서는 영구 봉인됐음에도 불구하고, 그 내용을 마치 그대로 복사한 것처럼 구체적이다. 대부분 실명으로 관련 인물들을 거론했다. 시비를 걸고 싶으면 얼마든지 걸어오라는 투다. 대체 무엇이 진실인가.

노무현 퇴임 1년이 좀 지나던 2009년 4월께로 되짚어 올라간다. 검찰 수사가 본격적으로 고삐를 조여 오고 있었다. 뇌물 혐의로 형님 노건평과 후원자 박연차 태광실업 회장의 구속에 이어 급기야 전직 대통령에 대한 검찰 소환이 코앞의 현실로 다가섰다. 비서관 정상문이 체포되자 노무현은 지지자들에게 "이제 저를 버리셔야 합니다"라며 봉하 글마당마저 접는다. 사과문도 발표했다.

사실 노무현은 낙향하면서 측근들과 함께 제2의 인생을 의욕적으로 도모하고 있었다. 대통령 경험을 토대로 진정한 정치 개혁을 위한 '진보정치의 미래'를 그려내는 작업이었다. 그랬던 것인데, 주변 비리가 터져 나오면서 이를 포기하고, 회고록을 쓰기로 마음을

경남 김해시 진영읍 봉하마을 노무현 전 대통령 사저 앞 나무에 노사모 회원들이 내건
희망 리본과 사진. 2008년 12월의 풍경이다.

고쳐먹는다. 그것도 성공 스토리가 아니라 실패와 좌절을 중심으로 한 일종의 참회록을 쓰고자 했던 것이다.

비극의 날 사흘 전인 5월 20일 저녁까지도 목차와 줄거리에 대한 수정 작업이 계속됐다. 그해 9월 출판된『성공과 좌절』이 바로 미완성 회고록이다. 메모의 시작은 당시 자신의 심경을 그대로 전하고 있다.

"회고록은 한참 후에 쓰려고 했다. … 그런데 장애가 생겼다. 마침내 피의자가 되었다. 이제는 일도 할 수가 없게 되었다. … 성공도 있었고 실패도 있었다. 그런데 지금 나를 지배하고 있는 것은 성공과 영

2009년 4월 검찰에 출석한 노무현 전 대통령. 노 전 대통령 옆으로 문재인 변호사,
문용욱 전 청와대 부속실장, 전해철 전 민정수석, 김경수 비서관.

광의 기억이 아니고 실패와 좌절의 기억들이다. … 과오는 과오다.
나도 변명하고 싶다. 그러나 그럴 수 없다. 과오는 과오로 인정해야
한다. … 자책골을 넣은 사람에 대한 처분은 여러분이 할 것이다. …
부끄러운 시민으로 사죄하며 참회하는 마음으로 살아갈 것이다."

그해 4월 30일 오후 1시 드디어 노무현은 검찰에 출두했다. 조
사는 다음 날 새벽 2시가 넘어서야 끝났다. 형용할 수 없는 치욕의
13시간이었으리라. 겉으로는 법적 다툼의 의지를 천명했으나 이미
내려진 여론 재판에 속절없이 무너져 내리고 있었다.

"쩨쩨하게 시계 이야기는 뺍시다."

검찰에 소환된 노무현의 첫마디였다고 한다.

"박연차 회장이 선물했다는 시계 이야기가 나오면서 그는 치졸한 사람으로 몰리고 있었다. 그는 대응하지 않았다. 털어도 먼지 안 나게 살아야 했는데, 그렇게 살지 못한 잘못이 있었다. 그 책임을 스스로 짊어져야 했다."

노무현을 가장 오래 측근에서 보좌하고 기록해 왔던 윤태영은 그의 막장 심경을 이렇게 적고 있다. (윤태영, 『기록』 255쪽)

변호인으로서 검찰 조사 과정을 시종 함께했던 문재인이 장례 직후 한겨레신문과의 인터뷰(2009년 6월 2일자)에서 말한 내용은 좀 더 구체적이다.

"(노무현이) 박연차 회장의 돈을 알게 된 것은 올 2~3월께다. 권 여사가 처음에 (자식들) 유학 비용 정도로 이야기해서 그런가 보다 했는데, 집을 사기 위한 것을 알고 충격을 받았다. … (검찰 수사에 대해서) 정치 보복에 의한 타살론까지 주장하고 싶지는 않다. … (그러나) 수사와 관련된 여러 상황들이 그분을 스스로 목숨을 버리도록 몰아간 측면은 분명히 있으니 타살적 요소는 있다."

문재인의 이 '타살적 요소' 주장이 지금의 정치적 타살론에 불을 댕긴 시작이었던 셈이다. 과연 검찰의 무리한 수사가 그를 죽음으로 몰고 갔던 것일까. 정권과 검찰의 관계에 명확한 선 긋기는 예나 지금이나 매우 어렵다. 다만 언론에 보도된 비리 혐의는 대부분 사실이었다. 따라서 검찰이 사건 자체를 없던 일로 하지 않는 한 노무현으로 향하는 수사의 칼끝은 이미 필연이었다.

문제는 정권 개입 여부였다. 이명박 대통령은 물러나는 전임자에게 "전직 대통령 예우를 소홀히 하지 않겠다"고 직접 약속한 바 있고, 노무현은 검찰 수사 과정에서 이 말에 상당히 기대했었다. 그러나 실제 상황은 다르게 흘러갔다. 이미 청와대나 국정원의 개입이 설왕설래하고 있었다. 막연한 소문이 아니었다. 아이로니컬하게도 그런 소문의 확인은 훗날 노무현 측이 아니라 검찰 스스로에 의해 이뤄졌다. 당시 중수부장이었던 이인규가 『나는 대한민국 검사였다』라는 책을 통해 그 전모를 낱낱이 밝힌 것이다.

"수사는 불구속으로 하되, 시계 선물을 언론에 흘려서 도덕적 타격을 가하라는 압력이 있었다."

이른바 '논두렁 시계 사건'을 사람들에게 알려서 망신을 주라는 이야기다. 일방적 주장이라 하기에는 그 내용이 너무 구체적이다. 두 군데에서 이 같은 외압이 있었다고 했다. 원세훈 국정원장 지시로 검찰을 담당하는 국정원 국장이 직접 찾아와서 했다는 것이고, 또 하나는 고교 선배이기도 한 청와대 민정수석 정동기가 두 차례 전화를 걸어 청와대 뜻이라며 똑같은 말을 해 왔다는 것이다. 그뿐 아니라 자신이 청와대와 국정원의 지시를 거부하자, 국정원이 직접 나서서 KBS와 SBS에 흘렸다는 주장이다. 관련자들의 이름을 일일이 거명하고 있다.

불구속 수사로 전직 대통령 예우의 모양새는 갖추되, 회갑 선물로 받았다는 고급 시계 스캔들을 퍼뜨려서 망신을 주는 시나리오였다. 중수부장이었던 그는 유사시를 대비해서 치밀하게 기록·보관해 왔던 것이다(이인규는 대면 인터뷰에 응하진 않았으나 전화 통화에서 자신이 쓴 책의 내용은 모두가 사실이라고 밝혔다).

이러나 저러나 노무현은 이미 만신창이였다. 비록 본인은 몰랐다 해도 문제의 640만 달러 등 드러난 혐의만 해도 그를 무너뜨리는 데는 차고도 넘쳤다. 언론은 연일 중계하듯이 노무현으로 도배했다. 결국 사법 절차의 결정을 운명으로 접수할 준비에 들어갔다. 판사출신 노무현은 서둘러 스스로를 피고인석에 세웠다. 그러고는 판결문을 직접 썼고, 가장 가혹하게 단죄했다.

노무현의 최후를 결코 숭고하다거나 의로운 죽음이라 할 순 없다. 그의 독백처럼 변명할 수 없는 과오가 엄연한 사실이었기 때문이다. 하지만 그의 죽음은 충격을 넘어서 당시의 정치 상황을 단숨에 뒤집어 놓았다.

"노무현은 자신을 버려서 모두를 구했습니다. 나락으로 추락하는 자신의 명예를 지켰고, 가족뿐 아니라 폐족廢族임을 자칭했던 친구, 동지들까지도 몽땅 구출했습니다. 그는 자신을 버려서 부활한 것입니다. 노무현은 그런 사람이었습니다."

첫 정무수석을 지냈던 유인태의 말이다. 망신과 수치를 견딜 수 없어 던진 목숨이 폐족을 부활시키고 자신은 영웅이 된 것이다.

폐족廢族

조상이 큰 죄를 짓고 죽어 그 자손이 벼슬을 할 수 없게 됨. 다산 정약용은 유배지에서 두 아들에게 편지를 보내 "이제 너희들은 폐족이니 책을 읽는 것에 매진하라"고 했다. 2007년 대선에서 패하자 친노의 핵심 안희정이 "이제 우리는 폐족"이라고 말해 다시 회자됐다.

최근 여론조사(한국갤럽)가 이를 뒷받침하는 것일까. '한국인이 가장 좋아하는 대통령' 1위(31%)가 노무현이다. 그것도 2위 박정희(24%)를 큰 차로 앞섰다. 정권 말기에 이르러서는 지지자들로부터도 비난을 받았던 그가 지금은 압도적 1등 대통령으로 평가받고 있는 것이다. 재임 중이었던 2004년 5월 갤럽 조사에서는 박정희가 48%로 1등이었고, 노무현은 7%에 불과했는데…. 과연 노무현은 어떤 대통령이었던가.

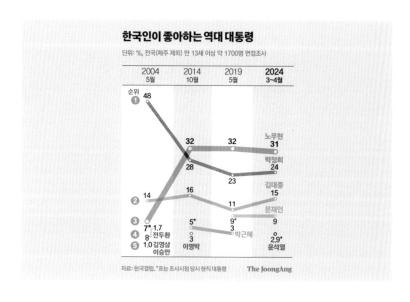

한국인이 좋아하는 역대 대통령

단위: %, 전국(제주 제외) 만 13세 이상 약 1700명 면접조사

	2004 5월	2014 10월	2019 5월	2024 3~4월
순위 ❶	48			
		32	32	노무현 31
		28		박정희 24
			23	김대중 15
❷	14	16	11	문재인
❸	7* 1.7	5*	9*	9
❹	8¹ 전두환	3	3	2.9*
❺	1.0 김영상 이승만	이명박	박근혜	윤석열

자료: 한국갤럽, *표는 조사시점 당시 현직 대통령   The JoongAng

노무현은 평소 미국 대통령 에이브러햄 링컨을 가장 존경하며 닮고 싶어 했다. 링컨에 대한 책도 썼다. 그는 평소 여기저기서 "링컨은 암살당했기에 더욱 훌륭한 대통령으로 평가받는 것"이라고 했었다. 설마하니 자신의 운명을 염두에 두고 그런 말을 했을 리 만무다. 아무리 링컨을 존경했기로서니 죽음까지 링컨 따라 하기를 했겠는가. 다만 결과론이라 해도 죽음으로써 모든 허물을 덮고 '영웅'이 되었음은 부인하기 어려울 것이다. 노무현은 결코 안중근 같은 영웅이 아니었다. 그는 스스로를 한없이 자책하면서 자신을 버렸을 뿐이다. 하지만 불과 15년이 지나면서 어느새 많은 이의 가슴속에 우뚝 서 있다. 그런 노무현의 이야기를 가감 없이 쓰고자 하는 것이다.

"이회창보다 정몽준 대통령"

단일화 승부, 자신을 버렸다

"차 돌리세요."

"어허 안 된다니까."

"가고 싶지 않다니까요. 차 돌리세요."

"걱정 마. 정몽준이 절대 안 나올 테니까."

2002년 12월 18일, 선거 전날 밤. 여의도를 출발한 차 안에서 대선 후보 노무현과 선거대책위원장 정대철은 실랑이를 벌이고 있었다. 정몽준이 노무현에 대한 지지를 철회한 직후였다. 차는 어느새 정몽준의 평창동 집에 도착했다. 이미 밤 11시가 넘었지만, 기자들이 대거 진을 치고 있었다.

정몽준은 끝내 얼굴 한 번 내비치지 않았다. "이미 잠자리에 들었다"는 것이 측근의 설명이었다. 이재정 신부가 현장에 찾아왔고, 함께 기도했다. 노무현의 눈가가 촉촉해졌다.

"여기서 울면 스타일 구겨, 이 사람아."

정대철 말에 기자들을 의식하고 잠시 옷매무새를 고쳤다. 1시간 가까이 선 채로 기다리다가 발걸음을 돌리는 노무현의 마음은 착잡하기 이를 데 없었다. 이렇게 노무현이 문전박대 당하는 장면은 TV 방송으로 전국에 생중계됐다. 노무현은 낙심천만이었고, 선대 위원장 정대철은 도리어 역전의 기회가 마련된 것으로 판단했다는

노무현 민주당 대통령 후보가 2002년 12월 12일 강원도 원주 자유시장에서 유세를 하고 있다. 노사모 회원을 비롯한 500여 명의 지지자들은 노란 풍선을 흔들며 노 후보에게 성원을 보냈다.

것이 지금의 회고다.

아무튼 대선 막판 최대 변수였던 노무현-정몽준 단일화는 선거운동 마감 1시간 30분을 앞두고 허망하게 깨져버렸다. 노무현 캠프엔 청천벽력이었다. 사실 이회창 1강 구도의 기존 판도는 단일화 성공을 계기로 노무현 쪽으로 눈에 띄게 선회하고 있던 중이었다. 바로 다음 날이 선거일. 투표가 계속되는 중에 하루 종일 여기저기서 내기가 벌어졌다. 이회창이냐, 노무현이냐를 놓고 벌어졌던 크고 작은 내기였다. 드디어 개표가 시작됐다. 초반에 앞서가던 이회창이 오후 8시가 지나면서 뒤집어지기 시작하더니 결국 노무현의 승리였다. 한 편의 드라마였다.

이회창이 대세, 이인제에도 밀려

돌이켜보면 노무현은 그저 그런 군소 후보 중 한 명이었다. 직전 15대 대통령 선거(1997년)에서 근소한 차로 김대중에게 무릎을 꿇었던 한나라당의 이회창이 대세였다. 민주당은 이인제가 5년을 준비해 왔다. 따라서 16대 대선의 본선은 이회창과 이인제의 한판 승부라는 것이 일반적인 예상이었다. 청문회 스타로 눈길을 끌긴 했으나 노무현을 대통령감으로 생각하는 사람은 자기 당 내에서도 별로 없었다. 중앙일보 신년 여론조사에서도 이인제(41%)가 노무현(21.6%)을 두 배 가까이 앞섰다.

그러나 길고 짧은 것은 대봐야 아는 법. 노무현은 기죽지 않았다. 2002년 3월, 예선 격인 민주당 경선이 시작된다. 7명의 쟁쟁한 후보들이 나섰다. 이인제·한화갑·김근태·정동영·김중권·유종근, 그리고 노무현.

명색이 대통령 후보를 뽑는 선거 캠프인데, 그는 우선 돈이 없었다. 기탁금 2억 5000만 원을 만들기도 빠듯했다. 참모들은 머리를 싸맸다.

백원우 "형, 이인제가 엄청 큰 사무실을 구했다는데. 100평이래."
이광재 "우리도 일단 제일 큰 사무실을 구하자."
백원우 "임대료는 어쩌고?"
이광재 "노무현이는 안 된다는 사람들에게 보여줘야 해. 일단 구해."

이광재는 부인한테는 벤처에 투자한다고 속이고 재건축이 확정된 낡은 아파트를 팔아서 캠프에 필요한 돈을 조달했다. 안희정은 경영하던 생수회사 오아시스를 팔아 보탰다. 조직도 초라했다. 여의도 금강빌딩 한 층을 다 빌렸지만 출근한 사람은 6명뿐이었다. 캠프에 국회의원도 없었고, 노무현 자신부터 국회의원이 아니었다. 순천 출신의 서갑원이 나서서 광주에서 출판기념회(『노무현이 만난 링컨』)를 열었는데 현역 국회의원, 단체장 중에 단 한 명도 오겠다는 사람이 없었다. 명색이 당 고문인데 오불관언娒不關焉, 강 건너 불구경이었다. 노무현의 당내 기반이 얼마나 허약했는지를 말해 주는 단적인 예였다.

이런 상황에서 민주당의 16개 지역 경선이 시작됐다. 노무현에게 운이 따랐다. 국민경선이 처음으로 도입됐던 것이다. 일반 국민투표를 50% 반영한 것. 여기에 모든 후보를 1위부터 최하위까지 적어내는 선호투표제 방식이 더해졌다. 당내 기반은 허약해도 대중 인지도가 높은 노무현에게는 상대적으로 유리한 경선 제도였던 셈이다. 다른 후보들은 '노사모(노무현을 사랑하는 모임)' 같은 정치 팬클럽의 지지를 생각도 할 수 없는 시대였다.

막상 경선의 뚜껑이 열리면서 의외의 결과가 속출하기 시작했다. 첫 경선지는 제주. 노무현은 한화갑, 이인제에 이어 3위로 선전했고, 울산에서는 예상 밖의 1위였다. 부산상고 동문과 '노사모'가 힘을 발휘한 것이다. 종합순위에서도 2위로 올라선다.

광주 경선에서 1등으로

충격의 클라이맥스는 광주 경선이었다. 충남 출신 이인제와 호남 출신 한화갑을 제치고 노무현이 1등을 차지한 것이다. 경상도 출신인 데다 아무 조직도, 연고가 없음에도 불구하고 나타난 결과다. 마침 이회창과의 양자 대결 구도에서 노무현이 앞선다는 여론 조사가 나와 큰 도움이 됐다. 전국의 '노사모'들이 광주에 몰려들었다. 광주 경선을 계기로 노무현은 승기를 잡는다. '색깔론' 공세 등으로 총력전을 펼치던 이인제는 결국 경선을 포기했고, 11월에 아예 민주당을 떠나고 만다. 노무현이 이인제를 이기다니…. 많은 사람이 고개를 내저었다.

하지만 기쁨은 오래가지 않았다. '다크호스'로 떠오른 노무현을 간판으로 내세워 치른 6·13 지방선거에 이어 8·8 재·보선까지 한나라당의 압승이 이어졌다. 민주당의 대패였다. 충천하는 것 같았던 노무현의 기세가 주춤하다 못해 곤두박질하는 분위기였다. 외신은 재·보선 결과를 12월 대선의 리트머스 시험지로 보고, 대선도 이회창이 승리할 거라 전망했다.

급기야 '후보 교체론' '신당론'이 등장했다. 당 대표 한화갑이 노무현을 향해 함께 사퇴하자는 '백지 신당론'을 꺼냈다. 운동권 출신 거물 김근태 고문까지 후보 사퇴론에 가세했다. 이회창에게 맞서기 위해 자민련과 이한동·정몽준 등 제3 후보군까지 끌어들여 당을 만들고 다시 경선을 치르자는 내용이다. 이른바 '반창연대'였다. 이 시절, 노무현에겐 당에서 선거자금도 제대로 지원하지 않았다.

노무현으로선 진퇴양난이었다.

설상가상으로 축구협회 회장 정몽준이 노무현을 더 깊은 고민에 빠뜨렸다. 월드컵 4강 신화의 열기 속에 부상하고 있던 정몽준의 등장이 대선 판도에 새로운 변수였다. 월드컵이 만든 반짝 후보처럼 보였지만 정몽준 또한 나름대로의 대통령 꿈이 있었다. 거슬러 올라가면 선친인 정주영 회장이 일찍이 문화일보를 창간한 원모심려遠謀深慮, 먼 앞날을 계획와도 절대 무관하지 않았다. 2대에 걸친 집념이 다시 때를 만난 것이었다.

노무현은 정몽준에 대해 잘 몰랐다. 8월 9일, 민주당이 참패한 재·보궐선거 다음 날. 노무현은 유인태에게 전화를 걸었다. 종로 보궐선거에서 떨어진 유인태는 지인들과 식사하던 중이었다.

노무현 "정몽준을 어떻게 생각하세요."
유인태 "책도 많이 읽고, 환경 운동도 하고…. 재벌 2세긴 해도 사람은 괜찮습디다."
노무현 "그러면 이회창보다는 정몽준이 되는 게 낫겠네요?"

노무현은 유인태에게 정몽준과의 단일화를 추진해 달라고 했다. 유인태로서는 무슨 뚱딴지같은 소리인가 싶었다.

"그 당시 단일화를 한다는 건 그냥 후보를 준다는 거나 다름없었어요. 그런데 단일화를 추진해 달라고 하니 내 귀를 의심할 수밖에…."

지지율이 문제였는데, 어떤 조사에선 정몽준이 앞섰다. 결국 민주당 의원 34명이 모여 '후보 단일화 추진 협의회(후단협)'를 만들었고, 김민석 등 일부는 탈당까지 하며 노무현을 압박했다.

결국 대선을 한 달 앞둔 11월, 노무현은 정몽준 측이 요구한 여론조사 방식을 그대로 받아들였다. "단일화 경선에서 지면 후보 주면 되지, 못 할 게 뭐가 있겠냐"는 것이었다. 단일화에 승리하고 난 다음에도 그는 미련스러울 정도로 자신의 원칙과 소신에 집착했다. 정몽준의 표를 가져오기 위해서는 자리 약속을 해줘야 한다는 김원기 등의 강권에도 불구하고 노무현은 "자리 약속하고 대통령 되는 일은 하지 않겠다"며 끝내 거절했다. 후일담을 그는 기자들에게 이렇게 말했다.

"사실 운이 좋았다. 단일화 논의에 응한 것은 후보 단일화를 주장한 우리 당 김근태 의원의 체면을 살리기 위해서였다. 지난 4월의 국민경선 승리보다 이번 승리가 더 감격스럽다. 지난 6개월간 내가 얼마나 짓이겨져 왔느냐."

버려서 얻은 대통령

결국 그는 버려서 얻은 셈이었다.

노무현은 운이 좋았음을 스스로 말한다. 하지만 운이 아무에게나 따르지 않는다. 노사모라는 자발적 정치 팬클럽이 없었으면 과연 경선에서, 그리고 본선에서까지 줄곧 1등을 할 수 있었을까. 그야말로 정치인 노무현을 사랑하는 모임의 열렬한 지지가 아무도 예측하지 못했던 파괴력을 발휘했던 것이다.

노무현을 대통령에 당선시킨 또 하나의 공신은 인터넷이다. 노사모의 역할이 십분 발휘될 수 있었던 배경도 디지털 마인드였다.

2002년 12월 19일 밤 서울 세종로에 모인 노사모 회원들이 노무현 후보의 당선이 확정되자 노란 풍선을 흔들며 환호하고 있다.

지금의 SNS와는 한참 거리가 있었으나 노무현 캠프는 인터넷을 처음으로 대통령 선거에서 본격 활용했다. 노사모가 결성된 것도 인터넷을 통해서였고, 그들의 선거운동이 위력을 떨친 것도 인터넷 활용 덕분이었다.

이회창 캠프는 상대적으로 여전히 아날로그였다. 돈도 없고, 조직도 없었지만 노무현 캠프에는 인터넷이 있었다. 사이버 공간의 선거운동에서는 돈도, 조직도 그리 필요치 않다는 것을 용하게도 알아차렸던 것이다. 노무현은 첫 인터넷 대통령으로 기록돼도 전혀 손색이 없다. 그 자신이 실제로 인터넷에 밝았다.

이리하여 노무현은 드디어 대통령이 됐다. 그는 훗날 재임 기간을 돌이키며 성공과 좌절을 논했으나, 그의 최대 성공은 뭐니 뭐니 해도 자신이 대통령이 된 것이었다.

노무현과 나:

정대철
대선 캠프 선대위원장

어떻게 선대위원장을 맡게 되었나.

후보가 되고 나서 새벽에 나를 찾아왔다. 오전 7시쯤인데 맥주를 달라고 했다. 뭔가 망설이고 있더라. "선대위원장 얘기구나" 했더니 "형님도 대선 후보 할 사람인데, 그 말이 안 나와서…"라며 조심스럽게 얘기를 꺼냈다. 근처에서 같이 밥을 먹다가 오전 11시쯤 되어서 "오케이OK" 했더니 '형님한테 모든 걸 맡기겠다'고 하더라.

왜 허락했나.

우리 당 후보가 도와 달라는데…. 노무현의 서민적 풍모와 진보적 성향, 정대철의 중도·보수 호소력을 보면 잘하면 가능성이 있다고 판단했다. 후단협(후보 단일화 추진 협의회) 등 당내 반발이 이어질 때도 "정대철을 봐라, 나하고 정치 같이 안 할 거냐"며 설득했다.

노무현이 지향했던 것은.

그가 일생을 걸었던 꿈을 요약하자면 '사람 사는 세상'이었다. 구체적으로는 영·호남으로 갈라진 낡은 정치 문화 타파, 성숙한 민주주의, 지역 균형 발전, 반칙과 특권이 용납되지 않는 사회 등이다. 노무현이 남겨 놓은 과업이고, 우리는 계속해서 그 길로 가야 한다.

노무현의 가장 큰 실패는.

죽은 것이 가장 실패한 것이다. 죽어서 폐족을 살리고 영웅이 됐을망 정 그 자체는 비겁하다. 책임을 죽음으로 대신하겠다고 했지만, 살아 서 책임졌어야 한다고 생각한다. 세상을 떠나기 며칠 전 전화를 걸어 와 "6월 중 서울로 올라갈 테니 막걸리 한 대포 하십시다. 그리고 7월 중에는 봉하마을에 한번 내려오십시오"라고 했는데…. 이런 소박한 꿈은 이뤄지지 못했다.

"형, 나 대통령 됐어"
노건평 무릎 베고 드러눕다

"형, 나 대통령 됐어."

2002년 12월 20일 새벽 서울 명륜동 노무현 당선인의 자택. 전날 치른 제16대 대통령 선거에서 극적인 승리를 거둔 노 당선인은 대선기획단장 문희상과 함께 집으로 돌아왔다. 밤새 개표 결과를 지켜보며 마신 몇 잔의 축하주로 노무현은 제법 얼큰한 상태였다. 문희상이 당선인을 따라 안방에 들어가니 마침 형님 노건평이 와 있었다. 문희상의 회고다.

"방에 들어간 당선인이 무턱대고 자기 형의 무릎을 베고 방바닥에 드러눕지 않겠어요. 그러고는 하는 말이 '형, 나 대통령 됐어'라는 거예요. 당시 가족 외에 안방에 들어갈 수 있는 사람은 나뿐이었습니다. 형 건평 씨는 '이러지 말라'며 내 눈치를 봤지만, 동생 노무현은 전혀 개의치 않았어요. 마치 어린애가 어리광을 부리듯 했어요. 평생을 뒷바라지하느라 고생한 형에 대한 고마움을 고스란히 드러내는 인간 노무현의 모습이었습니다."

권투선수 홍수환이 남아공에서 열린 세계복싱협회WBA 타이틀을 따고 나서 국제전화로 "엄마, 나 챔피언 먹었어"라고 외쳤던 장면을 연상케 했다고 문희상은 당시 상황을 설명했다.

가난한 집안의 똑똑한 막내

노무현에게 가족은 아픈 손가락이었다. 그는 1946년 경남 봉하마을에서 3남 2녀 중 막내로 태어났다. 봉화산 자락에 자리한 수십 호의 작은 마을. 그나마 친척한테 사기를 당해 노무현이 태어났을 때는 이웃집에서 쌀을 빌어먹을 지경이었다.

학비를 조달할 돈이 없어 결국 고등학교 진학을 포기할 수밖에 없었다. 한 푼이라도 벌어야겠다는 생각에 노무현은 혼자서 몰래 5급 공무원(지금의 9급) 시험을 준비했다. 이 사실을 뒤늦게 알게 된 열네 살 위의 큰형(노영현)이 펄펄 뛰는 바람에 부산상고로 진학하게 된다. 너 나 할 것 없이 가난한 시절이었지만 노무현의 집안

사법연수원생이던 1976년 동기들과 함께 부산 용두산 공원을 방문한 노무현(맨 왼쪽).

사정은 그중에서도 몹시 어려운 편이었다.

봉하마을을 떠나 부산으로 왔다. 자취, 가정교사, 빈 공장 숙직
실을 전전하며 어렵사리 상업고등학교를 졸업했으나 형편은 별반
나아지지 않았다. 사춘기의 노무현은 공부에 열중한 착실한 학생
은 아니었다. 졸업 후 그의 장래 희망은 평범한 은행원이었다. 안정
적인 금융기관에 취직해 어려운 집안에 보탬이 되는 게 소망이었
다. 그래서 농협에 지원했으나 낙방하고 만다. 하는 수 없이 삼해공
업이라는 어망회사에 들어갔지만, 하숙비도 안 되는 수습사원 봉
급에 두 달도 못 채우고 그만뒀다. 받은 월급으로 낡은 기타 하나와

중고 고시 책 몇 권을 사들고는 집으로 돌아왔다.

둘째 형 건평 씨와 함께 마을 들판 건너 산자락에 토담집을 지었다. 아버지가 '마옥당'이라 이름 붙인 이곳에서 이른바 고시 공부를 시작했다. 1966년 봄이었다.

여의치 않았다. 어영부영하다가 군에 입대했고, 3년 복무를 마치고 나서야 본격적인 공부를 시작할 수 있었다. 잇따라 공무원 시험에 합격한 두 형이 비록 말단 세무 공무원이었으나 집안 사정은 많이 좋아졌다. 이 무렵 부인 권양숙을 만나 결혼한다. 어렸을 때의 고향 소꿉친구였다. 신부 입장에서는 고시 공부로 세월을 낚아 온 '백수건달'을 평생의 동반자로 선택했다.

뜻을 세운 지 8년 만에, 세 번째 도전에서 사법고시에 합격한 노무현은 1977년 대전지방법원 판사가 됐다. 집안의 대경사였다. 하지만 채 1년이 안 돼서 판사를 그만둔다. 주변에서는 세무 공무원으로 일하다 수뢰 혐의로 징계 파면(1978년 6월)된 둘째 형 건평 씨 때문이라는 추측이 많았다. 공무원들이 웬만한 비리는 서로 눈감아주던 시절이던 점을 고려하면 사안이 심각했던 모양이다. 이런 형의 사건 소문이 퍼지면서 현직 판사인 동생의 체면에도 영향을 줬다는 것이다.

그런 이유가 아니었다 해도 노무현은 판사를 오래 하지 않았을 것이다. 기본적으로 '판사'라는 자리에 노무현은 재미를 느끼지 못했다. 매사에 도전적이고 다이내믹한 일을 좋아하는 노무현에게 판사는 너무 심심하고 소극적이어서 마음에 차지 않았다. 법복을 차려입고 검사의 논고와 변호사의 변론 사이에서 깨알 같은 서류 더미를 읽어내야 하는 '판사의 하루'가 노무현에게는 애당초 어울리지 않는 옷이었다. 판박이 같고 단조로운 일상의 판사보다는 자유롭고 돈도 많이 벌 수 있는 변호사가 훨씬 더 매력적이었을 것이다.

돈 잘 벌던 변호사 시절

판사를 그만둔 이듬해 노무현은 부산을 무대로 개업 변호사가 됐다. 상고 출신의 장점을 살려 다른 변호사가 손대지 않는 세금과 기업 분야에 집중한 결과, 하루아침에 잘나가는 조세 전문 변호사로 이름이 났다. 역시 판사보다는 변호사가 더 적성에 맞았다. 스스로 밝히기를 "적당히 돈을 밝히고 인생을 즐기는" 시절이었다.

그러나 인간 노무현의 DNA 속에 깊숙이 자리 잡고 있는 가치관과 철학은 애당초 경제적 풍요를 추구하는 쪽은 아니었다. 워낙 가난에 쪼들렸던 탓에 '돈 잘 버는 변호사의 길'에 잠시 탐닉했을 뿐이지, 그의 내면 세계는 현실의 부조리나 불공정함에 대한 저항 의식이 늘 가득 차 있었다. 돈도 좋지만 억울한 약자들을 도와서 더불어 잘사는 세상을 만들고 싶다는 생각을 품어 왔었다.

운명처럼 찾아온 부림사건

그러던 차에 그의 인생을 바꾼 '부림사건'을 마주하게 된다. 1981년 전두환 정권이 부산에서 독서 모임을 하던 교사와 학생, 회사원 등 22명을 무작정 잡아가서는 갖가지 고문을 해가며 빨갱이로 몰고 갔던 사건이다. 노무현이 자진해서 맡은 게 아니었다. 당시 부산 지역 민주화 운동의 대부 격이던 김광일 변호사가 부탁해서 대타로 합류한 것이다.

이 사건을 통해 노무현은 전혀 몰랐던 세상을 경험하게 된다. 구치소에서 만난 피고인은 얼마나 맞았는지 온몸이 시퍼렇게 멍들고 발톱이 새카맣게 죽어 있었다. 변호사 노무현에게 이런 사건의 변호는 처음이었다. "피가 거꾸로 흐르는 것 같았다"고 그는 자서전에 적었다. 드디어 내면에 웅크리고 있던 그의 성정이 폭발하기 시작했다. 노무현은 판사와의 설전을 불사해 가며 피고인들을 변호했다. 어느새 노무현은 열혈 인권변호사였다. 전두환 시대였던 1980년대의 굵직한 시국 사건에는 거의 빠지지 않고 이름을 올렸다. 특히 노동 운동에 열심히 앞장섰다.

정치 입문의 기회는 어느 날 저절로 찾아왔다. 노무현의 인생에서 가장 쉽게 이뤄진 일이 정치인이 되는 것이었으리라. 이미 수많은 반정부 시위에 참여해서 '거리의 변호사'라는 별명을 얻어 왔던 터이기는 해도, 자신이 국회의원 선거에 출마해 현실 정치에 뛰어들 생각은 하지 못했다.

1988년 대선에 패배한 김영삼과 김대중은 13대 총선을 맞아 앞을 다투어 젊은 피 수혈에 나설 때였다. 통일민주당 총재 김영삼은 그 임무를 측근 김동영에게 맡겼고, 스카우트 임무를 띤 김동영이 처음 찾아간 사람은 노무현 법률사무소에 함께 있던 문재인이었다.

한데 문재인이 본인은 사양하면서 노무현을 적극 추천하는 게 아닌가.

"저는 정치할 재목이 아니고, 옆방에 있는 노무현 변호사가 정말 정치를 잘할 겁니다."

이렇게 해서 노무현은 YS 사람으로 국회의원 배지를 달게 된다. 아내의 반대에도 불구하고 노무현은 "국회의원이 되면 노동자들을 돕는 데 유리할 것으로 판단했다"는 것이다. 아무 연고도 없는 부산 동구에서 출마해 전두환 정권의 실세였던 허삼수를 누르고 제13대 국회의원에 당선됐다. 이때만 해도 정치인 노무현을 아무도 주목하지 않았다. YS 후광으로 당선된 신출내기 초선 의원에 지나지 않았다.

청문회 스타에서 바보 노무현까지

그랬던 노무현이 그해 가을, 하룻밤 사이에 '청문회 스타'로 세상의 주목을 받기 시작한다. 청문회 스타가 얼마나 대단한 것인지는 당시의 시대 상황을 직접 경험하지 못한 세대들은 짐작하기 어려울 것이다. 6·29 선언으로 민주화 시대가 도래했고, 노태우 정권의 여소야대 국회에서 의정 사상 처음으로 청문회라는 것이 열렸다. 주로 전두환 정권을 심판하는 과정이 한 편의 드라마처럼 펼쳐졌다. 연일 TV로 생중계됐고, 시청률 또한 매우 높았다.

이런 상황에서 웬 더벅머리 국회의원 하나가 갑자기 나타나서 청문회를 들었다 놓았다 하는 것이 아닌가. 누구든지 노무현의 질문 공세에 걸리기만 하면 곤욕을 면치 못했다. 때로는 고함을 치기도 하고, 어느 때는 명패를 집어던져서 눈살을 찌푸리게도 했으나 누가 뭐라 해도 노무현은 단연 청문회가 탄생시킨 국민 스타였다.

1988년 11월 5공비리 청문회에서 당시 민주당 초선 의원인 노무현이 증인석을 향해 손가락질을 하며 비리를 따져 묻고 있다.

청문회를 계기로 제법 유명해진 정치인 노무현에게 첫 시련이 닥쳐왔다. 자신에게 국회의원을 시켜준 김영삼과 척을 지고 등을 돌려야 하는 상황이 벌어진 것이다. 1990년 1월 김영삼, 노태우, 김종필이 합당을 선언, 거대 여당 민자당이 출범했다. 노무현은 아무리 집권을 위한 합당이라 해도 그것은 야합 행위라고 목소리를 높였다. 그는 합당 결의 대회장에서 주먹을 불끈 쥐고 외쳤다. "이견 있습니다."

김영삼의 합류 요청을 뿌리치고 7명의 의원과 함께 DJ에게 합류했다. 3당 합당이 옳지 않다는 자신의 소신과 원칙을 선택한 것

2003년 3월 30일 TV 프로그램에 출연한 노무현 대통령과 권양숙 여사가 쉽지 않았던 지난 시절을 회상하며 눈물을 훔치고 있다.

이다. 그 대가는 즉각 에누리 없이 지불해야 했다. 1992년 총선에서 종전과 같은 선거구에 출마했으나 YS의 지원을 받은 허삼수에게 보기 좋게 패배한 것이다. 부산에서 DJ 당으로 출마했으니 자초한 낙선이었던 셈이다.

이렇게 시작한 낙선은 노무현 정치 경력의 주류를 이룬다. 대통령 당선 이전의 선거 전적은 2승 4패. 정치인으로서는 낙제 점수임이 틀림없었다. 2승 중에 한 번은 YS 후광 덕분에 당선된 첫 선거였고, 다른 한 번은 서울 종로구의 보궐선거였다. 제대로 된 선거에서는 전패한 거나 다름없었다. 낙선 경력의 백미는 부산에서 출마했

48

다가 낙선한 16대 총선이었다. 보궐선거에서의 당선으로 다음 선거 승리는 떼 놓은 당상이었던 종로를 버리고 굳이 부산으로 가서 떨어졌으니 말이다. 오로지 지역주의 극복이라는 자신의 정치 소신을 지키려는 노력과 실천이었다.

　"바보 노무현"이라는 별명이 사람들 사이에 회자하기 시작했고, '노무현을 사랑하는 모임'이 부지불식간에 인터넷상에서 만들어졌다. 그리하여 상상도 하지 못했던 일이 이루어졌다. 노무현이 대통령이 된 것이다.

노무현과 나:

문희상
전 대통령 비서실장

2002년 대선에서 뜻밖의 승리를 거뒀다.

투표 당일도 된다고 생각하지 못했다. 돼야만 한다는 생각만 했지 될
거란 기대는 하지 못했다. 돌이켜보면 시대 정신을 타고난 사람이다.

노 대통령이 좌충우돌한다는 평이 많았다.

오히려 새로운 발상, 개혁에 관한 열정이라고 생각한다. 격정적이라
고 표현할 수 있는 에너지와 집념이 한국 정치의 전기를 이루는 계기
가 됐다. 통찰력과 미래를 보는 안목은 김대중 대통령을 따라가기 어
렵겠지만, 노 대통령은 바꿔보자며 어느 순간에 국민적 에너지를 결
집하는 결정적 역할을 했다.

노무현 시대 정신의 핵심은.

'3김'식 정치의 청산이다. 지역주의, 돈이 너무 많이 들어가는 정치 구
조, 보스가 당을 장악하는 구조를 뒤집어 엎자고 한 게 노무현. 자기
가 스스로 부산에 내려가서 실천하지 않았나. 내가 가장 존경하는 분
은 DJ지만 가장 사랑하는 분은 노무현이다.

안타깝게 떠났다.

에이브러햄 링컨 얘기를 하며 "정치인이 역사에 남으려면 죽어야 한다"고 여러 차례 말한 적이 있다. 결과적으로 그렇게 됐지만, 스스로 죽으려 그랬겠나. (검찰 출두 당시) 집에서 버스 태우고 나오는 것부터 연속극처럼 중계하는데, 저 자존심 센 양반이 이런 수모에 어떻게 버틸까 생각했다.

지켜주지 못해서 미안하다고 했는데.

당일 날 문재인에게 전화가 왔다. "실장님, 대통령께서 돌아가셨어요" 하는데 너무 당황하니까 말도 나오지 않았다. 털썩 주저앉았다. 정치 인생 통틀어 가장 슬펐다. 정신없이 부산으로 내려갔는데, 영부인이 "(시신 확인을) 나는 할 수 없어요, 실장님이 가서 보세요" 하셨다. 아주 흉하진 않았지만 '지키지 못해 미안합니다', 그 말이 절로 나왔다. 지금도 가끔 꿈에 나온다.

노무현과 나:

김정길
전 국회의원

노무현과의 첫 만남은.

국회의원이 되고 나서였다. 나는 재선, 노무현은 초선이었다. 같은 통일민주당이라 민주연구모임을 만들어 함께 공부했다. 집사람들끼리도 친했다.

3당 합당을 함께 거부했다.

3당 합당이 추진되는데, 마지막에 나와 노무현만 남았다. 서로 어떤 생각인지는 몰랐다. 나는 아무래도 마음이 안 내켜서 국회의원 두 번 했으니 쉬자는 생각이었다. 노무현은 정치는 그만두고 시민 운동 할 생각이었다고 하더라. 그래도 두 사람이라도 남았기에 서로 의논해서 정치를 계속 할 수 있었던 거 같다.

떨어져도 부산을 고집했다.

나와 노무현이 부산을 떠나버리면 민주당에서 나올 사람이 없었다. 부산에서 보따리 싸서 도망가는 꼴을 보이기 싫었다. "왜 YS 안 따라가고 DJ 쪽으로 갔느냐"며 부산 사람들한테 홀대 받고 괄시 받고…. 속이 상하니까 노무현과 포장마차에서 소주 한잔하며 신세 한탄하

곤 했다. 나는 부산에서 7번 떨어졌다. 정치인들이 전부 당리당략만 따라서 되겠나. 원칙과 소신을 지키는 사람도 있어야지. 나나 노무현 은 바보같은 정치인이지만, 내 양심에 비춰 떳떳하다.

대통령 재임 시절에도 좀 만났나.

청와대에서 식사하자고 해서 갔는데, "김 장관은 최소한 총리급으론 모셔야 하는데, 같은 부산이라 자리가 참 마땅치 않습니다" 하더라. 민주평화통일자문회의(평통) 부의장 얘기를 하는데, "평통은 없애 야 하는 조직 아닙니까. 군사정권이 간섭하려고 만든 제도인데 뭐 하 러 임명합니까" 하고 거절했다. 늦둥이에게 한마디 써달라고 했더니 "기범아 꿈이 힘이다. 꿈을 가져라"라고 적어줬다.

04 비주류의 진주(進駐)

"세상이 바뀌었다"
청와대 장악한 386

드디어 '노무현과 참여정부'의 시대가 열렸다.

5년 전 '김대중과 국민의 정부'가 출범했을 때와 비교하면 분위기는 완전히 달랐다. 같은 진보 정권이지만, 보수 쪽에서 보면 노무현 정권이 주는 긴장감은 훨씬 더했다. 한국 사회가 모든 면에서 와장창 달라질 것이라는 불안감이 선거 결과와 함께 전국에 번져갔다. 전임 김대중 정부는 정권을 잡기 위해 김종필과 이른바 'DJP연합'을 택했던 만큼 보수 진영의 불안감을 어느 정도 가라앉힐 수 있었다.

그러나 이제 사뭇 다른 정권이 들어섰다. 보수층의 불안감은 이내 현실로 드러났다. 새 대통령의 일거수일투족은 종전에 보지 못

2003년 2월 25일 국회의사당 앞에서 열린 제16대 대통령 취임식에서 노무현 대통령이
취임 선서를 하고 있다. 사진 대통령기록관

한 파격의 연속이었고, 청와대는 젊고 새로운 인물들이 대거 진입
했다. 대통령처럼 비주류에 개혁을 앞세운 인물들이었다. 비로소
비주류가 권력의 핵심에 진주進駐한 것이다.

첫판을 짜 나가는 인수위원회부터 노무현의 행보는 달랐다. 신
권력이 탄생하면 으레 자천·타천의 사람들이 구름처럼 몰려들기
마련인데, 이번에는 그렇지 않았다. 여당 의원들의 청탁이나 참여
는 일절 배제했다. 노무현 당선인은 선거가 끝난 후 1주일 만에 학
자 중심의 25명 인수위원 임명을 해치웠다. 대부분 대선 캠프에 참

여했던 지방대 교수들이었다. 노무현 코드 인사의 시작이었다.

민주당 정책위 의장인 임채정을 인수위원장에 앉혔으나 상징적 존재에 그쳤다. 이정우(경북대 교수) 경제1분과 간사를 포함해 무명에 가까웠던 이들은 인수위가 종료된 후에 내각이나 청와대, 대통령 직속 국정과제위원회의 요직을 차지했다. 이어 노무현 대통령의 취임 시점까지 정부와 청와대가 전면 개편됐다.

여전히 동교동계 구주류가 버티고 있는 민주당을 제외한 권력의 핵심부에 완전히 새로운 진용이 들어섰다. 세대와 인물 교체가 동시에 진행됐다. 바야흐로 대한민국의 소유 구조가 바뀐 것이다.

'386 청와대'의 등장

권부權府의 핵심인 청와대는 세상이 뒤집어졌다는 것을 가장 선명하게 보여준 현장이었다. 노무현은 대선 공신인 문희상 비서실장과 유인태 정무수석을 먼저 내정했지만, 막상 청와대 인사에서는 극히 일부를 제외하고 DJ 시절의 인물들을 기용하지 않았다. 거의 모두 새로운 인물로 물갈이했다. 청와대 비서관·행정관 인사에서 가장 두드러진 것은 이른바 386(30대, 80년대 학번, 60년대 출생) 세대의 대약진이었다.

'대통령의 오른팔'로 불리던 이광재는 그해 38세였다. 그와 83학번 동기인 안희정(고려대 졸), 황이수(서울대 졸), 정윤재(부산대 졸) 등은 지방자치실무연구소부터 한솥밥을 먹으며 노무현 대통령 만들기를 함께했다. 대통령 취임 무렵에 나라종금 사건이 터지면서 결국 청와대 입성을 포기한 안희정을 제외한 3인은 노무현을 지근거리에서 보좌하며 청와대 386 그룹의 주축을 이룬다.

이들과 함께 이호철(민정1), 윤태영(연설 담당), 서갑원(의전), 천호선(참여기획), 김경수(연설기획) 등 386 운동권 출신들이 대거 비서관 등으로 청와대에 입성하면서 '386 정권' 별명이 붙여졌다. 이들은 일종의 주주株主 그룹이었던 셈이다.

'386 정권'이라는 이름이 특별한 의미를 갖는 건 아니었다. 당시 노무현의 핵심 참모들 연령층이 30대 후반, 40대 초반이었다. 더 중요한 것은 노무현을 일찍부터 따르고 지지했던 정치 초년병들이었다는 점이다. 노무현은 이들을 신뢰했고, 오래 중용했다. 노무현식 '코드 인사'니, 돌려막기식 '회전문 인사'라는 비판도 없지 않았으나, 이들은 참여정부 내내 노무현을 지켰다.

참여정부의 최대 주주가 노무현이라면 2대 주주는 역시 문재인이었다. 동지요 동업자로 노무현 당선을 도왔고, 당선자 또한 그를 삶의 마지막 순간까지 무한 신뢰했다. 참여정부 출범 과정에서는 이광재의 활약이 단연 두드러졌다. "장관급 조각을 제외한 차관급 이하 청와대와 내각의 핵심 보직 인사는 거의 내가 책임지고 했다"고 본인 스스로 인정할 정도다.

대통령이 되고 나서도 노무현은 인사 문제에 각별히 신경을 썼다. 인사를 전담하는 보좌관 자리를 만들어 정찬용을 기용한 것이다. 제법 이름난 호남 운동권 출신이긴 해도 전직 고등학교 교사(거창고)를 발탁한 것은 별도의 이유가 있었다. 노무현의 인사 구상의 밑바탕에는 지역 탕평이라는 생각이 깊숙이 자리하고 있었고, 따라서 인사 책임자는 호남 출신으로 해야 한다고 이미 마음먹고 있었던 것이다. 이로써 사람의 추천과 발굴은 인사보좌관 정찬용이, 검증은 민정수석 문재인이 서로 크로스 체크하는 시스템을 갖추게 된다.

개혁 장관 3총사

청와대 인사가 주주 구성의 문제였다면 행정부의 장관 임명은 이사회 구성이라 할 수 있을 것이다. 노무현은 참여정부의 이사회에 해당하는 조각을 통해 시대가 바뀌고 새로운 주류가 등장했다는 점을 확실히 보여주었다. 안정과 개혁이라는 두 가지 목표를 조각에 그대로 반영했다.

노무현 대통령의 조각 발표를 당시
언론은 '파격'으로 받아들였다.
사진은 당시 중앙일보 지면.

　우선 '행정의 달인'이라는 고건을 일찌감치 국무총리에 내정하
고, 경제 부처에는 김진표를 비롯한 관료 출신을 집중 배치해 안정
기조를 갖췄다. 반면에 비경제 부처에는 입이 딱 벌어질 정도의 파
격적인 인물들을 발탁했다. 특히 강금실(당시 46세) 법무, 김두관
(44) 행정자치, 이창동(49) 문화관광부 장관은 참여정부 첫 내각의
40대 장관 3총사로, 단연 파격의 상징으로 떠올랐다. 세 장관 모두
노무현의 인사 기준과 의지를 반영한 인사였다.

　법무장관 강금실. 추천한 문재인은 당초 환경부나 보건복지부
장관 정도를 예상했었는데, 당선인이 덜컥 법무장관에 낙점했다.

비서실장 문희상은 대놓고 반대했다. 전례도 없을 뿐만 아니라 판사 출신 여성 법무장관이 검찰 조직을 통솔할 수 없다고 대통령을 설득했다. 연배로 봐서도 강금실의 사법시험 동기생들이 겨우 부장검사를 달고 있었을 때다.

"두고 보세요. 강금실을 법무장관에 앉히는 것 자체가 검찰 개혁의 절반을 하고 들어가는 겁니다. 잘될 겁니다."

노무현은 단호했다. 취임식 닷새 전에 강금실은 문재인이 배석한 자리에서 당선인으로부터 공식 통보를 받았다.

"제가 후보에 오른다니 검찰이 기절했다고 합니다. 언론도 호의적이지 않을 것 같아요."

강금실도 막상 법무장관 통보를 받으니 걱정이 앞섰다.

"걱정 마세요. 뒷책임은 내가 질 테니까요."

노무현은 강금실의 발탁을 스스로 뿌듯해했다.

더 깜짝 놀랄 인사는 김두관의 발탁이다. 시골 이장 출신 김두관을 행정자치부 장관에 앉힌 것이다. 경남 남해군 고현면 이장으로 시작해서 면장과 민선 군수 경력이 전부인 김두관이 어떻게 고시 출신 행자부 관료 집단을 통솔할 수 있겠느냐는 우려가 사방에서 쏟아져 나왔다. 이번에도 비서실장 문희상은 비현실적 파격이라며 반대했으나 대통령의 소신은 분명했다.

"면장 출신 김두관이야말로 진짜 지방자치 전문가입니다."

관료 사회 전체가 충격으로 받아들였다. 가장 보수적인 관청으로서 지방 행정과 공무원 인사를 전담하는 행자부(과거 내무부+총무처) 장관에 나이도 어리고 '가방끈도 짧은' 김두관이 발탁된 것이다. 조선시대로 치면 이조판서를 시골 변방의 사또 출신이 차지했으니 세상이 놀랄 수밖에.

문화관광부 장관은 노무현을 지지하던 문화계 인사들의 몫으로 배정해 놓았던 자리였다. 밖에서 보면 파격이었으나 안에서는 영화감독 이창동으로 내정돼 있었다. '초록 물고기' '오아시스' 등을 만든 영화감독 이창동은 DJ 정부 시절 스크린 쿼터 사수 운동을 주도하면서 이름을 알렸다. 본인이 행정을 모른다며 사양하는 바람에 막판 혼란을 겪기도 했지만, 노무현 지지에 앞장섰던 명계남·문성근의 강력한 추천이 결정적 기여를 했다.

이들이 포함된 참여정부 조각 명단은 모든 언론이 '파격'으로 받

2004년 5월 29일, 17대 국회 개원을 앞두고 열린우리당 당선자들, 일명 '탄돌이'들을 청와대 영빈관으로 초청한 노무현 대통령이 활짝 웃고 있다. 사진 노무현재단

아들였다. 조각 명단을 직접 발표한 노무현 대통령은 "지나친 파격이 아니냐"는 기자들의 질문을 "(이 정도를) 파격으로 보는 시각이 타성에 젖은 것"이라고 일축했다. 그는 파격적인 조각을 통해 세상이 바뀌었다는 확실한 신호를 보낸 것이다.

청와대에 울려 퍼진 '임을 위한 행진곡'

참여정부의 주류 교체는 2003년 11월 열린우리당 창당과 2004년

3월 탄핵 직후에 치러진 17대 총선을 거쳐 완성된다. 분당 과정에서 앙금이 쌓인 민주당 구주류가 한나라당과의 합작으로 통과시킨 대통령 탄핵안은 거대한 역풍을 일으켰다. 2003년 11월 창당 당시 46석에 불과했던 열린우리당은 5개월 후 치러진 총선에서 단독 과반인 152석 거대 여당으로 변신했다. 여소야대 정치 지형은 단숨에 여대야소로 바뀌었다. 탄핵소추 64일 만에 헌법재판소의 탄핵 기각 결정으로 대통령직에 복귀한 노무현의 정치 기반은 판이하게 달라졌으며, 정치판의 소유 구조 역시 확실하게 변경됐다.

열린우리당의 총선 승리에 담긴 가장 큰 특징은 신진 세력의 부상이다. 152명 당선자 가운데 초선이 108명에 달했다. 초선 대부분은 당시 386 운동권과 노동 운동, 민변(민주사회를 위한 변호사 모임), 시민단체 출신들이었다. 여기에 참여정부 출범 당시 내각이나 청와대 비서진에 기용됐던 인사들이 가세했다. 이들은 탄핵 역풍을 타고 국회에 대거 입성했다는 의미에서 '탄돌이'라고도 불렸다.

운동권 출신인 우원식 현 국회의장과 김진표 전 국회의장이 당시 열린우리당 초선 의원으로 국회에 진출했다. 최측근 이광재를 비롯해 백원우·서갑원 등 비서관, 행정관 출신들도 '탄돌이'의 한 축이었다. 이들 탄돌이들은 재선 이상은 돼야 행세하는 국회의 위계질서를 무시하고 소신을 앞세운 의정 활동으로 당 안팎에서 '108번뇌'라는 우려를 사기도 했다. 하지만 이들 역시 비주류의 정치판 접수를 상징적으로 보여주는 변화이기도 했다.

　노무현은 그해 5월 말, 17대 국회 개원을 하루 앞두고 열린우리당 당선인들을 청와대 영빈관으로 초청해 축하 잔치를 열었다. 대통령은 이날 '탄돌이'들과 건배를 외치고 대표적인 운동가 '임을 위한 행진곡'을 목청껏 함께 불렀다. 그날 밤 청와대에 울려퍼진 '임을 위한 행진곡'은 정치판 주류 세력의 교체를 상징하는 축가였다. 여기까지가 노무현과 참여정부의 전성기였다. 노무현이 그토록 원하던, '사람 사는 세상'을 만들 절호의 기회이기도 했다.

노무현과 나:

이광재
전 청와대 국정상황실장

노무현은 어떤 나라를 꿈꿨나.

그는 진짜 실용주의자의 길을 가고자 했다. 국민이 배 고프지 않고,
배 아프지 않은 세상, 안전한 나라를 꿈꿨다.

노무현의 당선은 정권 재창출인가, 정권 교체인가.

당연히 정권 재창출이다. 당시 집권당 후보로 당선됐고, 노무현 자신
이 김대중 대통령을 존경했다. DJ의 햇볕정책 계승 차원에서 정세현
통일부 장관을 유임시켰다. 다만 노무현 당선인은 구시대의 막차이
면서 새 시대의 첫차이길 원했다. 3김 시대를 끝내는 세대 교체와 권
위주의 청산을 여러 차례 강조했다. 젊은 운동권 출신 인사들을 믿고
썼으며, 스스로 '386 정권'이라고 말하기도 했다.

준비가 부족한 상태에서 당선됐다. 인사가 제일 어려웠을 텐데.

선거 직후에 당선인이 "세력이 많지 않은데 모두가 힘을 합쳐야 하지
않겠냐"면서 부산의 문재인, 이호철부터 불러와야 한다고 했다. 인
수위원은 전원 당선인이 직접 정했다. 조직도 당선인이 직접 했으며,
차관과 청와대 비서관급까지 인사는 대부분 내가 맡아서 처리했다.

기본 자료 외에 민주당 의원·보좌관, 시민단체와 기자들의 추천 자료 등을 활용했다.

노무현의 인사 원칙이나 기준은.

안정과 개혁, 견제와 균형이었다. 가령 행정부 장관이 보수적이면 청와대 수석이나 보좌관은 개혁적 인물을 써서 견제와 균형에 신경을 썼다.

장관급 인사에도 관여했나.

첫 내각의 장관 인선은 대통령이 문재인 민정수석, 정찬용 인사보좌관 등의 도움을 받아 직접 했다. 내가 장관 후보 두 명에 대해서는 반대 의견을 냈는데, "야, 내가 인사권자야" 하고 화를 벌컥 내기도 했다. 첫 국정원장 후보로 이헌재 전 장관을 추천했을 때는 "좋은 아이디어"라고 칭찬했다.

노무현과 나:

전해철
전 청와대 민정수석

노 대통령과의 첫 만남은.

부산에서 문재인 변호사와 일하다가 서울로 옮기면서 우리 사무실 (해마루)로 오셨다. 민변에서 처음 봤고, 그 인연으로 대선 때 법률지 원단에 합류했다. 당시 당의 지원을 별로 못 받을 때였다. 내가 상근 하면서 변호사 50여 명이 함께 일했다. 탄핵 국면이 지나고, 집권 2년 차에 민정비서관으로 청와대에 들어갔다.

참여정부 민정수석비서관실의 특징은.

전체 비서실 500여 명 중에 민정이 90여 명이었으니, 큰 조직이다. 권력기관·반부패·공직검증, 법무부·국정원·검찰과 같은 주 업무 말 고도 청와대의 거의 모든 정책 회의에 다 참여했다. 대통령은 민정을 통해 정책 피드백과 같은 여러 의견을 듣는 것을 중요하게 생각했다.

인사 검증의 특징은.

노 대통령은 인사 검증도 시스템을 갖추게 했다. 인사수석은 추천자 이기에 늘 관철하고 싶어 하고, 민정수석은 제동을 거는 역할이었나. 초대 정찬용의 후임인 박남춘 인사수석이 대학 4년 선배인데, 인사

추천위원회에서 엄청 싸웠다. 법무부에서 자료를 수집해서 인사비서관한테 가는데, 이미 수집 단계에서 판단이 들어간다. 공직기강비서관실에서 검증을 하면 애매한 게 굉장히 많다. 행정관끼리 세 명, 다섯 명 팀을 만들어 토론과 크로스 체크를 하고, 그걸 수석에게 가져오면 마지막으로 정무적 판단을 했다.

노 대통령이 역사 얘기를 많이 했다고.

해마루에 있을 때부터 역사 이야기를 많이 했다. 노 대통령은 가치와 철학을 갖춘 지도자다. 역사를 생각하고 현재 당신이 서 있는 위치를 생각하는 것이 구조화, 습관화돼 있었다. 대한민국이 해야 할 일, 정치인으로서 해야 할 것이 뭐냐 하는 측면에서 정치개혁을 강조했다. 지역주의 타파와 개헌, 선거제 개편과 같은 과제들이었다.

당정분리는 대통령 스스로 실패했다고 인정했는데.

당과 국회의 관계가 원만하지 못해 많이 답답해했다. 그렇다고 당과 국회를 경시했던 것은 절대 아니다. 정치인에 대한 폄훼 발언을 정말 싫어했다. 한 참모가 "요즘 정치인들은 말만 많고…"라고 얘기하자, 정색하며 "그렇게 얘기하면 안 된다. 정치는 중요하고 발전을 위해 늘 노력해야 한다"고 했다. 그런 차원에서 대연정 제안이나 원 포인트 개헌 등으로 틀을 바꾸는 것이 중요하다고 본 것이다.

노무현이 꿈꾼 '토론 공화국'
LIVE 국무회의? 장관들 기겁

노무현의 참여정부는 첫 국무회의부터 유별났다. 3시간에 걸친 마라톤 회의 탓에 유달리 10분간 중간 휴식 시간이 주어졌다. 회의 시간도 오래 걸렸으나 내용도 놀랄 만했다. 열면 토론이 벌어졌을 뿐만 아니라 대통령이 국무회의 공개 방침을 천명했기 때문이다.

"앞으로 국무회의 토론 과정은 청와대 춘추관(기자실)으로 연결하고, 부처별 보고도 각 부처 사무실에 중계 방송하는 것을 논의해 봅시다. 배석도 자유롭게 합시다."

아니, 국무회의 과정을 국민에게 실시간으로 공개하자니…. 아연실색할 노릇이었다. 다행히 그 자리에 참석한 국무위원들이 모두 반대하는 바람에 웃지 못할 작은 소동으로 끝났다. 대통령의 '국무회의 공개' 제안 자체가 난센스였다. 중요한 국가 기밀이나 다양한 이해관계가 얽혀 있는 사안을 다루는 국무회의를 생중계하자는 게 어디 될 법한 말인가.

그렇다면 노무현은 왜 이런 깜짝 제안을 했던 것일까. 결론부터 말하자면 자신이 추구하는 개방형 리더십을 실천해 보이겠다는 일념에서 비롯된 해프닝이었다. 그는 자신이 아무리 최고 권력을 거머쥔 대통령이라 해도 권위주의적 존재로 비치는 것을 원치 않았

2003년 3월 4일 참여정부 첫 국무회의 장면. 이날 노무현 대통령은 국무회의 실황 중계를 제안했다.

다. 그래서 자신이 주재하는 수석·보좌관 회의나 국무회의까지도 공개를 제안했던 것이다. 그래야 정책 결정의 투명성도 높아지고 국민 신뢰 또한 올라가지 않겠느냐는 생각이었다.

그는 공개 토론만이 정답이라고 믿었다. 그만큼 밀실 협상이나 불투명한 결정 과정에 대한 거부감이 컸다. 실제로 노무현의 개방형 리더십은 여러 저항에도 불구하고 그의 임기 내내 통치 방식의 핵심으로 자리 잡는다.

참여정부, 거대한 토론 조직을 만들다

인수위 시절 국민 공모를 거쳐 선정한 '참여정부' 간판을 내건 노무현 정부의 출범은 정부 구성에서 운영 방식에 이르기까지 새로운 지배 구조와 리더십의 출현을 의미했다. 정부 부처와 청와대 비서실의 조직을 고치고 바꾸는 것이 하드웨어 개편이라면, 참여정부의 새로운 작동 방식은 소프트웨어를 뜯어 고치는 것이었다. 그 핵심이 탈권위를 바탕으로 한 토론 문화였다.

정부 조직은 전임 김대중 정부의 골격을 그대로 이어받았다. 여야 간 정권 교체가 아닌 정권 재창출에 해당하는 데다, 선거에 쫓기다 보니 정부 부처의 신설이나 통폐합 같은 큰 그림을 새로 그릴 겨

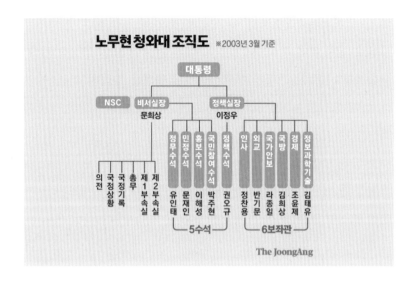

틀이 없었기 때문이다. 통일부는 전 정권의 장관(정세현)까지 유임 시켰다.

대신 당선자의 의중을 반영해 청와대는 크게 바꿨다. 정책실장을 신설해 비서실장과 투톱 체제로 가고, 정무·민정·홍보·정책·국민참여 등 5개 수석비서관이 골격을 이뤘다. 여기에 인사·외교·국가안보·국방·경제·정보과학기술 등 6개 분야로 나눠 보좌관을 신설했다.

이런 청와대 조직은 노무현이 직접 설계했다. 다만 대통령 어젠다를 수행할 정책실과 인사 전담 보좌관 신설은 박세일(서울대) 교수 등이 집필한 『대통령의 성공 조건』을 많이 참고했다. 초기에는 청와대 조직 중에서 국정상황실이 매우 크고 중요한 역할을 했다. 상황실장 이광재는 2급 비서관이었지만 권한은 수석비서관급이었다. 한때 직원만 30명으로 비서관실 가운데 최대 부서였다. 막강한 권한을 행사했다.

아무튼 노무현의 청와대 조직은 가분수였다. 어느 때보다도 비대한 조직이 됐다. 조직 자체를 이원화 구조로 만들어 놓았으니 비대해질 수밖에 없었다. 외환위기 수습 과정에서 400명을 넘겼던 김대중 정부 청와대 비서실 정원은 참여정부에서 500명을 넘어설 정도로 더욱 커졌다.

노무현은 진용을 짜면서 내각이 보수적이면 청와대에는 개혁적인 인물을 배치해 견제와 토론을 유도하고, 대통령이 심판을 보면서 최종 결정을 내리는 구도를 만들고자 했다. 그는 청와대를 대통령의 의사 결정을 돕는 토론장으로 만들고 싶어 했다. 그러다 보니 조직이 커진 것이다. 이정우를 좌장으로 앉힌 정책실이 바로 토론의 중심이었고, 실무 경험이 풍부한 김진표를 경제부총리에 앉혀 균형을 맞춰 나갔다.

'토마토'까지 간 토론 공화국

언론은 노 대통령의 청와대 조직 확대에 비판적이었다. 밤낮 토론만 하다가 일은 언제 할 거냐고 몰아붙였다. 그런 측면도 있었다. 그러나 대통령이 그처럼 토론을 즐기고, 위원회마다 꼬박꼬박 빠짐없이 참석할 줄은 많은 사람이 미처 몰랐다. '제왕적 대통령'에 익숙했던 언론이나 관료들에게는 일종의 문화적 충격이었다. 하기야 대통령 후보 시절부터 내놓고 "한국을 토론 공화국으로 만들어 가자"고 강조했던 사람이었으니까.

국무회의부터 달라질 수밖에 없었다. 차관회의까지 거친 안건에 대해 방망이만 쳐서 통과시키는 국무회의는 더는 허용되지 않았다. 오전 9~10시 사이에 일상적인 의결 절차가 끝나면 그때부터 의제를 정해 대통령 주도로 토론 배틀이 벌어졌다. 이른바 '테마 국무회의'다.

대통령은 소관 부처와 관계없이 국무위원들에게 생각과 의견을 내놓도록 요구했다. 이 정도로 성에 안 찼던지, 매주 토요일에 청와대에서 별도의 토론 모임까지 진행했다. 이름하여 '토마토', 토요일마다 토론하는 모임이었다. 2005년 7월, 참여정부의 재벌 정책을 둘러싸고 개혁 성향의 강철규 공정거래위원장과 친기업 성향의 윤증현 금융감독위원장의 공방이 연일 언론에 주요 기사로 보도되자

2003년 3월 참여정부 출범 이후 장차관과 청와대 수석 및 보좌관 전원이 참석한
첫 번째 국정토론회. 과천 중앙공무원교육원에서 1박 2일간 진행된 토론회는 '토론 공화국'의
개막을 알리는 행사였다.

노 대통령 주재로 두 장관급 위원장을 청와대로 불러 무제한 토론
배틀을 추진하기도 했다. 노무현은 임기가 끝날 때까지도 "토론 없
이는 결론 없다"며 토론 위주의 국정 운영을 밀어붙였다.

인수위 때 설정했던 12대 국정과제의 과제별 위원회도 고집스
럽게 직접 챙겼다. 초대 국가균형발전위원장을 맡았던 성경륭은
"노 대통령은 국정과제별 위원회에 실질적인 기능을 부여해 행정
부, 청와대와 함께 매트릭스 조직처럼 운영했다"고 설명한다.

한편에서는 토론 공화국, 위원회 공화국에 대한 불만과 비판도

적지 않았다. 참여정부 첫해가 끝나가던 2003년 12월, 박용성 당시 대한상의 회장이 "NATO 공화국"이라고 일침을 가했다. NATO는 'No Action Talk Only'의 약자로, 결정은 하지 않고 말만 무성한 정부라는 비아냥이었다. 당시 기업인으로서는 매우 용기 있는 발언이었다. 유난히 민생이 어렵고 노사분규는 급증한 첫해에 토론만 앞세우는 참여정부에 참다 못해 던진 비판이었다.

정부 안에서도 볼멘소리가 적지 않았다. 참여정부 두 번째 경제부총리였던 이헌재는 '토마토'를 가리켜 "정부가 주5일 근무제 전면 실시를 규정한 근로기준법을 통과시켜 놓고 장·차관들에게는 토요일에 토론하러 나오라니, 불만이 많았다"고 털어놓았다.

국정과제위원회별로 각종 회의를 다투어 개최하다 보니 '위원회 공화국'이라는 불만과 비판도 점점 커졌다. 구체적 실천 계획은 없고 사방에서 갖가지 로드맵들이 쏟아져 나왔다. "예산과 입법 권한이 충분히 보장되지 않은 상태에서 위원회가 만든 로드맵을 실행하기에는 한계가 있을 수밖에 없었다." (초대 경제부총리 김진표)

'몽돌' 대통령과 '받침대' 총리

노무현은 자신의 정치철학과 소신에 대한 집념이 강했던 만큼 자신의 단점과 한계가 무엇인지도 잘 알고 있었다. 제아무리 개방형 리더십을 발휘하고 토론 공화국을 만들겠다고 큰소리를 쳐 봐야, 진보 세력 집권에 대해 국민 다수가 느끼고 있는 불안감을 해소하는 데는 한계가 있음을 잘 알고 있었다. 결국 인사로 해결하는 수밖에 없었다. 이데올로기나 세대 차이를 아우르는 탕평책이 절실했고, 그러려면 노련한 행정가의 기용이 필요했다. 첫 번째 선택이 국무총리 고건이었다.

고건 총리는 캠프 근처에도 간 일이 없지만, 선거 전부터 노무현이 점찍은 인물이었다. 고건의 회고에 따르면, 노무현은 선거 후 닷

참여정부 첫 국무회의에서 나란히 국민의례를 하고 있는 노무현 대통령과 고건 총리.

새 만에 만난 자리에서 "'개혁 대통령'을 위해서는 '안정 총리'가 필요하다"며 총리직 수락을 요청했다는 것이다.

"내가 몽돌처럼 생긴 돌이라면, 총리는 그 몽돌을 잘 받쳐줄 받침대처럼 안정적인 사람이어야 짝이 잘 맞지 않겠습니까."

고건이 고민 끝에 조건부 수락 의사를 밝혔다.

"잘 알겠습니다. 다만 문제를 일으키는 장관들에 대한 해임 제청권은 주셨으면 합니다만…."

노무현은 한술 더 떴다.

"실질적 내각 인선까지 맡아 주시지요."

이렇게 첫 총리 인선은 간단히 끝났다.

대통령은 첫 개각에서 총리가 추천한 서너 명의 인사를 장관에 기용함으로써 약속 이행을 증명해 보이기도 했다. 하지만 '받침대 총리'의 용도는 고작 첫 1년에 불과했다. 명실공히 책임 총리의 권한을 부여하고 신임했던 것은 후임 이해찬 총리부터였고, 한명숙으로 이어졌다. 총리 기용만 보면 대통령 노무현은 정부 행정의 좌장에 확실한 '내 편'을 앉혔던 셈이다.

돌이켜 보면 노무현의 인사에서 보수 세력을 의식한 정치적 선택은 첫 총리 고건을 제외하고는 찾기 힘들다. 대신 당면한 현안의 대처 능력을 갖춘 인물을 찾아 전문 관료 출신들을 중용했다. 386들의 반발을 무릅쓰고 이헌재를 재정경제부 장관에 기용한 것이나, 윤증현 금융감독위원장을 임기 끝까지 내치지 않았던 것이 대표적인 사례다.

빛바랜 토론주의, "혼자 떠들었다" 푸념도

사실 토론 많이 하고 로드맵을 아무리 잘 만들어도 갖가지 현실의 벽을 넘어야 한다. 돈도 돈이고, 국회에서 타이밍 맞게 제때 법을 만들어줘야 하는데, 이런 게 여의치 않으니 노무현의 토론주의가 빛이 바래는 경우가 허다했다. 참여정부 후반에는 국무회의든, 청와대 수석 회의든 대통령 혼자만 얘기하다 끝날 때가 많았다. 대통령 스스로 "오늘도 혼자 떠들었다"며 푸념하는 경우가 늘어갔다는 것이 김병준 전 정책실장의 회고다.

이런 비판의 소리가 노무현의 귀에는 왜 안 들렸겠는가. 그러나 대통령은 흔들림이 없었다. 토론과 위원회야말로 자신의 통치행위에 가장 믿을 만한 안전판이자 해결책이라고 믿었다. 대립과 갈등을 해소해 나갈 유효한 방편이자 민주적 절차라고 확신했다. 시간이 조금 더 걸리겠지만, 그것은 대통령 자신의 결단으로 대처할 부분이라고 생각했다. 그래서 노무현은 매일매일 성과부터 따지고 비판하는 언론에 대한 불만이 컸고, 서운해했던 것이다.

그러나 노무현이 그토록 강조한 토론, 위원회가 그려낸 로드맵들이 그가 재임 기간에 내린 주요 결정에 과연 얼마나 기여했을지도 냉정히 따져 볼 문제다. 참여정부 내내 주요 결단이나 정책들은 대부분 대통령의 의지대로 움직여 나간 경우가 많았기 때문이다.

노무현과 나:

김병준
전 대통령 정책실장

노무현은 어떤 인물이었나.

그가 옳고 그름에 집착한다고 해서 유가적인 인물로 보는 시각은 잘 못된 것이다. 오히려 부국강병을 중시하는 법가적 인물이며, 이기주 의에 기반한 인간의 존재와 본성을 이해하는 아주 세련된 인간관을 갖고 있었다.

노무현이 꿈꾸던 나라는 어떤 나라였나.

개인의 자유가 존중되면서 누구나 억울하거나 박해 받지 않는 세상, 빈부격차가 줄어드는 세상을 추구했다.

토론 공화국이라는 비판도 있었는데.

노무현은 토론 없는 결정은 없다는 의지가 확고했다. 형식적 회의는 통하지 않았다. 토론을 통해 정책을 관철한 경우가 무수히 많다. 한· 미 FTA가 좋은 예다. 이정우 전 정책실장 등 반대파를 관저로 불러 토론하면서 "나라 문을 닫고 성공할 방법을 가져오라"고 다그치니 답을 하지 못했다.

그가 지금 대통령을 한다면 그때보다는 박수를 받지 않았을까.

그렇게 생각하지 않는다. 그때나 지금이나 국가 권력이 커질수록 대통령은 실패할 수밖에 없는 구도다. 해결해야 할 과제들은 태산 같은데 대통령은 혼자서 삽 한 자루 들고 서 있는 격이다. 법 하나를 만드는 데 평균 3년이 걸린다. 시스템이 제대로 작동하지 못해 성과가 늦어지는 체제에서 제일 공격하기 쉬운 대상이 대통령이다. 대통령은 일을 벌일수록 총을 더 맞게 돼 있는데, 하물며 노무현이라면 더 공격을 받을 것이다.

정권 말기에 많은 사람이 등을 돌렸는데.

그때는 정말 힘들었다. 대통령도 감정 기복이 심해졌다. 청와대 직원들 가운데 관료들은 너도 나도 부처 복귀만 기다리고 있었고, 비관료 출신들은 말이 없어졌다. 잠시 청와대를 떠났다 복귀해 보니 수석·보좌관 회의를 하는데 대통령 혼자 40분을 얘기하더라. 권력이 빠져나가는 것이 보였다고 할까.

"반미 하면 안 됩니까?"
'독불장군'의 대통령 공부법

"솔직히 두려움이 확 몰려왔습니다."

노무현과 함께 밤새 개표 결과를 지켜본 안희정은 당선이 확정되는 순간을 이렇게 회고했다. 당선자 노무현의 심정을 그대로 대변해 준 말이었다. 이젠 대통령이 됐으니 잘해야 하고, 그러려면 준비와 공부가 필수였다. 그런데 누구한테서 무슨 가르침과 조언을 받아야 하나. 다른 대통령은 어떻게 했나?

대한민국의 역대 대통령이 어떻게 대통령학을 공부했는가를 살펴보는 것도 흥미로운 주제다. 인물마다, 시대마다 공부하는 분야가 달랐고 선생도 다양했다. 왕조시대였다면 임금 노릇을 제대로 하기 위한 제왕학 수업이나 다를 바 없을 것이다.

박정희 첫 스승은 한국은행 대리

만기친람萬機親覽했던 초대 대통령 이승만은 예외적 케이스였고, 다른 대통령은 대부분 선생님이 있었다. 18년 집권의 박정희는 산업화를 이룩한 시대였던 만큼 경제 분야 스승들이 대부분이었다. 국가재건최고회의 의장 시절의 첫 스승은 한국은행 조사부 대리 곽상수 박사였다. 미국 경제학 박사(위스콘신대) 학위가 톡톡히 위력을 발휘했던 시절이다. 대통령이 되고 나서는 장기영을 경제 수장으로 발탁한 데 이어 남덕우 교수를 재무장관·부총리·경제특보 등으로 중용하면서 조언을 구했고, 한국은행 출신 김정렴을 무려 9년 3개월 동안 비서실장 자리에 앉혀 경제정책의 지휘봉을 맡겼다. 박정희 자신의 통찰력도 탁월했으나 주변의 멘토와 조언자들의 역할 또한 대단했다.

전두환의 스승은 무에서 유를 창조했던 박정희 시대에 비해 한결 단순해졌다. 전두환은 김재익이라는 걸출한 스승을 만나 그가 그려준 그랜드 디자인을 열심히 배워서 물가를 잡고 국제수지 흑자국으로 만들 수 있었다. 김재익의 뒤를 이은 경제 선생 사공일 또한 3저 호황을 이룩하게 한 제갈량 역할을 해냈다.

노태우 시대에 와서는 좀 달라진다. 민주화 시대의 도래와 함께 성장 우선주의가 쇠퇴하면서 대통령의 스승 역할도 함께 변화한다. 김종인은 경제학 교수 출신이긴 해도 여느 경제학자와는 달리 정치·외교 분야에서 오히려 더 큰 역할을 도맡았다. 소련과의 수교에도 안보수석을 제치고 경제수석 김종인이 앞장섰다. 한동안 노태우는 정치든, 경제든 그가 주도하는 대로 따랐다.

'대통령의 경제 선생'인 경제수석의 역할이 극적으로 바뀐 것은 김영삼 시대였다. 후보 때부터 김영삼의 경제 선생이었던 서울대 교수 박재윤은 '신경제 5개년 계획'이라는 것을 만들어 박정희의 5개년 계획을 공식 폐기한 주역이었다. 그리고 첫 경제수석에 자연스럽게 기용됐다. 그러나 있을 수 없는 일이 벌어진다. 김영삼은 자신의 최대 업적이라 할 금융실명제를 경제수석 모르게 해치워버린 것이다.

이유는 별게 아니었다. 취임 직후 경제수석 박재윤을 불러 공약사항인 금융실명제 실시를 지시했다. 그런데 박재윤이 "경제가 어려우니 좀 회복된 다음에 하는 게 좋겠습니다"라고 하자, 아예 경제부총리와 한국은행 총재를 시켜서 3개월 동안의 비밀작업을 통해 긴급조치로 해치워버린 것이다. 경제수석 모르게 금융실명제를 실시해 버리다니, 어이없는 일이었다. 기본적으로 김영삼은 경제에는 큰 관심이 없는 인물이었다.

다음 대통령 김대중은 원래 자신이 박정희에게 맞먹는 경제 전

문가임을 자처했던 인물이다. 공교롭게도 외환위기 시점에 대통령
직을 시작해야 했으므로 선생이 따로 없었다. IMF(국제통화기금)가
선생이었다. 다만 그런 IMF의 '경제신탁통치'를 받는 상황에서도
이회창의 참모였던 이헌재를 기용해 위기관리 총사령관(금융위원
장)에 앉히고 구조조정의 칼을 맡겼다. 김대중의 경륜과 내공이 그
런 결단을 가능케 했다. 한편 북한과의 햇볕정책을 추진하는 동안
에는 이종석 같은 젊은 북한 전문가의 조언을 귀담아들었다.

2016년 김해 봉하마을 사저 개방 행사 때 공개된 노무현 전 대통령의 서재.
서재에는 1000여 권의 책이 있었다.

'독불장군' 노무현

그다음이 노무현이다. 노무현에게 대통령학을 가르친 스승은 누구였는가? 사실 노무현은 자신이 얼마나 대통령으로서 사전 준비가 부실했는지 스스로 잘 알고 있었다. 대통령이 되고자 하는 열망은 강했지만 어떻게 해야 대통령 노릇을 잘하는지에는 미처 대비하지 못했다. 더구나 대통령이 되는 과정에서 누구한테 가르침을 받았거나 특정 집단으로부터 강력한 추대를 받은 일도 없었다.

김원기를 노무현의 정치 스승이라고 하는데, 과장된 표현이다. 가르침을 주는 스승이라기보다는 존경한 정치인이라는 표현이 더 적절할 것이다. 노무현이 혼란을 겪을 때 올곧은 소리를 해주었고, 고독한 소신의 길을 선택할 때 응원을 아끼지 않았던 선배 정치인이었다.

원래 노무현은 혼자였다. 고시 공부가 독학이었던 것은 물론이고, 정치 인생 또한 당선되든, 낙선되든 자신의 판단과 소신대로 해왔다. 대통령이 되겠다는 생각도 자신의 결단이었다. 어찌 보면 노무현의 인생은 풍운아 인생, 독불장군 인생이었다.

앞서도 언급했듯이 노무현의 최대 성공은 자신이 대통령에 당선된 일이었다. 그러나 막상 대통령이 되고 나서의 고민은 어떻게 하면 '성공한 대통령'이 되는가였다. 당선 이후 노무현은 누구든 붙들고 "어떻게 하면 대통령을 잘할 수 있느냐"고 묻고 다녔다. 친형제처럼 도왔던 염동연·문재인·이호철·이광재·안희정·서갑원 등을 중심으로 급한 불을 끄면서 백방으로 인물을 찾고 아이디어를 구했다. 심지어 재벌 연구소의 조언도 마다치 않았다.

노무현은 상고가 최종 학력이지만 원래 독서를 좋아했고, 왕성한 지식욕은 누구에게도 지지 않았다. 부림사건을 계기로 '돈 버는 변호사'를 청산하고 변신을 도모한다. 역사와 사회 분야 책 읽기에 탐닉했고, 대학생들과 밤샘 토론을 마다치 않았다. 리영희의 『전환 시대의 논리』나 에드거 스노의 『중국의 붉은 별』 등에 심취하기도 했다. 정계 입문 후에는 진보 진영 정치인들을 중심으로 하는 공부 모임에 적극적으로 참여했고, 이런 가운데 자신의 정치적 정체성도 빠르게 다져 나갔다.

그는 수많은 지적 방황을 겪어야 했다. 어느 책을 읽었느냐에 따라 생각이 수시로 바뀌고, 누구와 토론했느냐에 따라 이랬다 저랬다 입장이 달라지기도 했다. 본인 성향대로 자연스럽게 진보 성향의 학자와 정치인, 재야 인사들과 교류가 빈번했다. 이들로부터 영향을 많이 받았다. 대선 캠프 인사들이 바로 그런 사람들이었다.

보좌관들이 싱크탱크… 집단 브레인 가동

경제 쪽에서는 이정우의 역할이 정권 출범 전후로 돋보였으나 그 역시 선생은 아니었다. 노무현이 당시에 추구했던 경제를 '정의로운 경제'라고 표현한다면 이정우는 정의나 공정이라는 단어를 표방하는 데 참여정부가 내세운 상징적 존재 정도였다.

상대적으로 김병준과의 지적 교류가 돈독한 편이었다. 일찍이 자신이 만든 지방자치실무연구소에 김병준이 참가하면서 교분을 쌓았고, 현실 정책 면에서도 단골 토론 상대였다.

하지만 '대통령 이전'의 노무현은 결코 다듬어진 지식 체계를 갖췄다고 할 수 없다. 운동권식 거친 사고에서 벗어나지 못하는 측면도 없지 않았다. 심지어 대선 TV 토론에서 "대통령은 반미 하면 안 됩니까"라고 말해 사람들을 놀라게 했다.

그러나 막상 대통령에 당선되면서 노무현의 학습 본능이 본격 가동되기 시작한다. 당선인 신분으로 인수위 활동을 경험하면서 이내 운동권 논리와 네트워크의 한계를 인정할 수밖에 없었다. 대통령의 책무가 생각 이상으로 복잡 다단하고 막중하다는 현실에 직면하는 순간, 국정 전반에 걸쳐 최고 전문가들의 가르침과 조언의 절실함을 즉각 깨달았다.

2003년 9월 청와대에서 수석·보좌관회의를 주재하고 있는 노무현 대통령. 반기문 외교보좌관 (왼쪽 첫째), 조윤제 경제보좌관(오른쪽 둘째) 등이 노무현의 브레인 집단을 구성했다.

　노무현의 선택은 집단 브레인 체제였다. 자신을 공부시켜 주고 국정을 끌어 나갈 방향을 제시해 줄 분야별 전문가들을 싱크탱크 삼아 곁에 두는 것이다. 보좌관들은 '머리', 수석은 '발'에 비유했다. 종래의 청와대 내 보좌관 제도는 필요에 따라 생겼다가 없앴다 해 왔지만, 참여정부에서는 수석비서관 제도와 병립해 분야별 보좌관 제도를 붙박이로 설치한 것이다.

　반기문 외교, 김희상 국방, 라종일 국가안보, 조윤제 경제, 김태유 과학, 정찬용 인사 등 6명의 보좌관 라인업이 꾸려졌다. 수석비서관들이 관련 행정 부처들을 상대하는 행정 조직이라고 한다면 보좌관은 대통령을 상대하는 자문 조직, 또는 가정교사 역할이라 할 수 있었다.

책과 토론이 스승… 독학으로 입신

경제보좌관이었던 조윤제의 말을 통해 대통령이 어떻게 브레인 집단을 활용했는지를 가늠해 보자.

"취임 이후 시간을 쪼개서 경제 현안별로 1대1로 경제 공부를 하는 것이 당초 계획이었습니다. 10회 정도를 예정했는데, 대통령의 바쁜 일정 탓에 세 번밖에 못 했지요. 그러나 대통령은 수시로 전화를 걸어 궁금한 사항을 물어 오거나 관련 리포트를 요구했습니다. 납득이 될 때까지 꼬치꼬치 캐물을 때는 진땀을 흘렸지요. 내가 학자 출신이라서 보고서가 길고 시간이 걸릴 때가 더러 있었는데, 그런데도 한 번도 재촉 받은 기억은 없습니다. 아무리 긴 보고서라도 꼼꼼히 읽고 나서 꼭 회신해 줬고요."

대통령의 일과는 공식 스케줄을 소화하는 것만으로도 바쁘기 짝이 없다. 갖가지 보고서의 대부분은 관저로 싸들고 퇴근해서 읽어 낸다. 읽다가 모르는 부분이나 미흡한 점이 나오면 즉시 전화로 물어본다. 노무현식 공부 방법이다.

아무튼 청와대 보좌관들을 대통령의 선생님 그룹이라 하기에는 어색한 점이 많다. 대통령에게 조언하는 그룹, 말 그대로 대통령을 보좌하는 자리라는 표현이 적절할 것이다. 대통령도 실제 그런 식으로 보좌관들을 활용했다. 누구한테 배워서 익히는 스타일이 아니라 혼자서 깨우치고 터득하는 독학의 아이콘다웠다.

그런 의미에서 노무현의 진정한 스승은 특정 인물이 아니라 독서와 토론이라 해야 할 것 같다. 그는 보고서든, 두꺼운 책이든 간에 많은 분량을 빨리 읽어내는 속독법을 나름대로 터득하고 있었으며, 토론은 자신의 능력을 뽐낼 정도로 즐겼다. 독서와 토론을 통해 무슨 주제이든 자기 것으로 소화해 내야 직성이 풀리는 스타일이었다. 따라서 책과 논쟁이야말로 노무현의 평생 스승이었다고 해도 과언이 아닐 것이다.

탄핵으로 권한이 정지된 노무현 대통령이 2004년 3월 21일 청와대 관저에서 책을 읽고 있다.
사진 노무현재단

특정한 스승이 없었기에 그는 참모 사이의 견제와 균형을 중시했다. 이정우를 중심으로 한 진보 진영과 김진표를 비롯한 직업 관료들을 붙여 놓고 거기서 나오는 결과물에 결정을 내리는 식이다.

소문난 토론 솜씨뿐 아니라 노무현은 글도 잘 썼다. 논리적으로 따지고, 논쟁을 즐겼기에 그러한 과정 모두가 자신에게는 공부의 기회였다. 퇴임 후 봉하마을로 귀향해서도 계속 추진했던 '진보의 미래' 프로젝트도 노무현이 원래 하고 싶어 했던 공부 모임이었다. 비록 가방끈은 짧았어도 그는 공부를 매우 좋아했다. 지적 욕구는 타고난 것이었다.

노무현과 나:

김원기
전 대통령 정치특보

인간 노무현은.

사심이 없다. 또 옳다고 믿는 것을 타협하지 않는다. 심지가 곧다고 할까, 어떻게 보면 현실 정치인으로 부적합할 수도 있지만, 다른 사람이 흉내 낼 수 없는 장점이다. 다만 개성이 뚜렷하다 보니 같이 정치를 하려면 인내해야 할 대목도 있는데, 정치적 손해나 이해관계를 떠나 단호한 구석이 있었다.

정치적 스승으로 불렸는데.

사부다, 정치적 스승이다 하는 말은 좀 면구스럽다. 노 대통령과 나는 시대를 함께한 동지였고, 선후배 사이였다. 13대 국회에서 처음 만난 후 기득권에 저항해서 함께 싸웠다. 노무현의 성공을 위해 때로는 밑거름, 때로는 울타리 역할을 했다. 그걸 두고 노 대통령이 거리낌 없이 스승이라 이야기하니 그렇게 불린 것뿐이다.

불행하게 돌아가셨다.

있어서는 안 될, 불행한 죽음이었다. 정권이 직전 대통령을 죽음으로 내몬 것이 오늘날까지 이어지는 극단적인 대결을 가져왔다. 국민의

삶과는 아무 관계없는 권력 다툼이었다. 재연되면 국민이 더 불행해
진다.

대통령 노무현을 평가한다면.

새 시대를 열어간 대통령이다. 3김 시대를 끝내며 세 가지 이정표를
세웠다. 권위주의 불식, 지역주의 구도의 완화, 그리고 투명한 공천
과 선거 문화를 마련했다.

"난 '죽었구나' 싶었다"
대통령-평검사 115분 맞짱 토론

참여정부는 출범 초부터 '파격'의 연속이었다. 과거 정부에서는
엄두도 내지 못했던 일이 여기저기서 벌어졌고, 대통령의 거동이
나 말투도 전임 대통령들과는 파격적으로 달랐다. 급기야 온 국민
을 놀라게 한 일대 사건이 벌어진다. 대통령을 주인공으로 하는 한
편의 각본 없는 드라마. 공동 주연은 대한민국 검사들이었다. 대통
령과 평검사들이 계급장 떼고 맞짱 뜨는 한판 싸움이 TV 생방송으
로 전국으로 전파를 탔다.

2003년 3월 9일 일요일 오후 2시. 마침 TV 앞에 모이기도 좋은
시간이었다. 정부 서울청사 19층 대회의실에 평검사 대표 40명이
모였다. 노무현 대통령을 위시해 강금실 법무부 장관, 문재인 민정
수석 등 참모진도 자리했다.

2003년 3월 정부 서울청사에서 열린 노무현 대통령과 전국 검사들의 대화.

TV를 지켜보는 시민 대부분은 사전 각본에 따른 일종의 '보여주기 쇼'를 예상했다. 평검사들이 애로나 불만 사항을 토로하면 대통령이 답변하는 식으로. 그런데 시작부터 이상한 긴장감이 감돌았다. 첫 발언부터 예상치 못한 말들이 튀어나왔다. 그날의 주요 논쟁 대목을 재생해 보자.

허상구 검사 "대통령은 토론의 달인이나 저희는 토론과는 익숙지 않은 아마추어들이다. 검사들을 제압하려고 하지 마시고, 어렵게 마련된 자리인 만큼 검사들의 의견을 많이 들어 달라. 참여정부라고 하지만 이번 인사는 검사들의 참여가 전혀 없는 정치권의 일방적인 밀실 인사라고 생각한다."

대통령 "토론의 달인이므로 제압할 수 있다는 전제에 동의하지 않는다. 설사 그렇다 하더라도 진실을 덮으려는 잔재주나 가지고 여러분을 제압하려고 하는 인품의 사람으로 좀 비하하려는 뜻이 들어 있다. 밀실 인사라든지 검찰 장악 의도라든지, 그런 말을 들었을 때 공개적으로 모욕당한 느낌이 든다. 국민들의 심판을 받아보자."

대통령이 노골적으로 불쾌감을 드러내는데도 불구하고, 검사들의 날선 발언은 이어졌다.

김윤상 검사 "참여를 주창하고 가장 개혁적인 대통령이 취임한 첫 법무부의 인사에서 장관이 총장 및 일부 사람들과만 협의해서 서둘러 추진하는 인사가 과연 개혁 인사인지, 아니면 평검사 및 외부 인사까지 참여한 인사위를 정정당당하게 거쳐 정치성 인선을 솎아 내고 개혁적인 인물들을 앉히는 것이 올바른 것 아닌지…."

대통령 "인사위는 대검 차장이 위원장이고 인사 대상인 검사장급 인사들이 다 인사위원이다. 검찰총장이 인사권을 가진 나라는 없다. 검찰을 법무부 아래 두는 건 권력 기관이기 때문에 문민 통제를 위한 것이다. 하물며 인사권을 넘기라고 하니, 내가 대통령의 권한을 법대로 행사할 수 없는 어떤 결함이 있는 대통령인가 싶어 화가 난다.”

급기야 대통령의 입에서 “이 검찰 조직의 상층부를 믿지 않는다”
는 말까지 나왔다. 날카로운 말들은 주고받을수록 더 증폭됐다. 검
사 측에서 대통령의 청탁 의혹까지 거론했다.

> 김영종 검사 “대통령에 취임하시기 전에 부산 동부지청장에게 청탁
> 전화를 한 적이 있다. 신문 보도에 의하면 뇌물 사건과 관
> 련해서 잘 좀 처리해 달라는 이야기였는데, 그때는 왜 검
> 찰에 전화하셨나. 그것이 바로 검찰의 정치적 중립성을
> 훼손하는 발언이었다고 생각하지 않나.”

대통령의 말이, 말릴 새도 없이 튀어나왔다.

> 대통령 “이쯤 가면 막 하자는 건가? 청탁 전화가 아니었다.”

육탄전을 방불케 한 115분

토론은 예정을 15분 넘겨 115분간 아슬아슬하게 진행됐다. 정말
대통령이나 검사나, 사실상 치고받는 육탄전 수준이었다. 대통령의
형 노건평 씨의 인사 청탁 문제까지 거론했고, 대통령은 “정말 이런

식으로 할 건가"라며 불쾌감을 숨기지 않았다. 걸러지지 않은 대통령의 말도 그대로 방송을 탔다. 검사들은 시종일관 대통령에 대한 최소한의 예의 같은 것은 아랑곳하지 않았고, 대통령은 설마하니 이 정도일 것으로는 예상하지 못했다.

검사들의 타깃은 장관에게도 향했다. "검사들이 저에게 점령군이라며 감정적으로 저를 받아들이기를 거부했다"는 장관의 발언에, 박경춘 검사는 "점령군이라는 표현은 듣기 거북하다"면서 "대통령이 쓰신 문민화라는 표현은 군사독재 시절 얘기인데, 그러면 내가 독재의 주구였나"라고 맞받았다. 한마디도 지지 않았다. 노무현도 끝까지 물러서지 않았다.

"새 정부의 검찰 지도부는 좀 새로워야 한다. 시비가 있을지 모르지만, 이 시기까지는 대통령이 인사권자다. 대통령의 고유 권한 아닌가. 제도, 앞으로 여러분이 원하는 대로 바꿔 나가겠다. 왜 오늘 당장 바꾸라고 하나. 인사를 몇 달씩 늦추어가면서 제도를 먼저 바꾸라고 하나. 그것은 무리한 요구다."

대체 왜 이런 어처구니없는 해프닝이 벌어졌던 것일까. 인사가 문제였다. 참여정부 출범 열흘 만에 기수 파괴를 골자로 하는 검찰 간부 인사안이 공개됐는데, 평검사들이 이에 반발해서 인사 백지화를 촉구하는 성명을 발표한 것이다. 대통령은 그냥 넘어갈 수 없었다. 인사권자의 권위에 대한 도전으로 여겼다. 바로 다음 날부터 1박 2일 열린 참여정부 첫 장관·수석 워크숍을 마치고 헬기로 돌아오는 길, 대통령은 의전비서관 서갑원을 불렀다.

"민정수석에게 연락해서 평검사들과 토론회를 텔레비전 생중계할 수 있도록 준비하게."

서갑원은 어떻게 해서라도 막아야 한다는 생각이 앞섰다.

"안 됩니다. 무슨 대통령이 검사와 토론을 합니까? 검사는 대통령님의 부하입니다."

대통령은 단호했다.

"갑원 씨, 시키는 대로 하게."

이렇게 해서 마련된 맞토론이었다.

연락을 받은 법무장관 강금실도 당황스러웠다. 그렇지 않아도 판사 출신 여성 장관의 파격 발탁으로부터 시작된 술렁거림이 집단 움직임으로 번지고 있던 터였다. 민정수석 문재인도 반대했다.

"너무 급하게 하지 말고, 사전에 조율해서 하시는 게 좋겠다고 말씀

드렸지만 소용없었다. 바로 발표하고 전격적으로 날짜를 잡았다."

(『문재인의 운명』 235·236쪽)

검찰은 검찰대로 경황이 없었다. 설마하니 대통령이 곧바로 대

면 토론을 제의할 것이라고는 예상치 못했다. 준비 기간은 하루였

다. 늦은 밤까지 열린 검사 대책회의에서 토론 자체를 보이콧하자

는 의견도 나왔다. 하지만 검찰의 밥그릇 지키기로 매도되는 상황

에서 입장을 알리자는 의견이 많았다. 문제의 '청탁 전화' 시비 역

시 준비해 간 질문은 아니라는 것이 김영종 검사의 말이다. "'예전

에도, 앞으로도 검찰의 정치적 중립을 해치지는 않을 것'이라 말씀

검사들이 '전국 검사들과의 대화' 행사장의 자리 배치에 문제를 제기하며 대책을
논의 중인 모습.

하시길래 흐름상 자연스럽게 나온 질문이었다. 검사들은 팩트 위주로 상대방에 대해 질문을 하는 것이 체질화되어 있지 않나."

청와대의 준비도 촉박했다. 검사들을 양쪽 계단에 앉으라고 했는데, 검사들이 '국민과의 대화냐'며 반발했다. 토론이 무산될 위기까지 갔다. 결국 검사들이 대통령 앞 양쪽에 나란히 앉기로 했는데, 이번엔 대통령 앞에만 테이블이 준비된 것이 문제가 됐다. "강의 들으려고 온 것이 아니지 않으냐. 무시 아니냐"는 항의에, 검사석 앞에도 테이블이 마련됐다.

주무 장관 강금실은 가시방석이었다. 이렇게 당시를 회고했다.

"사전 전략 같은 것은 없었다. '나는 죽었구나' 싶었다. 국민 앞에서 링 위에 올라섰으니 저나 검사들은 초긴장이었다. 상반신까지 나오는 줄 알고 다리를 꼬고 앉아 있었는데, 다리를 꼬지 말라는 쪽지가 왔다. 대통령의 말씀은 격앙됐고, 검사들은 세게 나왔다. 젊은 검사들은 정치 세력이 검찰을 무너뜨리려 한다는 식의 오해가 있었고, 대통령이 가진 검찰 개혁의 선의가 전달될 틈이 없었다. 내가 더 노력하게 했더라면 좋았을 렌데…. 후회가 남는다."

노무현도 실망한 맞토론

아무튼 대통령의 평검사와의 맞토론은 성공이랄 순 없었다. 대통령 자신도 실망스러워했다. "대통령이 검찰의 정치적 독립을 보장하면 검찰도 부당한 특권을 스스로 내려놓지 않겠느냐는 기대가 있었다"고 아쉬워했다. (『운명이다』 273쪽) 사실 노무현의 진짜 속셈은 자신의 토론 솜씨로 국민이 지켜보는 앞에서 검사들을 보기 좋게 제압하고 싶었을 텐데….

이런 계급장을 뗀 맞토론이 노무현으로서는 처음이 아니었다. 2000년 그가 김대중 정부 해양수산부 장관 시절에도 관가에선 장관과 사무관의 토론이 화제가 됐다. 당시 수협의 신용사업 부문을 분리하느냐를 놓고 재경부와 해수부가 부딪혔다. 노무현은 재경부 장관뿐 아니라 과장, 담당 사무관까지 토론하고 설득했다. 관련 토론의 장도 수십 차례 열었다. 담당 사무관이 장문의 e메일을 통해 수협에 공적자금 1조 원을 투입하려면 신용사업 부문 분리가 불가피하다고 반박했는데, 노무현은 직접 전화를 걸었다. 어민들의 반발이 만만치 않다는 고충을 털어놨다. 그리고 결국 원하는 방향으로 결과를 끌어냈다. "리더의 힘은 설득력에서 나오는 것"(『노무현의 리더십 이야기』 270쪽)이라고 스스로 기록했다.

노무현식 정면 돌파의 성공 사례였다. 주변 참모들의 강력한 반대에도 불구하고 '검사와의 대화'를 밀어붙였던 것도 이런 성공 사례에서 획득한 자신감을 바탕으로 한 것이 아니겠는가.

토론의 후폭풍은 컸다. 김각영 검찰총장이 물러났다. 후임 총장에는 송광수가 내정됐고, 예고한 대로 검사장급 인사가 발표됐다. 세간의 관심은 나이도 한참 위인 데다 젊은 검사들의 신뢰를 받아온 소신파 총장이 젊은 여성이자 판사 출신인 강금실 법무장관과의 관계를 어떻게 꾸려갈지에 쏠렸다. 그러나 우려를 불식하고 강금실-송광수 라인은 그럭저럭 원만하게 굴러갔다. 대통령 노무현의 기대에 부응한 것이다.

'검란'을 촉발했던 인사 개혁은 비교적 좋은 평가를 받았다. '검사와의 대화' 6개월 뒤 그해 8월 인사는 그야말로 '파격'이었다. 강금실은 당시의 인사를 자랑스럽게 회고한다.

"소수 엘리트 중심의 인사 방식을 파격적으로 바꿨다. 지방의 한직에 있던 검사들을 발굴해 요직에 앉혔다. 자괴감을 느끼는 이들이 많은 조직은 곤란하다. 더 많은 다수의 공평한 참여와 예우가 결합하는 것이 좋은 인사다."

여러 면에서 결이 달랐던 송광수도 고개를 끄덕였다.

"검찰 인사가 잘되는 사람이 계속 잘되는 편인데, 강 장관이 인사를 많이 섞었다. 잘했다고 생각한다."

스타 장관 강금실의 재직 기간(1년 5개월)은 생각보다 길지 않았다. 고위공직자비리조사처(현 공수처)를 둘러싸고 이견을 보이는 등 노무현의 당초 계획보다는 일찍 자리에서 물러났다. 강금실을 법무장관에 앉히는 것 자체가 검찰 개혁임을 그토록 강조했던 대통령의 말을 돌이켜 보면, 강 장관은 훨씬 더 오래 자리를 지켜야 마땅하지 않았을까.

노무현과 나:

강금실
전 법무부 장관

여성 법무장관은 당시엔 파격이었는데.

인수위 시절 문재인 변호사가 여성 변호사들과의 모임에서 "요직에 들어오면 좋겠다"고 얘기했다. 조각 발표를 하기 전에 대통령과 면담 자리가 있었는데, 그때까지도 고민했다. 대통령을 뵙고 나니 마음이 좀 놓였다. 최초의 여성 법무장관으로서 유리천장을 깨야 한다는 소명감이 컸고, 검찰 개혁이라는 시대적 과제도 법조인으로서 공감했다.

면담에서 대통령의 말씀은.

"검사들이 집단 반발하면 어떻게 할 거냐"고 물으셨다. "걱정 마세요. 단호하게 대처하겠습니다"라고 앞에서는 굉장히 씩씩하게 답했으나 속으로는 '아, 이거 어쩌나…' 했다. 여성이고, 경험 없고, 대통령과 오랜 신뢰 관계가 있는 것도 아니었다. 주위 평판만 듣고 임명하는 건데 대통령도 얼마나 속으로 걱정했을까 싶다.

검사와의 대화도 파격이었는데.

대통령은 대화와 타협으로 해결하고 싶어 했다. 국무회의도 토론으로 진행했을 정도로 토론을 굉장히 중요시했다. 1대1로 앉는 것 자체가 민주주의니까. 검사들과도 그렇게 문제를 풀어가고 싶었던 거다. 대화와 타협, 수평주의, 개방을 강조했다.

노무현에 대한 평가.

5년 단임 임기제 대통령에겐 한계가 있었음에도 불구하고 과감한 시도를 많이 한 대통령이다. 동지적 참모들이 더 있었더라면 더 성공했을 텐데, 많이 외로웠을 거라고 생각한다. 우리 정치사에서 노 대통령이 특별했던 것은 그때가 카이로스의 시간이었고, 우리 모두에게 민주주의가 무엇인가에 대한 과제를 던진 것이다.

아쉬웠던 점은.

그러지 말았어야 했다. 아무리 수모와 모멸감을 견디기 어려웠더라도 재판을 받았더라면… 2009년 로펌을 새로 설립하고 정치권과 거리를 두느라 노 대통령 변호인단 요청을 사양했다. 그게 너무 가슴이 아프고 죄송하다. 2010년엔 수사를 받는 한명숙 전 총리로부터 전화가 왔다. 그때는 변호인단 요청을 거절하지 못했다.

대통령 호출 거절한 검찰총장
3초 정적 후 노무현 한마디

노무현에게 최우선 개혁 과제 하나를 꼽으라면 과연 무엇이라 했을까. 아마도 권력 기관의 개혁, 그것도 검찰 개혁을 꼽았을 것이다. 실제 그랬다. 무슨 저항이 있더라도 참여정부는 검찰 개혁만큼은 꼭 성공시키겠다고 굳게 다짐했다.

노무현은 자신이 있었다. 대한민국 검찰은 대통령이 망쳤다고 믿어 왔기에 대통령인 '나'부터 정치 중립을 실천해 보인다면 검찰 개혁은 저절로 이뤄진다고 여겼다. 요컨대 정치 검찰의 권력 기관 시비는 대통령이 권력을 자제하고 가만히 있는 것만으로도 획기적 진전이라고 확신했다.

우선 청와대 민정수석실에 파견 나와 있던 검사부터 검찰청으로 돌려보냈다. 연락책을 철수시킨 셈이다. 민정수석실과 검찰을 연결하는 직통 비상전화도 떼버렸다. 대통령이 검찰 일에 개입하거나 연락할 일이 없을 테니, 검찰은 검찰 본연의 일에나 충실하라는 뜻이었다. 민정수석 또한 검찰 출신을 배제하고 절친이자 인권변호사로 이름이 난 문재인을 앉혔다. 여기에 더해 최초의 판사 출신 여성 법무장관 강금실까지 내세웠으니 검찰 개혁의 초장 모양새는

2003년 3월 17일 법무부 업무보고에 앞서 노무현 대통령과 강금실 법무장관이 함께 이동하고 있다. 두 사람 사이로 문재인 민정수석이 보인다.

매우 그럴듯했다.

주변 참모들의 반대에도 불구하고 맞짱 토론을 자청한 것도 노무현으로서는 검찰 개혁에 대한 남다른 의지와 자신감에서 비롯된 결정이다. 토론을 통해 정치 불개입 의지를 천명하고, 젊은 검사들 앞에서 검찰 수사권 독립 보장을 폼 나게 선언해 박수를 받고 싶었으리라. 그러나 세상 만사가 그렇듯이, 결코 여의치 않았다.

'검사토론' 후폭풍… 송광수 발탁

검사와의 맞짱 토론부터 심상치 않았다. 검찰총장 김각영이 토론 당일 밤 사의를 밝혔고, 곧바로 후임으로 송광수가 내정된다. 송 총장은 후배 검사들의 신망을 얻어 왔던 인물이었기에, 여기까지만 해도 있을 수 있는 해프닝이었다.

문제는 SK 수사였다. 아무도 이것이 노무현 참여정부를 아찔한 위기 국면으로까지 몰아갈지 몰랐다. SK 수사팀에 소속돼 있던 이석환 검사가 "수사 과정에 외부 압력이 있었다"는 말을 '맞짱 토론' 중에 불쑥 꺼냈을 때만 해도 그 사건 수사의 폭발력을 대통령이나 참모들이 제대로 알아채지 못했던 것이다.

당시까지만 해도 재벌에 대한 검찰 수사는 청와대와 사전 교감을 통해서 진행하는 게 보통이었다(박정희·전두환 시대에는 규모 큰 기업들의 부도 처리 여부까지 대통령의 승인을 받아야 하는 경우도 허다했다). 상부의 지시나 승인은 아니더라도 최소한의 사전 소통은 늘 있었다.

SK그룹이 재계 랭킹 3위였음을 감안할 때, 당연히 청와대와 사전 교감을 통해 진행해 나갔을 것이다. 그러나 앞서 언급했듯, 참여정부는 출범부터 스스로 벽을 쌓아 검찰과의 소통을 차단하지 않았나. 더구나 SK 사건은 정권 교체기에 검찰이 자체 인지해 시작한 사건이었으므로 청와대에 대한 보고 부담이 없었다. 수사는 신속하고 순조롭게 진행됐다. 청와대 민정수석실은 검찰 수사 관련 업무 자체를 삭제해 버렸으니 검찰로서는 이보다 편할 수 없었다. 이런 상황에서 평검사 한 명이 대통령한테 대놓고 외압 운운하며 파란을 일으킨 것이다. 대통령은 "모르는 이야기"라면서 "대체 누가 외압을 가했는지 밝히라"고 응수했다. 누가 봐도 궁색한 쪽은 대통령이었다.

노무현 대통령은 정말 몰랐을까. 사건의 앞뒤 정황을 돌이켜보면, 대통령이 SK 사건에 숨겨진 뇌관을 전혀 몰랐다는 것은 거짓이다. 아무리 검찰과 철벽을 쌓았다 해도 어느 정도 상황은 파악하고 있었다.

2003년 3월 11일 서울중앙지검 형사9부 SK 비자금 수사팀이 수사 결과를 발표한 뒤 이동하고 있다. 왼쪽부터 이인규 당시 부장검사, 한동훈 검사, 차동언 부부장 검사.

사건을 우선 요약 정리해 보자.

검찰은 2003년 2월 SK의 부당 내부자 거래에 대한 수사를 시작한 이후 김창근 구조조정본부장에게서 대선자금을 정치권에 제공한 구체적 사실을 자백 받았고, 거기에는 노무현 캠프 측에 돈이 전해진 내용도 포함돼 있었다. 이 와중에 민주당 사무총장 이상수 의원이 나서서 검찰 수사를 비난하기도 했다.

검찰의 공식 수사 발표(3월 11일)는 SK 사건을 단순 분식회계 사건으로 규정하고 최태원 회장 등을 구속했을 뿐, 정치자금 이야기는 한마디도 없었다. 무려 1조 5000억 원대의 초대형 분식회계 사건이었으므로 그 자체가 충격이 컸다. 언론 보도도 경제적 파장을 우려하는 쪽에 초점을 맞췄다. 그랬던 검찰 수사가 대검 중수부로 이첩됐고, 7월에는 급기야 대선자금 수사 전담반이 꾸려졌다. SK뿐 아니라 삼성·LG까지 포함해 수백억 원의 재벌 돈이 지난번 선거판에 전해졌다는 보도가 앞을 다투었다. 돈 받은 정치인들의 이름과 액수까지 드러났다. '지하주차장 차떼기 돈상자' 얘기가 나온 것이 바로 이때다. 금액으로 보면 이회창 쪽이 훨씬 많았으나 폭발력이 더 큰 것은 현직 대통령 쪽에도 재벌 돈이 갔다는 내용이었다.

당시 민정수석 문재인이 자서전 『문재인의 운명』에서 한 말을 들어보자.

"언론은 연일 최도술 전 비서관의 연루 사실을 썼다. 민정수석실이 이미 오래전부터 포착해 대통령에게 보고 드린 내용이다. 지난 8월 비서실 인사 때 그를 청와대를 떠나게 한 것도 사전 대비 조치였다."

대통령이 사건 전모를 파악하고 있었다는 이야기다. 검찰 수사의 칼끝이 차츰 자신을 향해 다가오고 있음도 몰랐을 리 없다. 대통령의 '영원한 집사'라 불리던 최도술이 9월 초에 출국 금지됐다. 노무현은 정말 하기 싫었던 전화를 걸어야 했다.

검찰총장에 직접 전화 건 대통령

검찰총장 송광수는 2003년 9월 어느 날 아침, 대통령으로부터 전화를 받는다.

"송 총장님, 수고가 많습니다. 내가 선거를 해보니까 참 우리나라 선거 제도가 문제가 많습디다. 선거 제도에 대해 총장과 얘기해 보고 싶은데 청와대로 오시면 좋겠습니다."

송광수는 '아차' 싶었다. 그러나 엉겁결이긴 했어도 흐트러짐 없이 정중히 대답했다.

"대통령님을 뵈었다고 하면 어떤 수사 결과가 나오든 국민들이 믿겠습니까. 안 들어가겠습니다. 죄송합니다만….."

검찰총장이 대통령의 호출을 거절하다니…. 3초 정도 정적이 흘렀을까.

"그 생각도 맞네요. 알았습니다."

서로 담담한 어조로 용건만 한 마디씩 주고받은 짧은 통화였다.

대통령의 호출을 거절한 검찰총장이나 그 거절을 그대로 수용해 준 대통령이나 모두가 예사롭지 않은 모습을 보여준 장면이었다. 하지만 대통령과 검찰총장이 단둘이 만나서 무슨 선거 제도를 논하자는 것인가. 들으나 마나 한국의 정치 현실과 정치자금 수수의 불가피성 운운하면서 최도술의 선처를 부탁하려던 것 아니었겠나.

노무현으로서는 사실 망신이었다. 참기 어려웠을 것이다. 차라리 전화를 걸지 말 것을…. 검찰 수사 독립을 그토록 강조해 온 마당에 검찰총장에게 내키지 않는 전화를 했다가 거절당했으니, 오죽 자존심이 상했겠는가. 여기서 노무현 특유의 승부수가 나온다. 노무현은 참모들의 반대에도 불구하고 원고 없는 기자회견을 자청해 대통령직 유지 여부를 국민투표로 심판받겠다고 했다.

"최도술은 20년 가까이 저를 보좌해 왔고… 그에게 잘못이 있으면 제가 책임지겠습니다. 국민 여러분께 사죄합니다. 아울러 책임지려합니다. … 수사 결과가 무엇이든 축적된 국민들의 불신에 대해 재신임을 묻겠습니다."

회견 5일 뒤, 최도술은 11억 원을 받은 혐의로 구속된다. 애당초 법률적으로도 불가능한 "국민투표를 통한 재신임"은 말뿐인 것으로 흐지부지됐으나, SK 검찰 수사는 노무현 정부의 도덕성에 심대한 타격을 안겼다. 검찰 개혁의 동력도 크게 떨어졌다. 검찰 수사의

2003년 10월 10일 노무현 대통령이 재신임을 묻겠다는 내용의 기자회견을 보고 있는
용산 전자상가 상인들.

독립성 보장은 외부의 간섭과 개입의 차단에는 성공했을지 모르겠
으나, 결과적으로 검찰 개혁을 검찰 자신에게 맡긴 형국이 돼버렸
다. 그렇다면 노무현의 검찰 개혁은 대체 어떻게 된 것인가. 실패인
가 성공인가.

　노무현의 검찰 개혁은 '양날의 칼'이었다. 검찰 수사의 독립은 '노
무현표 검찰 개혁'의 핵심이었다. 본인의 정치적 리스크를 무릅쓰
고 일관되게 추진한 뚜렷한 업적이었다. 그 중심에는 묘하게도 자신
이 임명한 검찰총장 송광수가 있었다. 후배들의 신망을 받고 노련
한 행정 능력을 갖춘 인물이라고는 하나, 그에겐 사방이 지뢰밭이

었다. 공교롭게도 정치 사건이 꼬리를 물고 이어지는 형국이었다.

노무현 정부의 속내를 정확히 알아야 했다. 첫 번째 테스트 케이스가 나라종금 사건의 재수사였다. 한광옥·김홍일, 게다가 측근 안희정까지 걸려 있는 사건이었으므로 청와대의 반응을 살피지 않을 수 없었다. 당시 주임검사였던 조은석의 회고를 들어 보자.

"나라종금 수사로 자신감을 가졌다는 총장의 말을 전해 들었다. 대통령이 검찰 수사에 정말 개입하지 않는다는 점을 확인한 것이다. 권력 수사임에도 그렇게 원 없이 수사해 본 적이 없었다. 나라종금(안희정), 썬앤문(이광재), 굿모닝시티(신계륜) 등, 내가 한 사건들이 죄다 당시 권력 실세들이 얽힌 사건들이었는데도…."

인사에서도 노무현의 검찰 개혁에 비판적이었던 검사들에게 불이익이 없었다. 심지어 토론장에서 대통령에게 "청탁 전화를 하지 않았느냐"고 따졌던 김영종도 다음 인사에서 영전 발령(법무부 검찰국)을 받은 것이 화제였다.

장담했던 검찰 개혁, 실패 자인?

이렇게 보면 수사 중립을 보장하겠다는 노무현의 검찰 개혁은 상당한 성과를 거둔 셈이었다. 하지만 유시민이 '노무현의 자서전'

임을 표방하면서 쓴 책(『운명이다』 272~276쪽)에서는 '검찰 개혁의 실패'를 규정하고 있다. 성공을 주장하는 선봉에 섰어야 할 유시민이 오히려 자서전의 이름으로 실패를 논하다니⋯. 검찰이 대통령의 선의를 악용해 오히려 부당한 특권을 강화했을 뿐만 아니라 검찰과 경찰의 수사권 조정 등의 제도적 개혁을 하지 못했다는 것이다. 민정수석으로 검찰 개혁의 중심에 있었던 문재인도 '실패'를 시인했다. "대검 중수부를 없애고 싶었으나 대선자금 수사에 대한 보복이라는 오해를 받을까 봐 하지 못했다"는 것이다(『문재인의 운명』 240쪽). 그러나 정치 현실을 기본적으로 외면했던 문재인이야말로 책임을 면하기 어렵지 않겠는가.

이래저래 노무현의 검찰 개혁은 당초 의도를 성취했다고 보긴 어렵다. 개혁의 상징이라고 치켜세웠던 강금실 법무장관을 1년 반만에 경질한 것도 개혁이 여의치 못했다는 방증이다. 개혁의 기본적인 방향과 속도에서 생각이 달랐기 때문이다. 고위공직자비리조사처(현 공수처) 설립 문제를 놓고도 강금실은 청와대보다는 검찰쪽의 신중론에 가까웠다.

노무현의 검찰 개혁은 박근혜 정권을 건너뛰어서 문재인 정권에 와서 되살아난다. 퇴임 후 검찰에 소환된 노무현의 변호사로서 억하심정까지 더해져 개혁의 강도는 훨씬 과격해진다. 급기야 '검수완박법'이 통과되고 공수처가 설립된다. 그러나 참으로 대단한 아이러니다. 문재인 또한 검찰을 통한 적폐 청산에 매달리면서 정작 검찰 개혁은 뒷전으로 밀려났다. 결과적으로 검찰 권력을 더 강화해 주고 말았다. 심지어 자신이 임명한 검찰총장에게 다음 정권을 넘겨주고 말았으니 말이다.

노무현과 나:

송광수
전 검찰총장

노무현과의 첫 만남은.

총장 내정 발표 전에 기자들 눈을 피해 아침 식사를 같이했다. 첫 인상이 굉장히 소탈했다. "검찰 인사 전문가라고 들었다"며 검찰 인사 초안을 건네주고 의견을 달라고 했다. 검찰 간부들에 대해 수집한 정보들이었다. 내 부분을 보고 빙긋이 웃음이 나왔다. '실무와 이론에 밝고 후배들의 존경을 받는데, 엘리트 의식이 굉장히 강하다'는 내용이었다.

임명 당시 대통령의 당부는.

"총장이 다른 생각을 가지고 있더라도 대통령의 통치 철학에 따라야 한다"고 말했으나, 국가보안법에 대해선 생각이 달랐기 때문에 즉답을 피했다. "국민이 제일 위에 있고, 그다음이 대통령이고, 총장은 그 밑에 있다"고 하기에, "그건 맞다"고 답했다. 청와대를 나오면서 '휴우, 쉽지 않겠구나' 하는 생각이 스쳤다.

검찰 개혁에 대한 대통령의 의지가 컸는데.

대통령의 검찰 개혁 의지를 의심하지는 않는다. 하지만 유감스럽게도 대선자금 수사로 자기 비위가 걸려 있었다. 안희정이나 이광재, 그 둘을 보고 선거 자금을 줬겠느냐. 어느 대통령이든 대통령과 여당 관련 사건엔 칼날이 무뎌지길 바란다. 너무 야박하다는 생각을 했을 것이다. 참여정부 검찰 개혁은 완성되지 못했지만, 부분적으로 검찰의 경직화된 상명하복 관계를 많이 완화했다.

노무현 대통령에 대한 평가는.
측근인 신상우 의원 수사 당시 대통령이 얼마나 화가 났으면 "검찰을 갈아마시고 싶다"고 했다는 보도가 나온 적이 있다. 화가 나지만 자제를 하셨던 거 같다. 임기 끝나기 한 달 전쯤에 안대희 중수부장과 저를 불러서 점심 식사를 같이했다. "그동안 수고했다"며 업무에 관한 얘기는 전혀 없었다. 대통령을 그래서 좋아한다. 솔직하고 인간적이다. 정치인으로서 그만큼 진실한 사람이 있을까.

"돈 없이는 정치할 수 없나"
술 먹던 노무현, 펑펑 울었다

"당신에게 돈이란 무엇인가?"라고 묻는다면 누구든지 선뜻 답하기 어려울 것이다. 이 질문을 노무현에게 던져 보자. 노무현에게 돈은 무엇이었을까.

몹시 가난하게 태어났으므로 온 집안이 돈타령 속에서 어려서부터 고생을 절절하게 경험했던 노무현이다. 그에게는 그야말로 돈이 원수였을 것이다. "돈만 있다면…"이라는 생각을 수없이 했을 것이다. 그러한 집안과 자신의 처지에 대한 온갖 불만, 사회 부조리에 대한 저항 의식, 심지어는 부자에 대한 적개심 또한 생겨날 수밖에 없었음을 자서전에서도 고백하고 있다.

다른 한편으로 생각해 보자. 돈 걱정 없는 부유한 가정에서 태어

2002년 대선 운동 당시 노무현 후보가 '희망돼지' 저금통을 들고 있다. 노 후보는 기존 정치권의 모금 방식을 거부하고 노사모 중심의 자발적 후원 운동을 벌였다.

난 노무현을 상상할 수 있겠는가. 여유롭게 자라고 머리 좋고 우수한 모범생으로 칭찬받아 가며 좋은 대학에 들어간 노무현. 서울대 법대를 졸업하고 사법고시에도 합격했다고 치자. 과연 오늘의 노무현 대통령이 있었겠는가.

물론 가난이 대통령을 만들었다고 할 순 없다. 노무현도 돈을 밝혔던 때가 있었다. 판사를 잠시 하다가 집어치우고 변호사 개업을 결심한 것도 여러 이야기가 있으나 따지고 보면 금전적 동기가 가장 큰 이유였다. 실제로 변호사가 되고 나서 첫 3년간은 돈 버는 일에 재미를 붙였다. 봉하마을의 가난을 뒤로하고 평생 처음으로 경제적 여유를 누렸다. 부자의 상징이라고 하는 요트도 탔다. 잘나가는 변호사로 꼽혔다. 사건 수임을 위해 교도관에게까지 때마다 인사(?)하는 일도 마다하지 않았다.

그러나 그의 인생 전체를 돌이켜 보면 노무현이 '돈을 밝힌' 시기는 이때 잠시뿐이었다. 어찌어찌 해서 '부림사건'을 맡게 되면서 그는 다시 돈과 멀어진다. 법률사무소 운영은 파트너 변호사인 문재인에게 거의 맡겨 놓다시피 하고, 돈 안 되는 인권이나 노동사건 변호 쪽에 전념했다. 하도 가난해서 그렇지, 원래 노무현의 DNA는 경제적 풍요에 대한 욕구와는 거리가 있었다.

돈이 없어서 고생스러운 인생을 살아왔어도, 그에 맺힌 마음을 돈으로 보상 받으려는 타입의 인간은 아니었다. 그에게는 돈보다 더 소중한 가치가 있었다. 그 가치는 경제적 풍요가 아니라 도리어 경제적 풍요가 지배하는 사회적 모순과 부조리를 상대로 저항하고 투쟁해 나가야겠다는 쪽으로 급속하게 변해 나갔다. 한동안 입어왔던 몸에 맞지 않는 옷을 훌훌 벗어던졌다.

한때는 요트도 탔지만

그러나 정치를 시작하면서 다시 돈이 필요해졌다. 심각한 자가당착에 빠진다. 자본가들의 횡포에 대항하는 노동자들의 권익 보호를 위해 변호사를 버리고 정치에 뛰어들었는데, 막상 돈 없이는 정치를 할 수 없다는 현실을 뒤늦게 깨달았다. 정치를 하려면 최소한의 정치자금이라는 돈이 필요하다는 것을 말이다. 이 명제는 정치인 노무현을 내내 괴롭힌다. 돈이 개입되지 않는 맑고 깨끗한 정치를 하기 위해 정치를 시작했는데, 막상 자신에게 필요한 돈은 어떻게 조달해야 하느냐는 문제에 봉착한 것이다. 술 한잔하며 "돈 없이는 정치할 수 없는 건가"라며 울음을 터뜨리기도 한 노무현이다. (서갑원의 말)

주변에 손을 내밀어야 했는데, 노무현 체질상 영 맞지 않는 일이었다. 국회의원에 당선됐을 때는 그래도 나라에서 주는 세비(봉급)라도 있으니 그럭저럭 꾸려가지만, 낙선하는 경우에는 즉각 실업자 신세로 전락한다. 자서전 『여보 나 좀 도와줘』를 출판한 것도 본인 스스로 밝혔듯이 인세 수입을 기대하고 쓴 책이었다.

그래서 고민 끝에 내린 결론이 "벌어서 쓰자"였다. 물장사를 시작한 것이다. 봉이 김선달이 대동강 물을 팔아먹는 물장사를 했었는데, 왜 하필이면 노무현도 생수 장사에 손을 대서 그 망신을 당해야 했을까. 이유는 간단했다. 쉽게 생각했던 것이다. 특별한 기술이 필요치 않고, 소자본으로 땅속 물을 퍼내서 팔기만 하면 되는 단순한 사업 구조라는 점에서 덜컥 뛰어든 것이다.

결과는 쫄딱 망했고, 대리인 역할을 하던 측근 안희정과 애꿎은

2003년 12월 검찰에 소환된 강금원 창신섬유 회장(왼쪽)과 선봉술 전 장수천 대표(오른쪽).

후원자 강금원만 옥살이를 시켰다. 따지고 보면 모든 게 노무현 책임이었다. 자력갱생으로 정치자금을 마련해 보려는 순진한 생각으로 시작한 물장사가 망하면서 노무현은 혼쭐이 났다. 두고두고 후회했다. "다음 대통령한테 절대 물장수는 하지 말라고 하겠다"는 게 그의 단골 농담의 하나였다. 대통령이 되고 나서야 비로소 돈 걱정에서 벗어난다.

이제 대통령으로서 당면한 돈 문제는 정치판의 정치자금을 합리적으로 조달할 수 있는 방법을 제도화하는 것이었다. 노무현 역시 암암리에 정치자금을 받아온 정치인이었으니 오랫동안 유지돼 온 관행을 모를 리 없었다. 특히 대통령 선거 과정에서 노무현도 재벌들이 몰래 보내오는 돈을 요긴하게 받아 썼다.

물론 지지자들이 돼지저금통을 털고 노사모가 십시일반으로 보내오는 합법적 정치 성금이 지니는 의미를 금액으로 평가할 순 없을 것이다. 그러나 재벌들이 제공하는 돈에 비하면 조족지혈鳥足之血, 새 발의 피이었다. 결국 기업 돈줄이 역시 중요한데, 무명의 정치인에게 기업들이 쉽게 뭉칫돈을 줄 리 없다. 그나마 내놓고 지원했던 기업인들이 박연차·강금원 등이었다. 노무현도 이들의 돈은 합법성 여부를 떠나 부담 없이 받아 썼다.

노무현 스스로는 자신의 정치자금 수수 행위를 어쩔 수 없는 관행일 뿐, '부패'라고 생각하지 않았다. 다른 정치인이 받는 돈은 '썩은 돈'이고, 내가 받는 정치자금은 일종의 '불가피한 비용'이라고 생각했던 것일까. 대통령 선거 때에도 자신이 재벌들로부터 받은 정치자금이 가장 적었을 것이라는 점에서 자위했다.

"이회창 1/10 넘으면 물러난다"

오죽하면 상대 후보였던 이회창의 차떼기 사건 당시 "내가 받은 돈이 이회창의 10분 1을 넘으면 대통령직에서 물러나겠다"는 말을 했겠는가. "이회창의 10분의 1" 운운은 정치적 수사修辭로 넘어갔을 뿐, 사실 여부는 규명되지 않았다. 다만 검찰의 대선자금 수사 결과 이회창 당은 823억 원, 노무현 당은 113억 원인 것으로 나타난 것을 통해 미루어 짐작할 뿐이다.

노무현은 내색은 안 했어도 취임 직후 SK 대선자금 사건으로 가시방석이었다. 이회창에 비해 아무리 적은 금액이라 해도 받은 것은 사실이었기 때문이다. 더구나 돈을 받은 당사자가 '영원한 집사' 최도술이었으니…. 급기야는 대통령이 검찰총장에게 선처를 부탁하려는 전화를 걸었다가 점잖게 무안을 당하고 만다. 청와대 호출 자체를 거부당한 것이다. 대통령이 되고 나서 처음 겪은 창피였다. 돈 때문에 벌어진 일이었다. 결국 사과 성명에 보태서 "국민투표를 통해 재신임을 묻겠다"며 머리를 숙였다. 비록 정치적 제스처로 끝났지만.

대통령 재임 내내 노무현은 돈 문제에 대해 매우 엄격했다. 공직 사회에 대한 엄포도 살벌했다.

"친인척 비리가 드러나면 집안이 망하도록 하겠다."

왕조시대의 멸문조치를 연상케 하는 말이었다. 하지만 이런 극언들이 부메랑으로 되돌아올 줄 누가 알았겠는가. 전두환 대통령에게 골칫덩이 동생 전경환과 재벌들이 있었듯이 자신에게는 형님 노건평과 박연차 회장이 있었으니 말이다.

그래도 형님 스캔들을 제외하고는 재임 중에 금전적 또는 친인척 비리는 거의 문제될 게 없었다. 무엇보다 대통령이 되는 과정에서 신세진 사람이 별로 없었고, 따라서 봐줘야 할 청탁 사안이 상대적으로 적은 덕도 봤다. 대통령이 될 것으로 예상했던 사람이 적어서 노무현 라인에 줄 섰던 사람도 많지 않았다.

아무튼 노무현의 인생에 있어서 재산을 모은다든지, 불린다든지 하는 축재蓄財의 개념은 없었다. 돈이란 그에게는 사는 데 필요한 비용 정도였다. 정치인에게는 가정의 생활비보다도 정치자금이 더 중요하다고 하는데, 정치자금이야말로 정치 행위를 업業으로 삼는 무리들의 생존 비용인 것이다. 비록 가난했음에도 불구하고 그는 돈 욕심이 없는 성향의 인물이었다.

결국 독이 된 돈

그러나 돈의 악령이 퇴임 후 자신을 덮쳤다. 그는 가정 경제가 어떻게 돌아가고 있는지에 대해서는 아예 무심했다. 아이들 학교 문제나 생활비를 포함한 집안의 대소사 처리는 부인 권양숙의 영역이었다. 권양숙은 돈이 필요해도 남편과 상의하는 경우가 거의 없었다고 한다. 상의해 봐야 별 도움이 안 됐기 때문이다. 허물없이 지내는 박연차와 상의하거나 시아주버니 노건평으로부터 도움을 받는 게 현실적이었다. 아내와 박연차 사이에 오가는 돈을 노무현은 알지 못했다. 일부러 모른 척했을는지도 모른다. 설사 무슨 낌새를 눈치채고 남편이 아내에게 물어봤더라도 아마도 권양숙은 "당신은 몰라도 돼요"라고 했지 않았을까. 내 남편은 돈에 관해서는 아무 도움이 안 된다는 것이 아내의 머릿속에 박혀 있던 오래된 생각이었다. 대통령 재임 중에는 총무비서관이자 절친이기도 한 정상문이 알아서 돈 문제를 챙겼고, 노무현은 알려고도 하지 않았다.

2008년 12월 10일 박연차 태광실업 회장이 15시간에 걸친 검찰 조사를 받은 뒤 서울 서초동 대검찰청을 나서며 취재진의 질문에 답하고 있다.

그러던 끝에 퇴임 후에 박연차 사건이 터져나온 것이다. 거액의 달러가 권 여사에게 전해졌고, 그 돈이 학교 등록금도 아니고 미국 거주를 위한 아파트 매입 자금으로 쓰였다는 검찰 수사 결과가 언론에 밝혀지자 노무현에게는 마른 하늘에 날벼락이었다. 누구보다도 돈을 경계해 온 정치 인생이라고 자부했던 노무현이었건만, 결국 막판에 이르러 돈 때문에 모든 것을 그르치고 만 셈이다.

그 돈이 달러였든, 원화였든 돈은 원래 노무현에게는 어울리지 않는 것이었던 모양이다. '돈'의 'ㄴ(니은)' 받침자를 거꾸로 하면 '독毒'이 된다. 결국 노무현한테 돈은 독이 되고 말았던 것일까.

노무현과 나:

안희정
전 대선캠프 정무팀장

대선캠프에 정말 돈이 없었다는데.

지금처럼 정치자금이 제도화돼 있지 않던 때다. 후보가 되면 그 위세로 후원금을 거둬서 당의 곳간을 채워줘야 하는데, 노 후보는 그렇게 하지 말라고 했다. 그런 정치야말로 구태 정치가 아니냐는 거다.

그래도 필요한 최소한의 돈은 마련해야 하지 않았나.

언제나 돈이 궁했다. 지방자치연구소 시절엔 참모들이 홍보물 제작과 강의 등으로 2억~3억 원씩 벌어다 썼다. 대선 경선 때가 특히 힘들었는데 사무실을 구하려고 내가 운영하던 물 회사를 팔아 보탰다.

대통령이 '동업자'라는 말을 한 배경은.

TV에서 '국민과 대화' 중에 나를 두고 그렇게 표현할지는 몰랐다. 그 주말에 청와대에서 밥을 먹을 때 물어봤더니, "나라종금 사건이다 뭐다 해서 검찰에 불려 다닐 자네와 그런 모습을 볼 자네 가족을 생각해서 한 얘기"라고 했다. 고마운 말이었다.

2007년 민주당이 대선에서 패배하고 '폐족'이라는 말을 썼는데.

다산 정약용이 유배지에서 아들에게 쓴 편지가 "우리는 폐족이 되었다"로 시작한다. 더 열심히 해서 오늘의 이 비루함과 참담함을 극복해 보자고 쓴 것이다. 대선 패배의 슬픔을 이겨내자는 격려를 표현했다. 후회가 되는 표현은 아니다.

대통령이 정치 하지 말고 농사나 지으라고 했다는데.

2007년 말에 관저 만찬에서 "내년 총선에 참여정부의 좋은 취지와 정신을 살려서 정치 세력으로 살아남아야 한다"고 했다. "그런 의미에서 저도 출마하겠다"고 했더니, "죄 짓고 감옥 갔다 왔는데 정치가 되겠느냐"고… 정치를 하지 말라는 취지는 아니었다. 나의 정치에 대한 신념과 집념에는 동의했다.

노무현 정신은.

사람 사는 세상, 원칙과 상식, 이런 표현을 많이 하셨는데…. 사실 노대통령이 "이것보다 더 좋은 표현이 있는데 다른 사람이 써버렸다"고 한 적이 있다. 바로 노태우 전 대통령의 '보통 사람'이다.

노무현과 나:

염동연
전 열린우리당 사무총장

노무현과의 인연은?

내가 DJ의 사조직인 연청(민주연합 청년동지회) 사무총장을 맡고 있을 때 3당 합당에 반대한 노무현이 민주당에 입당하면서 만났다. 나는 아버지가 큰 사업을 해서 금수저였는데, 노무현은 정말 흙수저더라. 노무현의 캠프였던 자치경영연구원 사무총장을 맡으면서 대선에 함께 뛰어들었다.

노무현은 돈이 없었는데.

내가 "돈 있냐?"고 물었더니 "대한민국에서 나만큼 돈 있는 사람이 있냐"고 큰소리치더라. 알고 보니 벤처기업인 50여명 정도가 후원자였고, 돈 있다는 큰소리는 전 국민 모금을 하겠다는 얘기였다. 일종의 뻥이었다. 결국 내가 사재 써가면서 열심히 조달했다.

노무현은 정말 열린우리당 공천에 관여하지 않았나?

전혀. "당정분리가 나의 원칙이니 염 총장이 당을 잘 이끌어달라"고 했다. 다만 권양숙 여사가 비례대표 한 명을 부탁했다.

노무현이 '성공한 대통령'이라면 어떤 부분인가?

첫째가 선거공영제다. 본인이 여러 번 돈 없이 선거를 치러서 제도 자체를 뜯어고쳤다. 둘째, 한·미 FTA(자유무역협정) 체결 같은 실용주의, 셋째 전시작전권 환수에 대비한 국방개혁과 방위산업 투자 확대다. 그 결실을 지금 누리고 있지 않은가.

'실패한 노무현'은?

최대의 실패는 대연정 제안이다. 노무현의 허점이 이런 이상주의다. 좋은 취지가 결국 부메랑이 됐다. 또 하나는 취임 첫해에 전임 김대중 정부의 남북 정상회담을 수사하는 대북송금특검법에 거부권을 행사하지 않은 것이다. 이때부터 지지기반에 균열이 생겼다. 그 과정에 문재인 당시 민정수석을 비롯한 '부산파'들이 노무현의 거부권 행사를 막았다고 들었다.

.

노무현이 만든 '인터넷 청와대'
문재인 정부서도 끝내 외면당했다

이번 이야기는 퀴즈 하나로 시작한다. 노무현과 전두환의 공통점은 무엇일까. 대부분의 사람은 무슨 뜬금없는 소리냐고 반문할 것이다. 비교할 게 따로 있지, 어찌 노무현과 전두환을 비교하느냐고 핏대를 올리는 사람도 있을지 모른다. 그러나 두 대통령은 많은 상이점에도 불구하고 한 가지 중요한 점에서 매우 유사한 공적을 남겼다. 다름 아니라 한국이 오늘의 IT(정보기술) 강국이 되기까지 두 사람 모두 매우 중요한 역할을 했기 때문이다.

40여 년 전 전두환의 과감한 결단이 없었다면 지금의 인터넷 고속도로는 존재할 수 없었다. 1970년대 말 전화 교환기 사업이 큰 이권이 되어 관련 업체들이 다툴 때, 정부가 전자식 교환기 사업에 손을 들어줘서 가능했다. 전두환 자신이 이 부문에 조예가 깊었던

청와대 집무실에서 노트북으로 업무를 보고 있는 노무현 대통령.

것은 아니었고, 경제수석 김재익의 조언이 결정적이었다. 그래도 당시 대통령의 결단과 추진력은 장차의 IT 산업에 매우 중요한 계기를 만들어 냈다.

노무현은 스스로가 인터넷에 밝았다. 50대 중반의 나이임에도 컴퓨터를 다루는 실력은 30대 수준이었다. 자연 연령은 아날로그였으나 생각은 일찍이 디지털 마인드였던 셈이다. 젊었을 때부터 데스크톱을 분해 조립하는 게 취미였고, 관심 있는 자료와 숫자들을 컴퓨터로 정리하고 저장하는 습관이 몸에 뱄다는 게 부인 권양숙의 말이다. 일찍이 '컴퓨터 프렌들리'였던 셈이다.

외신 "세계 최초 인터넷 대통령"

전두환이 인터넷 산업을 일으킨 인프라를 깔았다고 한다면 노무현은 그 열매를 수확하고 키워 나가는 일에 앞장선 대통령이었다. 그는 인터넷을 즐겼고 활용하는 데 능했다. 대통령 선거도 인터넷 덕분에 승리했다 해도 과언이 아니다. 당시 영국 가디언지는 "세계 최초 인터넷 대통령이 탄생했다World's first internet president logs on"고 보도했을 정도다. 대선 승리에 큰 몫을 한 노사모 운동이 바로 인터넷을 적극 활용한 최초의 선거운동이었으니 말이다.

CEO가 인터넷을 잘 알고 모르고는 기업 경영에 있어서 하늘과 땅의 차이다. 하물며 국정 운영을 총괄 지휘하는 대통령의 경우는 더 말할 나위가 없을 것이다. 대통령이 주재하는 청와대 회의에 인터넷이나 IT 관련 안건이 나오면 참석자들은 가급적 대통령과 눈 마주치기를 꺼렸다. 자칫 골치 아픈 질문을 받을지 몰라서다. 그도 그럴 것이, 참여정부 초기에 완성된 청와대 내의 행정 전산화 시스템인 '이지원e-知園' 구축이 전적으로 대통령의 진두지휘로 이뤄졌기 때문이다.

소위 코딩이나 프로그래밍은 담당 실무자들이 했다 해도 전체 작업을 총괄 지휘한 일종의 PM(프로젝트 매니저)이 대통령이었던 셈이다. (당시 정보통신부 장관 진대제)

그는 스스로 인터넷 대통령임을 자처했다. 임기 절반이 지난 시점의 TV 출연에서 "가장 성공한 정책이 무엇이냐"는 질문에 오죽하면 "이지원을 만든 것이다. 그것만 생각하면 그저 기분이 좋다"고 대답했겠는가. 노무현에게 있어 이지원은 단순한 청와대 업무 처리의 전산화뿐 아니라, 대한민국 정부를 혁신했다는 자부심의 문제였다. 이지원을 통해 일의 효율을 높일 뿐만 아니라 정부 행정의 고질적 관료주의를 타파할 수 있다고 믿었다.

대체 무엇이 노무현을 인터넷에 꽂히게 한 것일까. 원래 컴퓨터 만지기를 좋아하긴 했어도 실제로 데이터베이스나 시스템 구축에 본격적으로 관심을 갖게 한 것은 다름 아닌 명함이었다. 정치에 발을 디디면서 하루에도 수십 장씩 쌓이는 명함 관리가 골치였다. 해결 방안을 찾던 끝에 컴퓨터 활용이 눈에 들어왔다. 이즈음부터 정치인 노무현은 컴퓨터 프로그래밍이 이러니 저러니 하면서, 당시로서는 일반인들에겐 생소한 용어들을 입에 달고 다녔다. 무엇이든 한번 꽂히면 끝장을 봐야 하는 것이 노무현 아닌가.

급기야 아르바이트 대학생을 고용하는 사업화로까지 번졌다.

한국경제신문 1997년 9월 26일자.
노무현의 프로그램 개발을 보도한
기사가 뒤늦게 온라인상에 화제가
됐다. 온라인 커뮤니티 캡처

150만 원에서 시작해 무려 2억 원이 들어갔다. 큰돈을 꼬라박은 것
이다. 그렇게 해서 만들어진 것이 '노하우 2000'이라는 인맥 관리
소프트웨어. 이런 시행착오를 바탕으로 노무현은 인수위 때부터
이지원 구상을 시작했고, 청와대 주인이 된 즉시 실천에 옮겼다. 마
치 벤처기업 사장처럼 몰아붙였다.

인터넷이 지금처럼 세상의 중심이 될 것으로 내다본 사람이 20년
전에 과연 몇이나 되었을까. 결과적으로 청와대가 정부의 디지털
혁신 진원지 역할을 했는데, 대통령이 그 중심에 서서 직접 진두지
휘했다는 것은 특기할 만하다. 이지원이 출범하고 나서도 대통령

의 성화와 줄기찬 드라이브로 진화를 거듭해 나갔다.

"청와대 직원들 사이에 통하는 말로 일지원, 이지원, 삼지원이라는 조크가 있었어요. 전산화를 시작한 2003년 첫해를 일지원이라 했는데, 그때는 인터넷을 통해 단순한 지시나 공지사항을 전달하고 공유하는 등의 초보적인 단계였지요. 집권 2년 차를 이지원이라 했는데, 이때부턴 제법 인터넷을 통해 부처끼리 정책 협의나 피드백도 가능해졌고, 그다음에는 더욱 입체적으로 시스템이 진화 발전해서 삼지원이라고 했던 거지요."

당시 실무를 담당했던 비서관 민기영의 회고다.

민정수석실, 인터넷 보고 꼴찌

민 비서관의 전임자 강태영의 기억도 흥미롭다.

"탄핵소추를 당한 기간 동안 할 일이 없어진 대통령은 일주일에 한 번꼴로 이지원 회의를 소집했어요. 먼저 진행 상황 보고를 30분가량 받고 나서부터는 혼쭐나는 시간이 시작됩니다. 칠판에다 위에서부터 판서를 시작해서 무릎을 꿇어가며 맨 밑에까지 빼곡하게 자기 생각을 써내려갑니다. 실무자 보고 내용이 성에 차지 않는다는 거

2003년 6월 11일 오전, 처음으로 3급 이상 공무원들을 대상으로 인터넷 조회가 열렸다. 국무위원들이 대형 화면을 통해 대통령의 지시사항을 듣고 있다.

예요. 요컨대 본인이 원하는 시스템은 좀 더 입체적이면서도 간명해야 하는데, 아직 멀었다는 질책이었습니다. 주로 사용자 입장에서의 비판이었는데, 반박의 여지가 없었지요."

노무현에게는 말은 논리정연해야 하고 글은 일목요연해야 했다. 하물며 주요 정책을 결정해야 하는 보고서가 장황한 것에는 그냥 지나가지 못했다. 어떤 보고서든 작성 목적, 제목·배경을 포함해 대응 방안에 이르기까지 한 장으로 요약되는 스마트한 전산화를 요구했다. 언론과의 전쟁에 관한 보고서든, 미국과의 FTA(자유무역협정)에 관한 것이든 간에…. 그게 이지원이었다.

이지원이라는 청와대의 전산시스템 구축은 우여곡절은 있었으나 성공적이었다. 이지원을 가장 열심히 쓰는 애용자는 대통령이었다. 하루 평균 네 시간 정도 이지원에 들어가서 30건 안팎의 서류와 보고서를 일일이 읽고 의견을 달고 결재하는 것이 주요한 일과였다. 단순히 결재 시간만 줄인 게 아니다. 대통령 스스로가 역대 다른 대통령과 비교할 수 없는 고강도 노동을 했던 셈이다.

MB 이후 디지털 청와대는 뒷전

그러나 절반의 성공에 불과했다. 이지원이 널리 쓰여야 하는데, 정작 이것이 잘 안 됐다. 컴맹인 아날로그들에게 디지털을 풀어 먹이는 작업이 결코 쉽지 않았다. 고생고생을 해가면서 이지원을 개발해 놓았는데, 정작 400명 넘는 청와대 사람들은 여전히 종이 보고서만 들고 다녔던 것이다. "앞으로는 서면 보고를 받지 않겠다"고 대통령이 화내는 해프닝이 벌어지기도 했다.

심지어 "어느 부서가 가장 이지원 사용에 소극적인지를 가려내라"는 조사를 시켰다. 민정수석실이 꼴찌였다. 변론인 즉, 민정수석실의 업무 특성상 이지원을 사용하기엔 비밀스러운 사안이 많기 때문이라고 했다. 이 보고를 받은 대통령은 "이지원을 사용할 수 없을 정도의 은밀한 일 같으면 그런 일은 하지 말아야 한다"고 일갈했다.

아무튼 이지원은 노무현의 업적 중에 가장 구체적이며 실질적으로 성공한 케이스로 기록될 만했다. 더디기만 했던 행정 전산화가 노무현 시대에 와서 이지원으로 속도가 붙기 시작했으며, 이것이 토대가 되어 중앙정부와 지방정부까지 아우르는 '온 나라on nara' 시스템으로 확대 발전돼 갔으니 말이다. 청와대를 기점으로 하는 위로부터의 혁신이 전국적으로 확산해 나갔다. 전자문서 관리 시스템EDMS을 넘어서 업무 프로세스 관리 시스템BPMS으로 업그레이드시켰다. 기업에서나 할 수 있는 세계 최고 수준의 전자 정부를 구축해 낸 것이다.

그러나 이지원의 행로는 이를 만들어낸 노무현의 뜻대로 되지 못했다. 아무리 훌륭한 시스템이라 해도 제대로 쓰이지 못하면 그만인 법. 더구나 퇴직하면서 노무현 전직 대통령이 봉하마을로 가져간 이지원 복사본이 법적 문제로 비화하면서 졸지에 애물단지 신세가 돼버렸다.

더구나 노무현의 청와대가 애지중지했던 이지원을 이명박의 청와대가 제대로 활용했을 리 만무했다. 노무현의 흔적을 지워버리고 싶어서였을까. 국유 특허까지 받은 이지원의 이름을 위민爲民으로 바꿔버렸다. 박근혜 정부 들어서도 그 흐름은 달라지지 않았다. 어렵사리 일궈 놓은 디지털 정부는 뒷전으로 밀려나고 다시 아날로그로 되돌아갔다.

이지원 시스템을 힘들게 구축한 실무자들은 속상하기 짝이 없었으나 보수 정권이었던 점을 감안해 한편으로는 그러려니 했다. 그러나 드디어 세상이 달라졌다. 노무현의 평생 동지이자 비서실장까지 지냈던 문재인이 정권을 잡았다. 이들은 서둘러 망가졌던 이지원 복구 작업에 나섰다. 문재인의 청와대는 분명히 이지원을 다시 살려 나갈 것으로 믿어 의심치 않았기 때문이다.

그렇지 않았다. 문재인 정부는 이지원을 되살리기는커녕 외면했다. 당연히 '왜?'라는 의문을 떠올릴 일이다. 앞서도 언급했듯이 이지원 활용에 꼴찌 부서가 문재인의 민정수석실이었다는 사실의 연장선이라고 봐야 할 것인가. 아니면 문재인 본인이 노무현과 다른 전형적인 아날로그여서 그런가. 나이는 노무현보다 일곱 살이나 아래인데도 말이다. 이도 저도 아니면 조선시대의 사화士禍 같은 것이 두려워서 아예 청와대 시대의 기록 남기기를 기피한 탓이었을까.

그 이유가 무엇이었든 간에 노무현의 이지원은 문재인한테서도 버림받은 꼴이 되고 말았다. 그럼에도 불구하고 이지원을 통해 보여준 노무현의 인터넷 마인드는 전자 정부뿐 아니라 한국 경제가 IT 강국 대열에 올라서는 데 중요한 디딤돌 역할을 했던 게 사실이다.

재임 중에 실제로 노무현은 중소 벤처기업이나 영세 스타트업 사장들과 자주 어울리고 격의 없는 관계를 유지했다. 임기 말 그는 벤처기업협회가 주관하는 포럼에 출연을 자청해서 1시간 30분이 넘는 강연으로 참석자들의 큰 박수를 받았다.

"대통령이 되기까지 내 인생 역정이 바로 벤처였습니다."

정파를 떠나서 노무현을 명실공히 '인터넷 대통령'이라 평가함에 손색이 없었다.

노무현과 나:

민기영
전 청와대 업무혁신비서관

노무현 대통령의 인터넷 실력은.

이지원을 직접 설계하고 구현 프로젝트를 진두지휘할 정도로 시스템적 사고를 했던 분이었다. 이지원의 파워 유저power user이자 개발 아이디어를 가장 많이 제공한 사람도 대통령이었다. 만약 지금의 챗GPT를 경험했다면 "그래 이게 바로 내가 바라던 거야" 했을 것 같다.

이지원에 얽힌 잊지 못할 에피소드는.

"이지원만 생각하면 아무리 골치 아픈 생각을 하다가도 기분이 좋아진다"는 말씀은 잊을 수가 없다. 이지원은 5년 동안 파괴적 혁신을 통해 지속적으로 발전했다. 대통령은 개발자들과 수시로 만나 토론을 벌였다. "이지원에 대한 애정을 갖는 것도 좋지만 지금에 안주하지 말고 계속 발전시켜 나가자"고 강조했다.

이지원 때문에 검찰 조사도 받았다는데.

퇴임 후 불법으로 몰래 빼돌린 것처럼 몰고 가니 너무 억울했다. 다양한 정치 공세와 대통령의 비극적 선택까지 이어져, 내가 이러려고 이지원을 했나 하는 자괴감이 너무 컸다.

이명박 정권이 이지원 이름을 '위민'으로 바꾼 것에 대해.

아쉽다. 이름이 중요한 건 아니지만 대통령부터 말단 공무원까지의 일하는 당초 방식으로 정착하지 못한 부분은 참 안타깝다. 민간 기술은 발전하는데, 전자 정부는 퇴행했다.

문재인 정권 들어 2개월간의 복원 작업은 사실인가.

그렇다. 위민 시스템은 기능이 너무 단순해 계속 사용하기 어려웠고, 이지원은 10년이 지나 그대로 사용할 수 없었다. 복원 노력을 했으나 여의치 않았다. 대통령이 얼마나 이 시스템을 열심히 사용하느냐가 가장 중요한 관건인데, 그렇지 않았다. 유감스러운 일이었다.

'언론개혁 집착' 소통 망쳤다
온라인 홍수 '가짜 뉴스 원죄'

대통령이 되기 전부터 심상찮은 조짐이 보였다.

"언론과의 전쟁 선포를 불사할 때가 됐다."

2001년 2월 해양수산부 장관 노무현이 출입기자와의 점심 중에 불쑥 내던진 발언이다. "언론이 밤에는 대통령보다 더 무섭지 않으냐"는 말도 덧붙였다.

생뚱맞기 짝이 없었다. 도대체 해양수산부와 언론 전쟁이 무슨 연관이 있기에 이런 말을 했을까. 당시로서는 김대중 정권 후반기였고, 노무현이 차기 대통령이 될 것을 예상했던 사람은 거의 없을 때였다. 아니나 다를까. 다음 날 언론들은 노무현의 언론 전쟁 선포

150

노무현 대통령이 2007년 6월 서울 상암동 디지털매직스페이스에서 열린 '언론인과의 대화'에서 발언하고 있다.

언급으로 떠들썩했다.

당선 직후 한겨레신문 예방

이로부터 2년이 지나 대통령이 된 노무현은 정말 언론 전쟁에 불을 지폈다. 그는 여느 정치인과 전혀 달랐다. 언론에 잘 보이려 하기는커녕 언론이야말로 개혁의 대상임을 강조하며 거침없이 주요 매체들을 싸잡아 공격했다. 노무현이 아니고서는 흉내조차 낼 수 없는 일이었다. 주변의 우려에도 아랑곳하지 않았다.

그의 언론 전쟁은 시작부터 용의주도했다. 첫 신호탄은 대통령 취임도 하기 전, 당선자 신분으로 한겨레신문을 방문한 것이다. 전례 없는 일이었다. 이낙연 대변인은 "북핵과 한·미 관련 조언 청취가 한겨레신문 방문 목적"이라고 둘러댔으나 궁색한 변명이었다. 선거 승리를 안겨준 우군 언론사의 응원에 답하는 공개적 당선 인사 방문이었다. 노무현의 언론관을 보란 듯이 드러낸 행차였다.

곧 이어서 제2탄을 터뜨렸다. 2003년 2월 23일, 당선 이후 최초의 인터뷰 매체는 오마이뉴스였다. 이 또한 아무도 예상치 못한 파격이었다. 신임 대통령 첫 인터뷰는 주요 매체들과 해 왔던 종래 관행을 깨뜨리고 신생 인터넷 매체와 한 것이다. "노무현이 대통령 됐으면 노무현식으로 해야지"라고 한 말이 인터뷰의 첫마디였다. 온라인 저널리즘 시대가 도래할 것이라는 선견지명의 일단을 내비친 것이기도 했다.

이게 끝이 아니었다. 중앙·조선·동아 등 주요 일간지에 대해서는 눈길조차 주지 않았다. 그러다가 불쑥 그해 11월 국민일보와 인터뷰를 했다. 선거 기간에 대단한 신세를 지기라도 했던 것일까. 아무튼 이로써 노무현은 주요 신문들한테 보기 좋게 원투 펀치를 날린 셈이었다.

언론은 선출되지 않은 권력

정치 입문 때부터 그는 입버릇처럼 조중동을 비난해 왔다. 하지만 그러려니 했다. 대통령 자리에 앉으면 말조심도 하고 행동도 성숙한 쪽으로 선회할 것으로 여겼다. 예상은 빗나갔다. 정반대였다. 취임 이후 그의 언론 비판은 한층 날을 세우며 과격해졌다.

"보수 언론들이 여론을 조작하고 있다."
"언론은 선출되지 않는 권력 기관이다."
"개혁 작업에 최대 장애가 언론이다."
"언론은 불량 상품이다."

대통령의 공개 발언으론 수위를 넘는 표현들이 숱했다. 독재 정권의 언론 탄압이 암암리에 팔을 비틀었다면 민주화 시대의 노무현 대통령은 기회 있을 때마다 언론을 성토하거나 내놓고 편 가르기를 마다치 않았다. 노무현이 생각해온 언론 적폐 청산 작업이었다. 그에게 언론이란 구조조정의 도마에 올려야 할 방치 불가의 '공기업'이었다.

전임 대통령 김대중과도 사뭇 달랐다. DJ도 언론의 비판 보도에 못마땅해했고, 여러모로 압박을 가했었다. 하지만 언론을 노골적으로 적대시하며 성토하거나 심지어 주요 언론사들을 '보수의 나팔

수'라는 프레임을 씌워 매도하는 일은 없었다.

　노무현은 양동작전을 폈다. 말 폭탄을 날리는 일방, 모든 매체에 기자실을 개방했다. 엊그제 생긴 온라인 매체들도 기자실 출입이 자유로워졌다. 국회 기자실의 기자들은 하루아침에 수백 명이 됐다(지금은 무려 1500명 수준). 오보·과장 보도 사태가 벌어졌으나 기

2003년 10월 청와대 춘추관에서 열린 긴급 기자회견에서 노무현 대통령이 기자의 질문을 듣고 있다. 이날 최도술 전 비서관의 뇌물 수수 의혹에 사과하고 국민에게 재신임을 묻겠다고 했다.

154

존 언론사들로서는 기자실 개방을 반대할 명분이 약했다. 부작용은 나중 일이고, 당장은 개방의 명분이 더 어필했다. 조중동은 이래저래 스타일을 구겼으나 일반의 여론은 긍정적이었다.

대통령은 쾌재를 불렀다. 이런 식으로 조중동의 코를 납작하게 만들어 그동안 누려온 '권력 구조'를 해체해 나가는 것이 본인의 시대적 소명이라고 여겼다. 방법론도 분명히 했다. 좌파 언론과 신생 온라인 매체의 육성, 지원을 통해 기존 언론의 영향력을 약화시키는 것이 의도하는 언론 전쟁 시나리오였다. 집권 중에 한국 언론의 풍토와 판도를 확 바꾸겠다는 포부가 당당했다. "정권이 바뀌어도 다시 돌이킬 수 없도록 대못을 박아버리겠다"고 했다. 조중동이라는 단어가 멸칭의 뉘앙스를 풍기는 보통명사로 쓰이기 시작한 것도 이때부터였다.

걸핏하면 하는 이야기가 "국회의원은 선출된 권력이다. 선거에서 뽑혔으니까. 그런데 언론은 선출된 권력도 아니면서 어찌해서 권력 기관 행세를 하는가? 그러니 검찰이나 국정원과 다를 바 없다"는 것이었다.

어쨌든 그의 말을 정리하면 "내가 대통령이 돼서 잘해보고 싶은데 보수 언론이 방해하고 반대하는 바람에 못 해 먹겠다. 따라서 언론부터 손을 봐야 한다"는 것이 요점이다.

언론부터 손봐야 한다

대통령 자신의 언론관이 이런 식이었으므로 다른 참모들이 끼어들 여지가 없었다. 참여정부 출범 이후 '언론 길들이기'보다 속도감 있게 추진된 정책은 없었다. 첫 번째 홍보수석 이해성이 얼마 못 가 경질된 것도 대통령의 언론관을 제대로 감당하지 못한 결과였다.

하지만 언론 전쟁은 뜻대로 전개되지 않았다. 참여정부는 집권 초기부터 시끄러웠다. 역대 대통령 중에 노무현이 대국민 사과를 가장 많이 한 대통령이었을 것이다. 대통령 자신이 자주 사고를 쳤다. "평검사와의 맞짱 토론"을 시작으로 "국민투표를 통한 대통령 재신임" "대국민 사과"…. 이틀이 멀다고 대통령 자신이 여론의 도마에 올랐다. 허점투성이 정부에 입 다물고 있을 언론이 어디 있겠는가. 참여정부 첫해는 이처럼 대통령과 주요 언론의 격한 충돌의 연속이었다.

이듬해 접어들면서 언론 전쟁에 다소의 변화가 일어난다. 전과를 따져 보고 전략을 수정한 것이다. 후일 비서실장까지 지낸 홍보수석 이병완이 역할을 했다. 조중동의 편집국장을 청와대 저녁에 초대해 동동주 한잔까지 곁들였다. 여러 이야기가 비로소 오갔다. 그나마 화해의 자리였다. 그럭저럭 집권 중반 들어 언론과의 관계는 어느 정도 소강상태에 들어갔으나 후반기 레임덕과 함께 다시

156

악화하기 시작한다.

마음속 옹어리는 여전했다. 퇴임 6개월을 앞두고 소위 제2차 기자실 개혁 조치를 발표하면서 또 한 차례 소동을 벌였다. 기자실 통폐합 운용 여부는 사실 지엽적인 문제였다. 공연히 일선 기자들의 반발만 부른 채 결국 주변의 만류와 반대로 모양새만 구기고 말았다.

노무현의 이런 언론관은 정말 수수께끼였다. 아무리 자신이 옳다고 주장하다가도 상대방 말이 옳다고 여기면 즉각 승복하고 생각을 바꾸는 실용주의자로 평판이 난 대통령 아닌가. 그런데 유독 언론관만은 집요했다.

"나의 임기 5년간 투쟁에서 가장 큰 장애는 야당보다도 조중동"임을 임기 마지막 해 가을 인터뷰에서 또다시 되풀이했으니 더 보탤 말이 없다. 게다가 "가장 보람 있는 정책은 언론 정책이었다"(오연호, 『노무현 마지막 인터뷰』)는 말까지 덧붙였다. 대체 한국 언론 발전에 무엇을 기여했기에 언론 전쟁을 가장 보람 있는 정책으로 꼽기까지 했을까.

노무현이 언론을 성토·매도·비난한 것은 일일이 인용하기 어려울 정도로 많다. 가까운 사람들에 따르면 조선일보한테서 마음의 상처를 깊게 입었던 과거의 트라우마가 주원인이었을 것이라고 말한다. 하지만 잘잘못을 떠나 그것 역시 대통령이 되기 전의 일 아닌

2007년 12월 경찰청의 기자실 폐쇄에 반발한 출입기자들이 청장실 앞에서 면담을 요구하고 있다.

가. 대통령이 된 이후에는 생각과 상황이 달라졌음에도 불구하고 왜 유독 언론관은 과거 일에 대한 집착과 강박에서 벗어나지 못한 것일까. 노무현에게 주저 없이 조언해 왔던 정대철·정세균·유인태 등도 언론 정책에 대해서 만은 한목소리로 "부적절했다"고 말한다. 언론과의 대립이 결과적으로 국민 소통의 실패를 초래했다고 입을 모았다.

노무현의 언론 개혁이 결코 순수한 것만도 아니었다. 미수에 그 쳤으나 노무현은 참여정부 비판에 곧잘 날을 세우는 SBS를 미워한

나머지, 측근이 비밀리에 나서서 모 신문사한테 인수를 타진하는 음모도 있었다. 집권 첫해인 2003년 9월, SBS 주식을 15% 정도 매입하는 방안을 포함해서 제법 구체적인 그림을 그리고 있었다. 미수에 그쳤기에 망정이지, 어처구니없는 일을 도모하려 했던 것이다.

인터넷 언론 난립

한국 언론의 폐단을 바로잡겠다는 명분에 반대할 사람이 어디 있겠는가. 오보를 남발하고, 걸핏하면 명예훼손을 저지르는 무책임한 한국 언론의 현실에 대해 노무현은 오래전부터 분개해 왔다. 그리하여 본인이 기회 있을 때마다 직접 나서서 비판하고 바로잡고자 했다. 대통령이 되었으니 드디어 기회가 온 것이다. 집권 초기의 노무현은 언론 대책을 마치 범죄와의 전쟁처럼 몰아갔다.

그럴 일이 아니었다. 조중동을 때려잡는 데 에너지를 쏟아부을 게 아니라, 본인 예견대로 디지털 미디어 시대를 맞아 닥쳐오는 새로운 미디어 환경에 걸맞은 제도 정비에 눈을 돌렸어야 했다. 민주화 이후, 가뜩이나 언론의 '자유'보다는 '책임' 문제에 초점을 맞춰야 할 일이 하나둘이 아니었다. 유튜브를 비롯해 각종 SNS를 통해 번져 나가는 가짜 뉴스, 저질 뉴스의 홍수를 선제적으로 막아내는 일에 그 열정을 쏟았어야 했다.

국민과의 소통에 실패한 것은 그렇다 치자. 노무현의 언론 전쟁이 한국의 언론 환경을 오히려 악화시키는 데 일조했다는 점에 주목할 필요가 있다.

아날로그 매체의 영향력 쇠퇴는 가만 내버려둬도 이미 일어나고 있을 때였다. 따라서 노무현의 언론 개혁과 오늘날 종이 신문의 위축은 상관관계가 제로다. 정작 노무현이 벌인 전쟁의 부작용은 지금의 온라인 언론의 무분별한 난립 현상이다. 노무현이 20년 전 종이 신문과의 전쟁에 몰빵하느라 원군으로 삼았던 온라인 매체들이 '언론의 자유'를 만끽하면서 우후죽순처럼 번져 나갔던 결과이기도 하다.

더구나 미디어 산업의 급속한 발전은 필요한 규제를 한참 앞질러 갔고, 급기야 한국의 언론 현실은 가짜 뉴스의 홍수에 휘말리고 말았다. 오보 시비나 명예훼손의 차원을 넘어 "아니면 말고" 식의 보도가 일상화되어 버렸다. 언론 산업 자체가 길을 잃고 휘청거리고 있는 것이다.

언론 정책이 가장 보람 있었다고 한 노무현이 살아서 오늘의 언론 현실을 대하고 있다면 과연 어떤 전쟁을 구상하고 있을까.

김건희는 권양숙을 배워라?
노무현·윤석열 스타일부터 따져봐야

전 대구시장 홍준표는 2024년 10월 중순 자신의 SNS를 통해 하필이면 권양숙을 거론하고 나섰다. 당시 윤석열 대통령의 부인 김건희 여사를 두고 노무현의 부인 권양숙 여사의 처신을 배워야 한다며 정치 훈수를 둔 것이다. 아래와 같다.

"노무현 대통령이 후보 시절 장인의 좌익 경력으로 곤욕을 치른 후 대통령이 된 이후에 권양숙 여사는 5년 내내 공개 활동을 자제하고 언론에 나타나지 않았다. 보수 우파 진영에서도 노 대통령 임기 내내 권 여사를 공격하지 않았던 이유도 거기에 기인한다. 지금 대통령의 국민 지지가 퍼스트레이디의 처신이 그중 하나의 이유가 된다면 당연히 나라를 위해서 김 여사께서는 권 여사같이 처신하셔야 한다."

대체 무슨 이유로 홍준표는 그 시점에서 현직 대통령의 아내에게 과거 대통령 노무현 아내의 처신을 본받으라고 한 것일까.

노무현 스토리를 풀어가는 마당에 이래저래 그의 아내 권양숙에 관한 이야기를 생략하기 어렵다. 권양숙이 박연차 관련 비리로 세상을 떠들썩하게 만든 일대 사건은 이미 만천하에 알려진 사실이다. 새삼 되풀이할 의도가 없다. 다만 홍준표의 말처럼 청와대 안주인의 처신이 국정에 영향을 미치는 상황에 이르렀다면, 롤 모델로 치켜세운 노무현 시대의 퍼스트레이디에 대해 따로 살펴보지 않을 수 없다.

결론부터 말하자면 참여정부 대통령의 아내 권양숙의 청와대 5년은 시종일관 조용했다. 남편인 대통령의 내조나 봉사활동 등에만 참여했다. 뉴스거리가 없었다. 바로 그 점을 두고 홍준표가 지금의 대통령 아내더러 본받으라고 한 것이니, 결국 '뭘 하는 걸' 본받으라는 게 아니라 '아무것도 하지 않는 것'을 배우라는 이야기였던 셈이다.

김건희·권양숙의 묘한 공통점

김건희와 권양숙은 묘한 공통점이 있다. 남편이 대통령이 되기 전의 일들로 인해 발목이 잡혔다는 점이다. 특검 운운하며 지겹도

2005년 5월 5일 청와대 대정원에서 열린 어린이날 특집 생방송에 함께 출연한 노 대통령 부부.

록 문제가 되는 도이치모터스 사건이나 공천 개입 등에 대해서는 더 설명이 필요치 않을 것이다. 과거의 일인데, 계속 속을 썩였다.

권양숙은 아무 일이 없었나. 그렇지 않다. 권양숙에게도 남편이 대통령 되기 전의 일로 집권 초반 아슬아슬한 고비가 있었다. 2003년 5월께의 일이다. 대통령의 아내 권양숙이 남편 몰래 검찰총장 송광수에게 전화를 걸었다.

"총장님이 한번 청와대에 들어오셔서 저하고 상의해 봤으면 좋겠습니다."

"저희들이 혹시 수사할지도 모르는 일입니다. 제가 청와대에 들어가서 상의하는 것은 부적절한 것 같습니다."

"아, 네. 알겠습니다. 제가 몰라서 그랬습니다."

무슨 일이었기에 이런 대화가 전화로 오갔던 것일까. 대통령 노무현은 개혁의 팡파르를 우렁차게 울리면서도 한편으로는 시작부터 말 못할 찜찜한 구석이 있었다. 청와대 입성 전의 일이지만 장수천 물 사업의 후유증이 뒤늦게 불거진 것에 더해, 형 노건평이 개입된 거제도 국립공원 용도 변경 사건까지 터졌다. 뒤늦게 언론에 터지기 시작하자 겁이 난 권양숙은 불쑥 검찰총장에게 전화를 걸었다가 무안을 당한 것이다. 결국 대통령이 직접 나서서 해명 겸 사과 회견(2003년 5월 28일)까지 해야 했다. 권양숙 관련 여부도 얼렁뚱땅 묻혀서 넘어갔다. 아무튼 검찰은 거제도 땅 문제로 수사를 확대하지 않았다.

이처럼 퍼스트레이디가 되고 난 뒤, 되기 전의 일 때문에 곤욕을 치렀거나 지금도 치르고 있다는 점에서 두 사람한테 공통점이 있는 것이다. 오히려 굳이 따지자면 청와대 입성 후 검찰총장에게 직접 전화를 걸었던 권양숙 쪽이 더 심각한 케이스였을 수도 있다. 그러나 당시 야당에서도 이런 의혹을 더 이상 문제 삼지 않았다.

두 '아내'의 확연한 차이는 대통령의 부인이 되고 나서부터였다.

윤석열 정부 출범 이후 김건희는 "조용히 내조에 전념하겠다"는 약속과는 달리 확실한 존재감을 드러냈다. 공적으로나 사적으로나 대통령 아내 관련 뉴스가 끊이지 않았다. 3대 정권에 걸쳐 대통령 전속 사진작가였던 장철영은 "미국 순방 때 방명록에 '대한민국 대통령 배우자 김건희'라고 쓰는 걸 보고 의아했다"며 "보통은 대통령 이름 밑에 여사 이름만 적는다"고 했다. 대통령실(청와대)의 남편과 아내는 그야말로 동급임을 말해 주는 단적인 예다.

권양숙의 처신은 달랐다. 초장에 혼이 난 권양숙의 청와대 생활 신조는 그야말로 "나서지 않는 것"이었다. 집권 내내 뒤에 있었다. 퍼스트레이디가 아니라 라스트 레이디라 할 정도로 몸을 사렸다. 남편의 국정에 끼어드는 것은 언감생심, 꿈도 꾸지 못할 일이었다. 원래 남편이 바깥 일에 몰두하는 나머지 다른 일에는 무심한 스타일이었기에, "아내는 집안일이나 자식 교육 문제에 전념해야 한다"는 생각이 평생 머리에 박혀 있었다.

권양숙의 성격이나 스타일이 그렇기도 했지만, 남편 노무현 또한 아내가 바깥 일에 끼어드는 것을 한 치도 용납하지 않았다. 비록 연애결혼은 했어도 전형적인 가부장적 사고방식을 지닌 구식 남자였다. 권양숙 또한 그런 남편을 받들면서 가정을 꾸려 왔던 전형적인 가부장형 아내였다. 두 사람의 관계는 청와대 생활 속에서도 마찬가지였다.

가정의 지배 구조, 청와대로 이어져

잠시 옛날의 권양숙으로 돌아가 보자. 권양숙은 노무현과 한 동네 소꿉친구로 자라 연애 끝에 결혼에 골인했고, 역시 가난한 집안이었다. 말이 좋아 고시 준비생이었지, 결혼 당시의 남편 노무현은 팔자 좋은 동네 건달이나 다름없었다. 그래도 노무현은 아내에게 군림하는 남편이었고, 권양숙은 그런 사내를 남편으로 모셨다. 노무현은 훗날 자서전을 통해 솔직히 털어놓고 사과했다.

"나는 아내가 조금이라도 불평하면 소리를 질러댔고, 그 말에 심하게 반발하면 다시 손을 올려붙였던 것이다. 정말 기억하기에도 부끄러운 일이 아닐 수 없다."

자신은 고시 공부한답시고 모내기하는 날에도 얼굴 한 번 비치지 않으면서, 시부모 모시고 농사일로 고생하는 아내에게 수 틀리면 손찌검까지 하는 남편이었음을 숨김없이 고백한 것이다.

애당초 권양숙은 정치인 남편을 원치 않았다. 정치 입문을 반대했다. 어려서부터 가난에 진저리가 났기에 남편에 대한 기대 또한 경제적 안정이었다. 세무 전문 변호사로 돈 잘 벌 때가 가장 행복했다. 생활비 걱정을 하지 않고, 아이들 교육비도 넉넉히 썼다. 그러나 노무현은 결국 운동권 변호사로 나섰고, 급기야는 정치에 발을 들여놓은 후 가정 경제로부터 갈수록 멀어져 갔다. 정치다 운동이다 하며 밖으로만 나돌았고, 집안 살림에는 무심한 왕년의 남편으로 되돌아가고 있었다. 권양숙도 고집이 있고 성격이 강한 타입이었다고 하나 남편 노무현의 성정을 이기지는 못했다. 남편의 고함 한마디면 그만이었다. 젊었을 때의 노무현은 그런 자신의 남자다움(?)을 친구들에게 자랑이랍시고 떠벌리고 다녔다.

원래 노무현이 유명 정치인이 아니었듯이 그의 아내 또한 무명의 가정주부였다. 세간에 처음 노출된 것은 아버지가 좌익 운동을 하다가 붙잡혀서 무기징역을 받고 옥사했다는 사실이 대통령 선거 유세 기간 중에 알려지면서였다. 사실이었고 새로운 뉴스도 아니었다.

1994년에 발간된 자서전 『여보 나 좀 도와줘』에서 이미 그러한 사정 탓으로 결혼에 큰 애로를 겪었음을 스스로 밝힌 바 있었다. 어쨌거나 소위 "빨갱이의 사위"라는 점이 선거 중에 부각되는 것은 대통령 후보에겐 부담이었다.

그러나 노무현은 특유의 대응으로 돌파해 나갔다.

"제가 그러면 제 아내를 버리기라도 해야 합니까."

이 한마디로 오히려 노무현의 지지도는 올랐다. 색깔 논쟁은 발도 못 붙인 가운데 아내를 지키는 당당함이 오히려 돋보인 형국이되고 말았다. 결과적으로 아내 리스크를 극복하고 청와대행에 성공했고, 권양숙은 청와대의 안주인이 된다.

돌이켜 보면 노무현과 권양숙 사이의 '지배 구조'는 서로가 오랫동안 익숙해 있던 것이고, 권양숙의 청와대 생활도 그 범주 안에서꾸렸던 셈이다. 구태여 청와대 안이냐 밖이냐를 구별할 필요가 없었다. 어쩌면 대통령 노무현의 리더십은 아내 권양숙에게 가장 먼저 빛을 발했는지 모를 일이다. 가정에서의 리더십 말이다.

2006년 핀란드 순방 당시 권 여사가 노 대통령의 옷 매무새를 만져주는 모습. 사진 장철영

168

과거에도 대통령의 부부관계는 대통령 이전이나 이후가 별로 다르지 않았다. 남편이 대통령이 되든, 안 되든 간에 두 부부 사이에 존재해 왔던 리더십이 청와대 분위기를 결정해 왔던 것이다.

"주가 올려" 들볶은 영부인도

그렇다면 오늘날 '대통령의 아내' 문제를 어떻게 풀어나갈 것인가. 아내들에게서 실마리를 찾으려 할 게 아니라 남편들인 노무현과 윤석열 대통령의 비교 분석에서 해법을 찾는 게 더 효과적이지 않겠나. 역대 대통령의 사례가 이를 뒷받침한다.

남편인 대통령의 판단이 흐려지고 아내가 나설 때 문제가 생겼다. 초대 대통령 이승만의 아내 프란체스카도 평생 남편을 뒷바라지한 훌륭한 내조자였다. 그러나 이승만이 노쇠하고 판단이 흐려지면서 아내와 영어가 잘 통하는 박마리아의 남편 이기붕을 중용, 화를 부른 것이다.

노태우의 아내 김옥숙의 입김은 처음부터 대단했다. 오빠 김복동이 전두환 체제의 한 축이었을 뿐만 아니라 김옥숙의 기를 남편 노태우도 어쩌질 못했다. 자신이 산 주식이 떨어지자 주가 부양책을 쓰지 않는다고 남편을 들볶았고, 결국 재무장관이 나서서 돈을

찍어서라도 투자신탁회사가 주식을 사들이도록 하는 어처구니없
는 정책이 나오게 된다. 물론 실패로 끝난 정책이었다. 후임 경제수
석은 부임 후 노태우의 부탁으로 영부인 김옥숙을 주기적으로 찾
아가서 경제 현안들을 직접 이해시켰다.

결국 대통령 아내의 역할이나 활동 범위는 남편인 대통령의 주
견이 어떤가에 달렸다는 결론에 도달한다. "대통령의 부인은 명예
직 공인"이라는 노무현의 말(청와대 제2부속실장 이은희)이 여러 의
미를 함축하고 있다. 아무튼 부부간의 '지배 구조'라는 표현이 어떨
지 몰라도, 평생을 살아온 부부간의 관계는 최고 권좌에 올라가도
크게 달라지지 않는 것 같다.

아무래도 홍준표가 "김건희 여사가 권양숙 여사를 배워서 처신
하시라"는 조언은 역사를 충분히 이해하지 못한 소치가 아닐까 싶
다. 노무현 부부의 지배 구조와 윤석열 부부의 그것이 워낙 달라 보
이기 때문이다.

권양숙과 김건희의 차이를 덧붙이자면, 두 사람은 관심사가 달
랐다는 점이다. 권양숙은 원래 정치에 관심이 없었고 집안 살림이
주된 관심사였다. 어렵게 살아왔던 환경 탓이었을 것이다. 반면에
김건희는 정치에 관심이 많고 자신의 네트워크도 넓었다. 이것 또
한 생장 과정에서 비롯된 것이리라.

노무현과 나:

장철영
전 청와대 사진사

권 여사는 어떤 분이셨나.

튀지 않으려고 정말 노력했다. 대통령 옆에서도 조용히 지켜보고 옷 잘 입었는지 확인하는 정도였지, 특별히 말씀이 없었다. 행사장에서도 방명록 서명조차 안 하려고 했다. "잘 들었습니다" "제가 대통령에게 꼭 말씀드리겠습니다" 정도의 말뿐, 주로 듣기만 했다.

두 분이 다투는 모습은 본 적이 없나.

본 적이 없다. 오히려 대통령이 혼나는 경우는 봤다. 봉하마을 사저 공사 현장 보러 갔다가 "저 길이 우리가 첫 키스했던 곳입니다"라고 대통령이 말하니, "왜 그런 얘기 하냐"고 혼내서 주변에서 웃고 난리가 났었다.

세 분의 영부인(권양숙·김윤옥·김정숙)을 보셨다고.

청와대에 8년 있었다. 세 분의 공통점은 튀지 않았다는 점이다. 김정숙 여사도 소탈하고 겸손했다. 양산 집 보도블록 까는 것까지 본인이 직접 다 했다. 문 대통령은 보기만 하고. 음대 출신이라 문화행사 쪽에 관심이 많았다. MB 청와대는 1년 있었는데, 김윤옥 여사도 대외

행사에서 튀는 모습을 본 적이 없다.

노 대통령은 기록을 중시했는데.

역사에 대한 인식이 깊었고, 사진도 역사의 한 페이지로 생각했다. 대통령 휴가 때 근접해서 찍게 해 달라고 요청했는데, 부속실 의견은 반반이었다고 한다. 대통령이 "장철영이 찍는 것 방해하지 말라"고 지시하면서 그때부터 내가 날개를 달았다.

20년 전 노무현 탄핵 사유
'윤석열 탄핵' 비하면 경범죄

"195표 중 찬성 193표, 반대 2표로 탄핵소추안은 가결됐음을 선포합니다. 땅·땅·땅!"

2004년 3월 12일 오전 11시 56분. '대통령' 노무현에 대한 탄핵소추안이 국회 문턱을 넘었다. 181명(재적의원 271명)의 찬성이 필요했는데, 이를 훨씬 넘겼다. '설마가 사람 잡는다'더니, 정말 사람을 잡았다. 대통령 탄핵소추는 헌정 사상 처음이었다. 헌법재판소가 국회의 탄핵소추를 받아들이면 노무현은 대통령 자리에서 쫓겨날 위기에 봉착한 것이다. 당시 상황으로 돌아가 보자.

이날 박관용 국회의장은 경호권을 발동한 가운데 "가결"을 선포했다. 한쪽에선 박수와 환호가, 다른 쪽에선 분노와 고성이 쏟아졌

노무현 대통령 탄핵소추안이 처리되던 날 국회 본회의장의 모습. 의장석을 점거하고 있던 열린우리당 의원들이 국회 경호원과 야당 의원들에게 끌려 내려오고 있다.

다. 구두짝과 명패·서류뭉치 등이 의장석으로 날아들었다. 본회의 장은 아수라장으로 변했다. 이미 1박 2일간의 치열한 몸싸움 대치 로 지친 상황에서 여당인 열린우리당 의원들의 분노가 극에 달했 다. 실신해서 바닥에 쓰러지는 의원이 있는가 하면, 주저앉아 통곡 하기도 했다. 가관이었다. "대한민국은 어떤 경우라도 전진해야 합 니다!" 의장의 마지막 말은 전혀 울림이 없었다.

도대체 어찌해서 이런 일이 벌어지게 된 것인가. 참여정부 자체 가 정치적 기반이 허약했던 터라서 노무현의 리더십이 불안불안하 긴 했었다. 그러나 제아무리 큰 과오를 저질렀더라도 선거로 뽑힌 대통령을 쫓아내는 결정에 국회의원 3분의 2 이상이 찬성한다는 것은 상상조차 하기 어려운 일이었다. 처음 탄핵 이야기가 나왔을 때만 해도 으레 있어 온 정치 흥정쯤으로 치부했다.

허약한 정치 기반, '설화'가 탄핵 불러

탄핵 사유의 핵심은 노무현의 말이었다. 대통령이 선거 중립을 지켜야 함에도 특정 정당을 편드는 발언을 했다는 게 주된 '죄목'이었다.

> "국민이 총선에서 열린우리당을 압도적으로 지지해 줄 것으로 기대한다."
> "열린우리당이 표를 얻을 수만 있다면 합법적인 모든 것을 다 하고 싶다."

2년 전 노무현을 대통령 후보로 뽑았던 민주당은 대통령을 선관위에 고발했다. 선관위는 이에 대해 "공무원의 선거 중립 의무 위반"임을 통보했다. 여기서 짚고 넘어갈 것은 선관위의 이중적 태도였다. 민주당에 통보한 것과 청와대에 알려준 내용이 달랐다. 청와대에는 노무현 대통령의 법 위반 여부를 생략한 채, "앞으로 중립 의무를 지켜 달라"는 권고 수준의 두루뭉술한 공문을 보냈던 것이다.

문제는 당시의 정치 기류가 전에 없이 심상찮게 돌아가고 있었다는 점이다. 민주당의 내부 분열이 빚어낸 후폭풍이 불씨였다. 노무현 지지 그룹을 중심으로 열린우리당이 만들어졌고, 노무현이 열린우리당에 대한 공개 지지까지 이어가자 민주당이 화나게 된 것이다. 민주당은 졸지에 한나라당 뺨치는 야당 세력으로 표변했다. 정치 지형은 소수 여당, 거대 야당 국면이 돼버렸다.

17대 총선을 코앞에 두고 민주당 조순형 대표와 한나라당 최병렬 대표는 '노무현 탄핵'이라는 이슈에 의기투합했다. 조순형은

조순형 민주당 대표(왼쪽)와 최병렬 한나라당 대표가 4당 대표회담에서 악수하고 있다. 국회에서 탄핵안이 처리된 다음날의 모습이다.

"노 대통령의 납득할 만한 사과가 없으면 소추안을 발의하겠다"며 조건부 탄핵을 꺼내 들었다. 최병렬은 "탄핵 추진이 당내 여망"이라며 강공을 주문했다. 그리고 3월 9일, 두 당은 탄핵소추안을 발의했다.

이때까지만 해도 민주당이 '사과'를 조건부로 내건 만큼 탄핵을 막을 기회도 있었다. 그러나 노무현이 기자회견(3월 11일)을 통해 간단히 일축해버린 것이 화근이었다.

"(나의) 잘못이 뭔지 잘 모르겠는데, 시끄러우니까 그냥 사과하고 넘어가자거나 그래서 탄핵을 모면하자는 뜻이라면 받아들이기 어렵습니다. 탄핵은 헌정이 부분적으로 중단되는 사태입니다. 이와 같은 중대한 국사를 놓고 정치적 체면 봐주기나 흥정하고 거래하는 선례를 남기는 것은 한국 정치 발전을 위해서 절대 이롭지 않습니다."

노무현다웠다. 나는 잘못한 것이 없으니 말 트집 잡지 말고 법대로 해보자는 것이다. 위법 사항을 생략한 채 보낸 선관위의 공문 내용도 경고로 보지 않았다. 그러나 결정적인 상황에서 노무현의 입이 뜻밖의 사고를 쳤다. 이날 회견에서 자신의 형에게 뇌물을 건넨 기업인을 실명을 거론하며 비난했고, 그 기업인이 그 말을 듣고 한강에 투신해서 스스로 목숨을 끊은 것이다.

"대우건설 사장처럼 좋은 학교 나오고 크게 성공하신 분들이 시골에 있는 별 볼 일 없는 사람에게 가서 머리를 조아리고 돈 주고 그런 일 없었으면 합니다."

뇌물 받은 자기 형은 순진한 시골 사람이라 죄가 없고, 뇌물을 준 대기업 사장이 잘못한 것이라는 말 아닌가. 그것도 좋은 학교 운운하면서 비아냥조의 인격 모욕까지 보탰으니….

이 사건은 중도적 입장의 사람들을 실망하게 했고, 애매한 입장이었던 상당수 야당 의원들의 표결에도 부정적인 영향을 끼쳤다. 박관용도 국회의장으로서 파국을 피하기 위해 막판까지 안간힘을 썼으나 이 사건이 결정적이었다고 떠올린다. "대통령의 '수준'과 '자격'에 대해 근본적인 회의를 하고 있던 야당 의원들의 결단을 굳히게 했다." (박관용, 『다시 탄핵이 와도 나는 의사봉을 잡겠다』)

당사자인 노무현은 창원의 로템 공장에서 탄핵안이 처리됐다는 소식을 들었다. 그러나 진해 해군사관학교 졸업식까지 이날 예정된 일정을 그대로 소화했다. 기가 막혔으나 평정심을 유지하려 애썼다. 헬기를 타고 청와대에 도착한 것은 오후 5시가 조금 넘은 시간이었다. 국회로부터의 통고가 기다리고 있었다. 100여 명의 직원이 도열해 처연한 심정의 대통령을 맞았다.

"괜찮습니다. 저는 여러분이 더 걱정입니다."

그 말을 곧이 듣는 사람은 없었다. 그날 저녁 수석·보좌관들과의 만찬에서야 신세 타령 삼아 자신의 속내를 털어놨다.

"정말, 무슨 운명이 이렇게 험하죠? 몇 걸음 가다가는 엎어지고…. 또 일어서서 몇 걸음 가는가 싶으면 다시 엎어지고."

(윤태영 대변인 중앙일보 기고)

독서로 울화 달래… 이순신에 심취

노무현은 두 달간의 직무 정지 기간 청와대에 칩거했다. 총선 투표를 포함해 세 번의 외출이 전부였다. 변호사로 입신한 이후 하루하루 바쁘게만 살아왔는데, 대통령이 돼서 탄핵소추를 당하는 바람에 뜻하지 않게 주어진 강제 휴가였다. 처음에는 시도 때도 없이 잠이 쏟아졌다고 했다. 누적된 피로와 긴장 탓이었으리라. 청와대 관내를 여유롭게 산책도 하고 때로는 북악산 등산도 했다.

역시 유폐 생활에는 독서가 제격이었다. 드골을 비롯해 나폴레옹, 로베스피에르, 이순신 등에 관한 책들을 열심히 읽었다. 특히 『칼의 노래』『경제전쟁 시대 이순신을 만나다』 등 이순신에 관한

책을 섭렵했다고 한다. 통영 등 충무공 전적지도 찾으려 했는데 총선에 영향을 미칠까 봐 주변에서 말렸다고 한다. 물론 이순신은 민족의 영웅이다. 그러나 노무현이 칩거 속에 이순신에 빠졌던 데는 각별한 이유가 있지 않았을까. 수많은 전공에도 불구하고 모함에 빠져 백의종군해야 했던 이순신의 모습에서 자신의 억울함이 겹쳐 보였을 수도 있다.

성찰과 재충전을 위해 신이 내린 소중한 시간이라고 아무리 자위해 봐도, 노무현의 속은 부글부글 끓어올랐을 것이다. 성공한 대

국회에서 노무현 대통령의 탄핵소추안이 가결되자, 서울 여의도 국회 앞에 모인 시민들. '탄핵 무효' 구호를 외치며 촛불 시위를 벌이고 있다.

통령이 되기 위해 최선을 다했는데 칭송은커녕 탄핵소추를 당해 헌재의 판결을 기다려야 하는 얄궂은 신세가 되다니….

지난 1년이 주마등처럼 스쳐 지나갔다. 전임 정부에서 물려받은 카드 대란, 같은 편이라 생각했던 화물연대의 파업, 지지자들의 반발을 불렀던 이라크 파병 등등…. 국익을 위해 밀어붙였던 것들이 싸잡아 탄핵 사유에 '경제 파탄' '민생 도탄'으로 적시되다니 말이 되는가. 직무 정지 중(4월 11일) 기자들과의 등산길에선 탄핵 사유 중 '경제 파탄'을 거론하며 "내가 천재도 아닌데 1년 만에 성과를 내라는 건 석 달 만에 아이를 낳으라는 격이 아니냐"며 격한 감정을 쏟아내기도 했다.

대통령의 직무 정지 중에 17대 총선이 치러졌다(2004년 4월 15일). 그런데 탄핵소추를 끌어낸 야당의 환호도 잠시, 역풍이 불어 닥쳤다. 대역전. 열린우리당이 152석을 확보하며 과반을 차지한 것이다. 탄핵소추 성공으로 기고만장했던 야당은 하루아침에 소수당으로 추락했다.

'탄핵 반대'를 외치며 광화문에 붙은 촛불 민심은 열린우리당 지지로 이어져 '탄돌이(탄핵+돌이)'들을 국회로 보냈다. 노무현의 정치 인생에서 가장 통쾌한 승리였다. 헌재 판결 이전에 선거를 통해 국민의 정치적 판단은 이미 "탄핵 No"를 알렸던 셈이다.

2004년 5월 15일자 중앙일보.

한 달 뒤 헌법재판소는 탄핵 기각 결정을 내렸다. 헌재는 "소극
적·수동적으로 이뤄진 가벼운 위반 행위로 대통령을 파면할 수는
없다"고 판단했다. 선거법을 어긴 사실은 인정되지만, 그것이 탄핵
으로 단죄할 만큼 중죄는 아니라는 결론이었다. 법을 어긴 것은 사
실이지만 경범죄라는 얘기다.

탄핵 후 달라져… 자기 확신 강해지고 유연함 줄어

63일 만에 노무현이 대통령 자리에 돌아왔다. 노무현의 첫 담화는 경제 이야기에 집중했다. "경제는 원칙에서 출발해야 하며, 어려울 때일수록 원칙에 충실해야 한다"고 강조했다. 공식 행사 참석 대신 경제 일정 위주로 스케줄을 잡았다.

탄핵 사태 이전과 이후의 노무현은 달라졌다. 경제부총리 이헌재는 다음처럼 당시를 기억했다.

"탄핵 이전의 노무현 대통령은 유연하고 이야기도 폭넓게 들었는데, 탄핵 사태 이후부터는 말하는 톤도 강해지고, 표현이 직선적으로 달라졌어요. 자기 확신이 더 강해진 것 같았고, 뭔가 보여줘야겠다는 생각이 더 느껴졌습니다."

마음속에 웅크리고 있던 억울함의 응어리 탓이었을까. 겉으로는 대범하고 태연한 척했으나 노무현은 탄핵 파동으로 상당한 내상內傷을 입었고 심각한 마음의 동요를 겪어야 했다. 억울하게 당했으니 이젠 내가 본때를 보여줘야겠다는 일종의 보복 심리가 작동되었을 수도 있다.

메시지도 강해졌다. 늘 애정과 격려만 해오던 중소기업 대표들을 향해 따끔한 발언도 서슴지 않았다. "맨날 업어 달라고 하지 말라. 크고 물살이 센 강이라면 몰라도 이젠 스스로 건너가라"든지, "희망도 없이 수명 연장만 기대하지 말라"는 등 전에는 들어보지 못했던 발언이었다. 과거엔 덕담에 그쳤던 대기업 대표 회동에서도 "위기를 너무 강조하지 말라"며 경고성 발언을 했고, 은행장들을 불러 모은 자리에서도 노골적인 질책으로 싸늘한 분위기를 연출하기도 했다.

갈등과 혼란… 식물 대통령의 비극

만약 탄핵 사태가 없었다면 노무현의 리더십은 어떠했을까. 역사의 가정이란 무의미하다지만, 참여정부는 보다 유연한 모습으로 굴러갔을 것이다. 특히 집권 후반기 들어가면서 노무현 리더십이 심각한 경화 현상에 빠져든 것은 매우 안타까운 일이었다.

하지만 누구를 탓하겠는가. 모든 것이 따지고 보면 노무현 자신의 '말'에서 비롯된 것이었거늘. 대통령의 신분으로 열린우리당을 대놓고 지지했던 '말'이 문제의 시작이었고, 사과 한마디면 단숨에 사그라질 일이었음에도 불구하고 이를 거부한 '말'이 결정적으로 탄핵 사태로 일을 키운 것이다. 거기에다 자기 형에게 뇌물을 준 기업인에 대해 해선 안 될 '말'을 한 것까지 보태져서 국가적 난리로 비화했던 것이다. 일종의 설화舌禍사건이었다.

　　대통령 탄핵의 역사를 거슬러 보면 최초였던 노무현 탄핵 시도
는 애당초 함량 미달의 시빗거리였다. 두 번째의 박근혜 탄핵은 국
정농단이라는 죄목으로 가혹한 처벌까지 내려졌다. 세 번째 윤석
열의 탄핵은 너무도 황당한 상황의 연속이었다. 대통령의 정신 상
태를 의심케 하는 비상계엄령 선포가 순식간에 온 나라를 뒤집어
놓았기 때문이다. 느닷없는 비상계엄 선포 이후 국회의 탄핵소추
와 헌법재판소의 대통령 파면 결정에 이르기까지 리더십의 절대
부재 속에 극도의 갈등과 분열, 대립, 혼란이 심화하는 위기 상황이
이어졌다. 과거 역사의 경험에서 현재와 미래의 답을 찾고자 하는
게 이 글의 목적인데, 여태껏 대통령의 정신 건강을 의심하는 일에
서 비롯되는 탄핵은 경험하지 못했기에….

비겁한 선관위의 이중 플레이

당시 중앙선거관리위원회가 내용이 다른 2장의 공문을 청와대와 민주
당에 각각 보낸 사실은 다음과 같이 확인된다.

청와대에 보낸 공문 요지

"기자회견에서의 대통령 발언이 사전 선거운동 금지 규정에 위반된다
고 볼 수는 없다고 판단했음. 그러나 대통령은 선거에서의 중립 의무를
지는 공무원이므로 앞으로 선거에서 중립의 의무를 지켜주기 바람."

민주당에 보낸 공문 요지

"대통령이 기자회견 석상에서 답변한 것임을 감안할 때 사전 선거운동
위반에 해당하지 않는다고 판단하였음. 대통령은 정치적 활동이 허용
된 공무원이라고 하더라도 위 발언은 선거에서의 중립 의무를 위반한
행위로서 앞으로 선거에서의 중립 의무를 준수하여 줄 것을 2004년
3월 3일 대통령에게 요청하였음."

결국 선관위는 선거에서의 중립 의무를 위반했다는 점을 민주당에는
통보했던 반면에 청와대에 보낸 공문에서는 이를 뺐던 것이다. 노무현
은 탄핵안이 국회 본회의에 보고된 뒤 기자회견에서 선관위가 자신에
게 보낸 공문을 근거로 반박했다. 뒤늦게 말썽이 되자 선관위는 "대통
령에 대한 예우" 운운하며 적당히 넘어갔다.

고건 대행, 11일 만에 거부권
노무현 눈치 봐도 호락호락 안 했다

노무현 시대를 되짚어 보면서 '직무 정지' 사태를 생략할 순 없다. 헌법재판소 결정이 나오기까지 63일간의 '청와대 유폐'도 엄연한 참여정부의 일부였으니까. 대통령은 졸지에 꼼짝달싹 못하는 신세가 됐고, 모든 권한은 국무총리 고건에게 넘어갔다. 민주화 이후 대통령이 탄핵소추로 직무 정지를 당한 것은 이때가 처음이었다. 당시에는 탄핵 사태 자체가 뜻밖이고, 처음 겪는 일이라서 권한 대행 체제에 대한 불안감 또한 높았다.

노무현은 이런 날을 예상이라도 했던 것일까. 앞서 살펴보았듯, 그가 당선인 시절 고건에게 총리 자리를 제의하면서 '몽돌과 받침대 관계'를 논했던 일을 떠올리지 않았을 리 없다. "몽돌 격인 내가 언제 사고를 칠지 모르니 당신이 나를 도와 받침대 노릇을 해달라"

2004년 3월 13일 오전 정부 서울청사에서 열린 국가안전보장회의에 앞서 참석자들이 국민의례를 하고 있다. 고건 대통령 권한대행의 첫 공식 일정이었다.

는 취지 아니었겠나. 그런데 노무현은 유폐 상황을 맞았고, 고건은 대형 사고를 친 그를 대신해 국정을 지휘하는 상황을 맞았던 것이다. 당시의 대통령 권한대행 체제는 어떻게 작동되었던 것일까.

'몽돌과 받침대'가 현실로

국회가 탄핵안을 통과시키던 2004년 3월 12일 하루의 숨 가빴던 일정을 고건은 회고록에서 상세하게 기록하고 있다.

오전에 잠시 간부회의를 하고 11시부터 집무실에서 국회 상황 생중계를 볼 때만 해도 "별일 없겠거니" 했다. 그러나 30분쯤 지나 국회 경위와 야당 의원들이 의장석을 점거 중이던 열린우리당 의원들을 끌어내기 시작했을 때부터 심상찮음을 직감했다. "잘못하면 통과되겠구나" 하는 위기감이 엄습했다. 우선 만약의 경우를 대비해야 했다. 국방부 차관(장관은 노무현 대통령 행사 수행)에게 '전군지휘경계령' 발동을 준비하도록 지시하고, 김우식 대통령비서실장과 전화로 권한대행 체제 준비를 협의했다.

아마도 고건의 머릿속에는 순간적으로 1979년 10월 박정희 대통령 시해사건 때의 국가적 혼란이 떠올랐을 것이다. 당시 그는 청와대 정무수석이라는 자리에서 역사의 소용돌이를 직접 경험했던 장본인이었다. 이젠 자신이 대통령 권한대행으로서 혼란을 수습해야 할 책무를 걸머진 것이다.

오전 11시 56분 탄핵안이 가결되자 고건은 곧바로 윤영철 헌법재판소장에게 전화를 걸어 "과도기가 길어선 안 된다. 심의 기간을 가급적 단축해 달라"고 부탁했다. 이어 허성관 행자부 장관에게 전국 경찰의 경계 태세 강화를 지시한다. 혼란을 막기 위해 필요한 조치들을 선제적으로 취해 나갔다.

도시락으로 점심을 때운 고 총리는 이헌재 경제부총리를 불렀다.

"경제는 부총리가 알아서 해 달라."

이헌재로서는 고건의 '백지수표'식 위임에 잠시 당황했으나 소신껏 해보리라 작정했다. 박정희 시해사건 당시 대통령 권한대행은 최규하였으나 경제는 부총리 신현확이 100% 좌지우지하면서 오히려 필요한 구조조정까지 모두 해치운 선례도 있지 않은가.

고건은 이어 박관용 국회의장에게 전화를 걸어 "대통령이 지방 행사 중이니 청와대에 복귀하는 오후 5시에 탄핵안 의결서를 보내 달라"고 부탁했다. 대통령 직무는 의결서가 도착하는 순간부터 정지되지만, 화급한 국면인 만큼 그전에 최소한의 조치가 필요하다고 판단했다.

오후 1시 30분 경제·외교·안보 관계 장관회의, 오후 2시 대국민 담화 발표에 이어서 오후 3시에 소위 위기관리 내각의 첫 국무회의가 열렸다. 이 자리에서 고건은 10대 국정 현안을 언급하면서 국무위원들의 논의를 유도했다. 오후 5시가 좀 지나 헬기 편으로 청와대에 도착한 노무현은 담담했다.

"결과를 겸허히 기다리고 정책과 국정의 흐름을 놓치지 않도록 학습에 전념하겠습니다."

청와대 본관으로 들어가는 노무현에게 고건은 "자주 보고 자료를 올리겠다"고 말했다. 대통령은 아무 말이 없었다.

엄밀히 따지면 오후 내내 취한 고건의 조치나 지시는 월권의 소지가 있었다. 대통령의 직무 정지는 국회의 탄핵소추 의결 시점이 아니라 대통령에게 통지되는 시점을 기준으로 하기 때문이다. 고건은 탄핵소추 의결 즉시 권한대행으로서의 갖가지 조치를 취하지 않았나. 하지만 아무도 총리의 월권을 시비하지 않았다.

거부권 행사한 고건 대행

막상 대행 체제가 출범했지만, 대통령 탄핵소추에 대비한 위기관리 매뉴얼 따위는 없었다. 그림을 새로 그려야 했다. 고건은 권한대행 체제의 최우선 과제를 '국정 공백의 방지'에 두고 정부 시스템을 가동했다. 경제는 이헌재 부총리에게 일임하고, 외교·안보 분야는 청와대 국가안보회의NSC 사무처를 중심으로 관리했다. 뭐니 뭐니 해도 전쟁 안 나게 하고, 한 달 뒤로 예정된 17대 국회의원 선거를 말썽 없이 치르는 것이 최우선 과제였다. 미국 등 우방들과 국제사회에는 반기문 외교통상부 장관을 앞세워 "한국의 민주주의는 정상 작동하고 있으며, 참여정부의 외교·안보·경제 정책에는 추호의 변화도 없다"고 반복적으로 강조했다.

고건 대행은 그러나 호락호락하지 않았다. 대행 체제 출범 후 11일 만에 거부권까지 행사했다. 3월 초 야당 주도로 국회를 통과한 사면법 개정안과 거창 사건 관련자 보상을 위한 특별조치법에 대해 국무회의 의결을 거쳐 거부권을 행사한 것이다. 사면법은 대상자 선정 과정에서 위헌 소지와 함께 정치권의 나눠 먹기 위험이 컸고, 거창사건 특별법은 다른 지역 피해자와의 형평성과 막대한 재정 부담을 거부권의 이유로 들었다. 박근혜 대표가 이끌던 제1 야당 한나라당은 총선을 앞두고 불어 닥친 탄핵 역풍을 수습하느라 고건 대행의 거부권 행사를 공격할 겨를이 없었다. 당시 거부권 행사

2004년 3월 17일 공군사관학교 졸업식에서 수여된 상장. 대통령상 수상자에게는 '대통령 권한대행·국무총리' 직함(왼쪽)을, 국무총리상 수상자에게는 '국무총리' 직함을 각각 사용했다.

의 실무 책임을 맡았던 국무조정실장이 윤석열 탄핵소추 이후 대통령 권한대행을 맡은 한덕수였다.

진보 성향 시민단체와 노조가 합세한 탄핵 반대 촛불시위로 흔들렸던 치안과 질서 유지에도 적극적으로 대응했다. 고건은 탄핵 열흘 뒤에 촛불시위를 주도해 온 18개 시민단체 대표들을 직접 만나 시위 자제를 요청했고, 김대환 노동부 장관을 통해 양대 노총에도 협조를 요청했다. 이런 노력 덕분에 촛불시위는 잦아들었고, 2003년 내내 고조됐던 노사분규 역시 눈에 띄게 가라앉았다.

"한국 경제는 내가 책임진다"

탄핵소추 당일 고건 총리로부터 경제 부문을 위임받은 이헌재 부총리는 그날 오후에만 한강 다리를 일곱 번 건너 다녔다. 경제 부처들이 과천 청사를 쓰던 시절, 임시 국무회의와 비상대책회의, 경제장관회의, 은행장회의 등 쏟아지는 회의를 뛰어다니며 시장을 향해 메시지를 보냈다.

이 부총리는 한국 경제를 책임지는 사람이 바로 자신이라는 점부터 분명히 했다.

"이번 사태는 경제에 문제가 일어난 것이 아니다. 불안해할 이유가 없다"면서 "책임은 내가 진다"고 강조했다. 해외 시각을 안정시키는 것도 시급한 과제였다. 권태신 국제업무정책관에게 e메일 문안을 준비시켰다. "한국 경제의 기초는 여전히 강하다. 정치 불안은 일시적인 만큼 한국 투자에 아무 문제가 없다"는 메일을 IMF와 무디스 등 3대 신용평가기관, 해외 금융기관 등 1000여 곳에 밤새도록 보냈다. 주말에는 기자들을 불러 "시장을 비관해서 주식을 파는 사람들은 큰 손해를 볼 것"이라고 겁을 주기까지 했다. 폭락하던 주식시장은 주말을 넘기면서 오름세로 돌아섰다.

노무현에게도 보고는 계속 갔다

고건은 역시 노련했다. 권한대행으로 자기가 하고 싶은 것은 다 하면서도 청와대의 심기를 늘 보살폈다. 박봉흠 청와대 정책실장을 불러 "국정 연속성을 위해 필요한 사항은 대통령이 계속 파악할 수 있도록 하라"고 지시했다. 실제로 자신이 주재하는 모든 회의에 배석해서 청와대에 전달토록 했다. 북한 정세 등 핵심 안보 관련 정세는 NSC 사무처가 보고서가 아닌 '친전(親展, 수신인이 직접 개봉하도록 지정한 편지)' 형태로 매일 노무현에게 전달했다. 덕분에 노무현은 직무만 정지됐을 뿐 국정의 흐름을 놓치지 않았고, 헌재가 탄핵안을 기각한 후 곧바로 대통령직에 복귀할 수 있었다.

고건은 권한대행 기간 노 대통령과 세 번 통화했다. (『고건 회고록』) 박봉흠 정책실장에게 청와대와 내각의 가교 역할을 맡긴 직후와 사면법 등에 대한 거부권 행사 직전, 4월에 발생한 북한 용천역 폭발 사고에 인도적 지원을 결정한 직후에 각각 관저로 전화를 걸었다.

그는 국무회의 등 모든 회의를 청와대가 아닌 정부 서울청사에서 주재했다. 대통령 직무 정지 직후에 김우식 비서실장이 "청와대에서 매주 한 차례 수석·보좌관 회의를 주재해 달라"고 요청했지만 무시했다. 청와대 시설을 이용한 것은 단 한 번, 외교 관례에 따라 주한 대사로 부임한 외교 사절들에게서 신임장을 제정 받는 행사 때뿐이었다. 그만큼 유폐된 노무현을 자극할지 모를 행동을 철저히 삼갔다. 고건 스스로 "권한대행이 아니라 고난 대행"이라고 토로했을 정도였다.

권한대행 아닌 '고난 대행'

노무현은 직무 정지 63일 만인 5월 14일, 헌재의 기각 결정으로 즉시 대통령직에 복귀한다. 그간 고건 대행 체제의 대한민국은 큰 동요 없이 굴러갔다지만, 정치 환경은 크게 바뀌었다. 무엇보다도 섣부른 탄핵 시도가 역풍을 맞으면서 4월 15일 총선에서 여당인 열린우리당이 152석의 단독 다수당으로 올라섰다. 탄핵 직전 20%

2004년 5월 18일, 헌재의 탄핵 기각 결정 이후 노무현 대통령이 주재한 첫 국무회의.
고건 총리와 이헌재 경제부총리 등 국무위원들이 박수를 치며 환영하고 있다.

대였던 노무현의 지지율 역시 40%대로 껑충 뛰었다. 탄핵 바람을
타고 17대 총선에서 대거 금배지를 따낸 '탄돌이'들은 대통령 주변
의 386들과 함께 기세등등했다.

환호의 뒤편에서 노무현의 공백기를 이끌었던 고건은 퇴장을 준
비했고, 이헌재는 386들과의 신경전에 휘말리면서 밀려나기 시작
했다. 대행 체제의 두 주역은 모두 이런 결과를 예상했다.

고건은 탄핵소추 한 달쯤 지나면서 "헌재에서 탄핵이 인용되면

고 대행이 대선 후보로 나설 것"이라는 근원 모를 소문을 들었다. 권한대행을 하다 보니 신문과 TV에 고건 기사만 나와서 "청와대 386 참모들이 부글부글 끓고 있다"는 소리도 들려왔다. 오죽하면 고건은 한덕수 국무조정실장에게 "대행 역할이 끝나면 미국 대학으로 공부하러 갈 것"이라는 얘기를 기자들에게 흘려 달라고 부탁했다. 그러고는 노무현이 복귀한 날, 축하 만찬 자리에서 대통령에게 사의를 밝혔다. 노무현은 만류는 했으나 이미 후임 총리감을 물색하고 있었다. 노무현은 2006년 어느 자리에서 "고건은 결과적으로 실패한 인사였다"고 말해 큰 상처를 주기도 했다.

이헌재는 노무현의 복귀 이후 10개월을 더 일했지만, 순탄치 않은 시간을 보냈다. 노무현의 신임은 여전했다지만, 청와대와 여당을 장악한 386 세력들과 힘겨운 공방을 벌여야 했다. 그는 대통령의 직무 정지 기간 동안 자신의 업무 수행 결과가 오히려 독이 됐다는 점을 인정한다. 시장을 안정시키려는 기민하고 자신감 있는 언행이 386들에게는 "대통령이 없어도 경제는 끄떡없다"는 주장으로 받아들여졌고, 이때부터 미운털이 박히기 시작했다고 회고한다. 노무현 복귀 이후 종합부동산세 도입과 아파트 분양원가 공개 등 이른바 개혁 정책을 앞세운 386과 이정우 정책기획위원장 등 대통령 주변 개혁파들의 공세에 시달리다가 결국 이듬해 3월에 참여정부를 떠나게 된다.

참 희한한 일이다. 돌이켜 보면 불안하기만 했던 63일간의 대통령 권한대행 기간 동안 국정은 참여정부 5년 가운데 가장 조용하면서 안정적으로 돌아갔다. 진짜 대통령은 청와대에 갇혀서 꼼짝도 못하고 있는데 말이다. 윤석열 탄핵소추 이후 불안하기 그지없던 권한대행 체제와는 너무 대비된다.

대통령 권한대행의 역사: 헌정사에 10번

2024년 한덕수 총리가 맡은 대통령 권한대행은 우리 헌정사에선 열 번째였다. 4·19 혁명, 5·16 군사 쿠데타 등 정치적으로 불안한 시기에 대행 체제가 들어섰다.

첫 권한대행 체제는 1960년 4·19 혁명 때다. 이승만 대통령이 하야하자 내각 서열 두 번째였던 외무부 장관 허정이 대통령 대행을 맡았다. 야당 출신 장면 부총리도 물러난 상태였기 때문이다. 이후 윤보선 대통령 취임 전까지, 1960년에만 네 번의 대행 체제가 들어섰다. 허정 장관→곽상훈 민의원 의장→허정 총리→백낙준 참의원 의장까지. 허정은 장관에 이어 총리가 되면서 두 번이나 권한대행을 맡는다.

다섯 번째 권한대행은 박정희다. 1961년 5·16 군사 쿠데타 이후 윤보선이 대통령직을 내려놓았고, 국가재건최고회의 의장인 박정희가 대행

자리에 올랐다. 여섯 번째 대행 체제는 박정희의 죽음으로 들어선다. 1979년 10월 26일 박정희가 중앙정보부장 김재규에 의해 피살되면서 국무총리 최규하가 권한대행을 맡는다. 최규하는 체육관 선거로 치러진 대통령 선거에 단독 입후보해 당선됐지만 8개월 만에 대통령직을 내려놓게 된다. 이후 박충훈 국무총리 서리가 보름짜리 권한대행을 하게 된다.

1987년 개헌 이후엔 세 번의 권한대행이 있었다. 노무현·박근혜·윤석열. 모두 국회의 탄핵소추가 계기가 됐다. 고건은 노무현에 대한 탄핵심판이 기각될 때까지 63일간, 박근혜 탄핵 국면에선 황교안이 다음 대선 때까지 153일간 권한대행을 맡았다.

"참 나쁜 대통령" 개헌론 역풍
여당조차 반대 "난 정치 실패자"

2025년 헌법재판소의 윤석열 대통령 파면 결정 후 개헌 논의에 불이 붙었다. 정치권 일각에선 권력 구조 개편 등을 포함한 헌법 개정 논의를 촉구하고 나섰다. 1987년에 만들어진 현행 헌법을 바꾸자고 처음 공식화한 것은 20년 전 노무현 대통령이다. 비록 실패했지만 노무현의 개헌 시도를 되짚어 보는 이유다.

"참 나쁜 대통령!"

임기 마지막 해, 대통령 노무현이 개헌 뜻을 천명하자 한나라당 대권 후보 박근혜가 내뱉은 외마디 논평이다. 현직 대통령의 개헌 제안을 정치적 역전을 노리는 얄팍한 술책으로 매도해버린 것이다. 여당인 열린우리당조차 시큰둥했다. 대체 노무현은 무슨 생각

2007년 1월 9일 오전, 노무현 대통령이 대통령 4년 연임제 헌법 개정 내용이 담긴 대국민 담화 관련 자료를 읽으며 전화 통화를 하고 있다. 사진 노무현재단

으로 임기 말에 개헌론을 들고 나온 것일까. 더구나 그 얼마 전에는 거국 내각을 전제로 하는 대연정을 제안해 많은 이를 어리둥절하게 만들지 않았나.

2007년 1월 9일 아침 청와대 홍보수석실은 느닷없이 각 방송사에 생중계를 요청했다. 대통령의 개헌 관련 특별담화가 있을 거라는 예고였다. 개헌 이야기가 나돌았으나 설마 했다. 차기 대통령 선거가 1년도 남지 않은 상황에서 개헌을 한다고?

발표 임박해서 여야 정치권에도 대통령의 담화 내용이 전해졌다. 이병완 비서실장이 오전 9시쯤 김근태 열린우리당 의장과 강재섭 한나라당 대표 등 여야 대표들에게 전화로 담화 내용을 미리 설명했다. 오전 11시 30분 노무현은 예정대로 춘추관에서 담화문을 낭독하기 시작했다.

"대통령 임기 4년 연임제로 하자"

"대통령 임기를 4년으로 줄이되, 1회에 한해 연임을 허용하는 원 포인트 개헌이 필요합니다. 대통령 임기 4년과 국회의원 임기를 맞출 것을 제안합니다. 너무 늦기 전에 개헌 발의권을 행사하겠습니다."

이날 노무현의 연설은 담담했지만 확신에 차 있었다. 개헌론의 요지는 첫째로 5년짜리 대통령 단임제는 책임정치를 구현하는 데 너무 짧다는 것이고, 둘째로 대통령 선거와 국회의원 선거가 따로따로여서 국정의 안정성을 해치고 선거 비용도 낭비가 많다는 것이었다. 그런데 이번에 4년 연임제로 개헌하면 이런 문제들이 한꺼번에 해결된다는 주장이었다. 20년 만에 오는 호기임을 덧붙였다.

비서실장 이병완은 뒤이어 기자간담회를 갖고 대통령의 개헌 제안 배경 등에 대해 설명했다. 이어 김근태 열린우리당 의장, 민주당 장상 대표와도 만났다. 그러나 어디를 가도 분위기는 냉랭했다. 원내 제1당인 한나라당 분위기는 아무 일도 없었다는 듯이 무반응이었다. 간간이 웃음소리마저 터져 나오기도 했다.

"대통령이 워낙 농담을 잘하니…." (안상수 법사위원장)
"오늘 아침에 한 말(개헌)도 농담이란 얘긴가?" (이규택 의원)

대통령 개헌 담화, 야당은 농담으로 치부

노무현의 개헌 제안을 '농담'으로 치부할 정도로 야당 지도부는 냉소적 분위기였다. 이미 대통령의 임기 내 개헌은 '절대 반대'라는 입장을 당론으로 견지해 온 만큼, 특별히 반응할 게 없다는 분위기였다. 더구나 현재 국회 의석 분포로 볼 때 한나라당의 협조 없이 개헌(국회의원 재적 3분의 2 이상 찬성)은 불가능했다. 당시 한나라당은 개헌 저지선 이상의 의석(127석)을 확보하고 있었다.

한나라당은 대통령의 개헌 제안을 한마디로 말해 "노무현식 정치 실험"으로 깎아내렸다. 개헌안 설명을 위한 청와대 초청도 거부했다. 그나마 여당인 김근태 의장이 "대통령의 개헌 제안을 환영한다"는 메시지를 이병완 실장에게 보낸 게 전부였다. 대통령의 체면이 말이 아니었다.

노무현의 개헌 제안에 대한 진지한 논의는 고사하고 갈수록 비난과 비아냥만 난무했다. 한나라당 대표 강재섭은 "당장 여당 의석도 줄었고 대선이 임박한데 갑자기 개헌안이라니, '판 흔들기 의도'가 분명하다"고 비난했다. 박근혜 입에서 나온 "참, 나쁜 대통령"이라는 말이 유행어가 된 것도 이때다.

노무현의 심경은 답답하기 그지없었다. 측근 윤태영은 당시 상황을 이렇게 기억하고 있다.

"노 대통령이 개헌을 꺼내면 여야 지도부 등 정치권이 쌍수를 들고 환영할 줄 알았어요. 과거 여야 지도부가 '원 포인트 개헌이 필요하다'고 몇 차례 언급한 적이 있었기 때문이지요. 그런데 막상 발표하니 '왜 하필 임기 말에?' '무슨 노림수나 정략이 아니냐?'는 등 부정적 반응 일색이었습니다. 대통령은 크게 좌절했습니다."

여당인 열린우리당 내부에서도 "개헌의 필요성에는 공감하지만 지금은 어렵지 않겠냐"는 분위기가 완연했다.

일반 여론도 별로 다르지 않았다. 임기 1년을 남긴 노무현 정부

에서의 개헌은 무리이고, 차기 정부에서 추진해야 한다는 쪽이 다
수 여론을 형성했다. 심지어는 "노무현이 대통령 한 번 더 해 먹으
려고 한다"는 반응도 있었다.

　그럴 만도 한 것이, 당시의 정치 상황은 노무현에게는 최악이었
기 때문이다. 우선 여당인 열린우리당이 내 편이 아니었다. 노무현

노무현 대통령은 2007년 1월 17일 신문·방송·통신 중앙 언론사 편집·보도국장 32명을 청와대로 초청했다. 노 대통령은 이 자리에서 개헌 제안 배경을 설명하며 이해를 구했지만 분위기는 냉랭했다.

스스로가 대통령이 되면서 여당 장악을 포기했으니 누굴 탓할 수도 없는 일이다. 부동산 정책의 실패와 세금 폭탄 등으로 민심은 돌아섰고, 지지율은 10%대로 추락한 상황. 일찌감치 "노무현 시대는 끝났다"는 분위기 속에서 힘 빠진 대통령이 개헌의 당위성을 주장하고 나선 것이다. 개헌이 국면 전환용이라는 말을 듣기 십상이었다.

아무리 딱 부러지는 논리를 펴도 노무현의 말이라면 그 자체가 씨가 안 먹히는 분위기였던 것이다. "옳은 말이라도 이 노무현이 말하면 정의가 아니라는 말이지요"라며 핏대를 올렸던 것도 이처럼 사무쳤던 좌절의 발로였다.

그래도 노무현은 안간힘을 썼다. 정치판에서 홀대를 당하니 국민 여론에라도 직접 호소하는 수밖에 없었다. 청와대 비서진에 총동원령이 내려졌다. 김병준(정책기획위원장)을 비롯한 청와대 비서들이 여러 방송에 나가 '개헌 팔이'에 앞장섰다. 장관들을 제쳐 놓고 대통령 비서들이 언론에 나서다니. 주요 언론사 편집·보도국장을 초청해 대통령이 직접 해명하는 자리도 만들었다. 역대 정부에서 없었던 일이고, 노무현 답지 않은 일이기도 했다.

아무 소용없었다. 여전히 노무현의 개헌 제안은 '정략' '노림수' '승부수' 등의 선입견을 벗어나지 못했다. 불과 1년 전 "개헌은 없다"고 했던 노무현의 발언도 스스로의 발목을 잡았다.

1년 전엔 "개헌 생각 전혀 없다"며 연막

"개헌은 정치적 상황에서 대통령이 주도할 수 있는 의제가 아닙니다. 되지도 않을 일을 갖고 평지풍파를 일으킬 생각은 없어요."

2006년 2월 청와대 출입기자들과 북악산 산행을 하면서 기자의 질문에 대통령이 답한 내용이다.

그러나 이것은 일종의 정치적 연막이었다. 노무현의 개헌에 대한 생각은 매우 오래전부터였고, 나름대로 타임 스케줄을 짜 왔던 것이다. 정치적 환경이나 리더십의 추락 등은 전혀 감안하지 않고서 말이다. 성공할 수 없는 개헌 시나리오를 혼자서 써 왔던 셈이다.

노무현이 대통령이 되면서 일찌감치 그렸던 그림은 집권 전반기에는 대통령의 힘을 바탕으로 본인이 의도하는 주요 개혁을 추진하고, 후반기에 가서는 개헌을 통해 현행 권력 구조를 분권형으로 고치겠다는 것이었다.

비록 어설프기 짝이 없었으나 그의 개헌론이 어느 날 갑자기 하늘에서 떨어진 것은 아니었다. 줄곧 고민해 왔던 바였다. "2006년께부터 개헌 논의를 시작해서 2007년 들어가기 전까지 매듭지어야 한다"는 구체적 추진 일정을 이미 대선 직후 당선자 신분으로 당 연수회에서 밝혔었다.

그 밖에도 매우 구체적인 구상들을 덧붙였다. "지역 구도 극복을 위해서는 중·대 선거구제 채택을 정치권에 제안하고 싶다"든지, "대통령의 권한을 절반으로 줄이고 총리에게 권한을 주는 분권형 대통령제를 하겠다" "개헌을 통해 2007년 선거로 새 정치 체제를

2007년 1월 9일 오전, 지하철 내에서 시민들이 개헌 관련 대국민 담화를 듣고 있다.

출범시키자"는 등….

대통령 취임 후 첫 국회 국정연설(2003년 4월 2일)에서도 이 점을 재확인했다. "총선에서 과반수 의석을 차지하는 정당에 내각의 구성 권한을 이양하겠다, 대통령의 권한을 절반 이상을 양보하겠다는 뜻"이라고 밝힌 것이다. 누구도 이 말에 귀를 기울이지 않았고, 시비도 없었다. 그저 하는 말이려니 했다. 대통령의 국회 연설치고는 워낙 턱도 없는 이야기였기 때문이다.

2005년 이호철에게 개헌안 준비 지시

빈 공空 자 공약이 아니었다. 노무현은 2005년 6월 초, 측근 이호철 국정상황실장을 불러 개헌안 제안 준비를 지시했다. 1년 넘게 준비한 개헌안은 2006년 후반기에야 비로소 청와대 내부에서 공론화됐다. 핵심은 '4년 연임' '대선과 총선 동시 실시'로 모아졌다. 노무현의 입장은 단호했다. 필요하면 자신의 임기 1년 단축도 불사하겠으며, 국회가 부결시킬 경우 중도 사임까지 각오한다는 뜻을 참모들에게 밝혔다.

"차기 대통령을 위해 노 대통령이 자신의 임기 중에 개헌을 미리 하자는 것이었어요."

차기 정부에서 임기 내내 네 번의 선거(총선 2번, 지방선거, 대선)를 치러야 하니 국정에 그런 낭비를 막아야 한다는 것이었다. (비서실장 이병완) 노무현은 국무회의에서도 "개헌으로 내가 덕을 보자는 게 아니다"며 진정성을 강조했다.

이처럼 노무현의 개헌 의지는 집요했으나 결국 역부족이었다. "대통령은 임기 중 개헌 발의를 유보해 달라"는 각 정당 원내대표들의 합의문 발표로 모든 것이 허사가 되고 말았다. 대통령의 특별담화로 시작된 개헌 정국은 90여 일간의 해프닝으로 허망하게 막을 내렸다.

노무현 자신은 과연 개헌 제안이 성공할 수 있다고 생각했을까?

"집권 2년 차라면 모를까, 냉정하게 말해서 임기 말 개헌은 현실적으로 성공 가능성이 희박했지요."

노무현의 '입' 역할을 하면서 개헌 당위성을 역설하고 다녔던 이병완조차도 이렇게 말한다. 그는 대통령의 속내를 이렇게 대변했다.

"정치를 바꾸기 위해 정치인이 됐는데 결국 정치 문화를 바꾸지 못했다고 생각했어요. 정치 문화를 개혁하기 위해 연정과 개헌을 구상했는데, 어느 것도 성공하지 못했지요. 그래서 자신은 실패자라고 여겼습니다."

당선자 시절부터 꾸며 왔던 개헌 구상은 노무현 정치의 지향점을 요약한 것이었다. 그 핵심이 오늘 다시 개헌 화두가 되고 있는 분권형 권력 구조였다. 너무 앞서 나갔던 것일까. 현실을 너무 몰랐던 것일까. 당위론에만 경사됐던 나머지 그에게는 자신의 구상을 감당할 현실 감각과 정치력이 부족했다. 심혈을 기울였던 개헌안이 국회에서 논의조차 못 해보고 허사가 되고 말았으니. 정치인 노무현으로서는 참혹한 실패였다.

그는 개헌을 추진하는 과정에서 불면증에 시달리고 무척이나 허탈해했다고 한다. 환영에 사로잡혀 풍차와 물레방아를 향해 마구 창을 휘두르다 나가떨어진 돈키호테의 신세와 별반 다르지 않았다.

노무현과 나:

이병완
전 대통령 비서실장

노무현 대통령의 개헌 구상은 언제부터였나.

대선 후보 시절부터 정치 개혁의 일환으로 개헌을 공약했다. 대통령 단임제를 중심으로 한 87년 헌법은 시대적 역할을 다했다고 판단했다.

개헌 제안을 했을 당시 정치권은 물론 여론의 반응도 호의적이지 않았는데.

한나라당이 그렇게까지 강하게 반대할 줄은 몰랐다. 개헌으로 한나라당이 손해 볼 일이 전혀 없기 때문에 진지하게 검토 정도는 할 줄 알았는데 전혀 그렇지 못했다.

개헌 제안을 두고 정략적이라거나 노림수가 있다는 의심을 하는 이들도 있었다.

전적으로 오해다. 다음 대통령은 재임 기간 중 네 차례의 선거를 치러야만 하는 시기였다. 개헌을 통해 대선과 국회의원 선거만이라도 비슷한 시기에 치를 수 있는 20년 만의 적기라는 것이 노 대통령의 생각이었다.

개헌 제안 이전에 대연정 제안도 거부되지 않았나.

1차로 노 대통령이 생각했던 정치 개혁의 요체는 연정이었다. 날선 대립의 정치, 지역 구도에 따른 정치도 바꾸고자 했다. 이후 개헌을 하면 어느 정도 자신이 바라는 선에서의 정치 개혁이 이루어진다고 여겼다. 자신의 임기를 내놓으면서까지 하겠다는 진심이 있었는데 당시 여러 가지 상황이 받쳐 주질 못했다.

개헌 제안 거부에 따른 노 대통령의 반응은.

무척 안타까워했다. 노 대통령은 자신이 실패한 정치인이라고 얘기한 적이 있다. 정치를 바꾸려고 정치인이 됐는데 그러지 못했다는 것이다.

DJ가 떠넘긴 카드 대란 지옥
"IMF 위기 또 오나" 악몽

2008년. 미국발 글로벌 금융위기가 터지자 한국 금융시장도 즉
각 얼어붙었다. 이러다 또다시 IMF 외환위기를 겪을지도 모른다는
불안감이 사방에 감돌았다. 이즈음 전임 대통령 노무현은 자신의
첫 경제보좌관이었던 조윤제를 봉하마을로 불렀다.

"한국 경제에도 타격이 클 것으로 걱정을 많이 한다는데, 혹시 우리
(참여정부)가 뭘 잘못해서 그런 것은 아닙니까."
"그런 것은 아닙니다…."

퇴임 대통령임에도 노무현은 '자라 보고 놀란 가슴 솥뚜껑 보고
놀란다'고, '금융위기' 소리 한 마디에 왕년의 경제 선생을 봉하로
불렀던 것이다.

이야기는 다시 2003년 참여정부 초기로 돌아간다. 노무현은 경제에 특별한 관심이나 비전이 있는 대통령은 아니었다. 언론 개혁이나 국가보안법, 사학법 등 거창한 개혁 과제들을 앞세우다 보니 경제는 전문가들에게 맡겨서 큰 탈 없이 굴러갔으면 하는 정도였다.

외환위기 트라우마, "재정을 써서라도 막으시오"

취임 후 한 달이 채 못 된 3월 20일 아침 청와대 관저. 노무현 대통령 주재로 김진표 부총리, 이정재 금융감독위원장, 이정우 청와대 정책실장, 조윤제 경제보좌관 등 경제 수뇌부가 모여 조찬을 겸한 경제 상황 점검 회의 자리였다. 이날 이정재 위원장을 따라온 김석동 금감위 감독정책1국장이 금융시장 상황을 보고했다. 그는 당시 검찰이 수사 중인 SK글로벌 분식 회계 사건의 여파로 자칫 카드사들이 유동성 위기에 몰릴 수 있다는 점을 강조했다.

무슨 얘기냐면, 검찰 수사 여파로 SK가 발행한 채권이 유통되는 시장이 위축되면 덩달아 카드사들이 돈을 빌리려고 발행한 채권(카드채)도 만기 연장이 되지 않아 집단 부도위기에 몰릴 수 있다는 것이었다. 실제로 카드채를 사준 은행과 투신사 등 금융기관들이 만기 연장을 거부하고 돈을 회수하고 있는 상황이었다.

잠자코 듣고 있던 대통령이 질문을 던졌다.

"도대체 카드채 규모가 얼마나 됩니까?"
"신문 기사에는 40조~50조 원 정도로 나오고 있으나, 조사해 보니
90조 원을 넘는 규모입니다."

카드채

당시 카드사들은 연 10% 안팎의 금리로 채권을 시장에 팔아 조달한 자금을
최고 30% 안팎으로 현금 서비스해 주면서 큰돈을 벌었다. 그러나 카드 사
용 규제가 강화되면서 채권은 팔리지 않고, 만기 연장도 되지 않자 카드사
들이 집단 부도 위기에 몰리게 됐다.

노무현의 안색이 달라졌다. 아침밥을 먹으며 농담으로 시작한
회의장 분위기도 한순간에 싸늘해졌다. 90조 원이라니. 불과 4년
전 나라를 뒤흔들고 무너진 대우그룹의 채무가 89조 원 수준이었
다. 사태의 도화선 격인 SK그룹의 당시 부채 총액이 33조 원 정도
였다. 지금 90조 원 카드채가 부도가 난다면? 생각만 해도 끔찍한
일 아닌가. 어느새 표정이 굳어진 대통령의 어조가 달라졌다.

"재정을 동원해서라도 조속히 해결하세요."

DJ 정부가 신용카드 규제를 왕창 풀면서 무분별한 카드 발행에 따른 피해가 속출하자 시민단체를 중심으로 대책 마련을 요구하는 집회가 잇따라 열렸다. 사진은 2002년 5월 참여연대 회원들의 시위 장면.

노무현이 언급한 '재정 동원'은 DJ 정부가 외환위기 때 투입했던 공적 자금을 써서라도 카드 회사의 부도를 막으라는 이야기였다. 외환위기 트라우마에서 벗어나지 못하고 있던 노무현의 절박함이 담긴 지시였다. 대통령 취임 직후, 의욕과 자신감이 흘러넘치던 시기였다.

얼마 전 재경부 첫 업무 보고 때 "일 똑바로 하라"고 질책했던 것도 이런 자신감의 표현이었다. 그런데 어느 날 갑자기 제2의 IMF 사태가 올지도 모른다니! 정신이 번쩍 드는 순간이었다.

왜 이 지경에 이른 것인가. 간단히 말하자면, 전임 정권으로부터

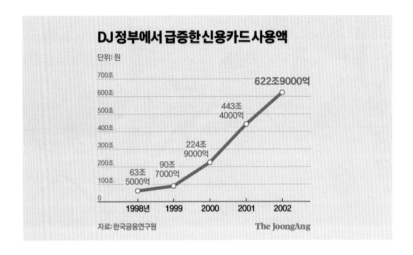

DJ정부에서 급증한 신용카드 사용액

단위: 원

622조9000억

443조
4000억

224조
9000억

63조   90조
5000억   7000억

1998년   1999   2000   2001   2002

자료: 한국금융연구원

The JoongAng

물려받은 '시한폭탄'이었다.

'카드 대란大亂'으로까지 불렸던 신용카드 사태는 DJ 정부 경제 살리기 정책의 부산물이었다. 혹독한 구조조정으로 기업들이 잔뜩 웅크린 가운데 경기를 살리려면 개인 소비를 부추기는 수밖에 없었다. 부동산이든, 신용카드든 규제라는 규제는 왕창 풀었다. 특히 신용카드는 탈세 방지에 도움이 된다면서 1999년부터 대대적인 장려 정책을 폈다. 월 70만 원이던 현금 서비스 한도부터 없앴다. 카드로 물건을 사면 세금에서 깎아주는 소득공제 제도까지 도입했다.

이른바 '길거리 모집'으로 불리는 가두 회원 모집이 허용된 것도 이 무렵이었다. 신용카드라는 이름이 무색하게, 신용을 따지지 않고 마구 발급했다. 대학교에 들어가 학생들에게 신용카드를 뿌리다시피 했다. 실직자, 고교생은 물론 죽은 사람 명의의 카드도 만들어졌다. 당연히 카드 사용은 폭발적으로 늘어났고, 카드사들은 떼돈을 벌었다. DJ 정부 첫해(1998년) 63조 원이던 신용카드 이용 실적은 4년 뒤 623조 원으로, 현금 대출은 32조 원에서 358조 원으로 10배 이상 늘어났다. 덕분에 DJ 정부의 경제성장률은 마지막 해에 7.7%로 치솟았다.

그러나 공짜 점심은 없는 법. 카드 거품이 너무 심해져서 2002년 들어 뒤늦게 정부 규제가 강화되자 역풍이 불어닥쳤다. 카드 빚을 포함한 가계대출을 갚지 못하는 신용불량자들이 눈덩이처럼 불어났다. 참여정부 출범 무렵엔 이미 신용불량자가 300만 명을 넘어서고 있었다. 신용불량자 셋 중 두 명은 카드 빚 때문이었다. IMF 사태 때 기업들의 빚더미가 나라를 집어삼켰다면, 이번에는 개인 빚쟁이들이 그에 버금가는 위기를 불러오는 상황이 된 것이다.

급기야 카드사들이 직격탄을 맞았다. 카드 빚을 못 갚는 신용불량자들에게 떼이는 돈이 급증하면서 1년 만에 거액의 적자로 돌아섰다. 더 큰 문제는 자금 조달을 위해 발행한 카드채였다. 시장에서 카드채가 돌지 않으면서 카드사들이 하루아침에 대규모 부도위기에 몰린 것이다.

노무현은 전임 정권이 원망스럽기 짝이 없었다. 그러나 우선은 수습이 발등의 불이었다. 급한 김에 정부 돈을 집어넣어서라도 카드 회사 부도를 막으라고 지시했지만, 참석자들이 법적으로 불가하다고 반대했다. 예금자 돈을 보호해야 하는 은행과는 다르다는 이유에서였다. 결국 신용카드사 문제는 금융감독위원회가, 신용불량자 문제는 재경부가 맡도록 교통 정리한 것이 참여정부 경제정책의 첫 시작이었다.

LG카드 둘러싸고 갈린 정부와 진보 진영

당장 금융시장이 마비 상태로 빠져드는 일부터 막아야 했다. 박정희나 전두환 시대 같으면 이런 경우 정부가 계획을 세워서 밀어붙이면 일사천리로 진행되곤 했다. 그러나 IMF 사태 이후 세상이 달라지지 않았나. 정부 안에서도 갑론을박이 있을 뿐만 아니라 문제를 일으킨 카드 회사나 은행들조차 그전처럼 고분고분하지 않았다. 대책 마련에 드는 시간이 몇 배로 걸렸다.

당시 사태 수습에 앞장선 실무 주역들은 금융감독위원회 부위원장 이동걸, 금융감독 1국장 김석동과 2국장 윤용로 등이다. 이들은 8개 카드사를 쥐어짜서 총 4조 6000억 원이나 자본금을 늘렸고, 은행들을 압박해 5조 원을 만들어 6월까지 카드채 만기 연장을 이어

가도록 함으로써(4·3 대책) 일단 시장 붕괴를 막았다. 다음 단계로, 은행 자회사인 카드 회사(국민·외환·우리카드)들은 모회사인 은행이 떠안도록 해서 걱정의 절반을 덜었다. 삼성카드는 삼성그룹이 알아서 수습하도록 결론(1조 5000억 원 증자+삼성캐피탈 합병)이 났다.

문제는 업계 1위 LG카드였다. LG카드는 카드채를 포함한 부채규모가 30조 원에 달해 LG그룹 자력으로는 감당이 어려웠다. LG카드가 부도나면 그룹 전체가 흔들릴 상황. 여기서 정부 내의 의견이 갈라졌다. 김진표 부총리나 이정재 금감위원장은 LG카드의 부

LG카드 채권 금융기관들은 대책 마련을 둘러싸고 정부와 두 달 이상 신경전을 벌였다. 김정태 당시 국민은행장(오른쪽) 등은 정부의 출자전환 요구에 대놓고 반발했다. 2004년 1월 9일 채권단 회의 장면.

222

실 책임은 따지되 회사 자체는 살리자는 쪽이었다. 회사는 기본적
으로 괜찮으니까 돈 빌려준 은행이 조금만 거들어주면 살릴 수 있
다는 판단이었다.

그러나 참여정부의 주요 주주인 진보 진영에서는 생각이 달랐
다. 원칙대로 LG카드를 부도 처리하고 오너를 처벌할 것을 대놓고
요구했다. 참여연대의 간판인 장하성·김상조 교수(이들은 후에 문
재인 청와대 정책실장이 된다) 등은 언론과 강연을 통해 정부를 압박
했다. 청와대에서도 이정우 정책실장 등 개혁파들이 동조했다. 당
시 김진표 부총리는 8월 어느 저녁 시간에 청와대 관저에서 노무
현을 앞에 두고 "원칙 처리"를 주장하는 이정우 실장과 밤늦게까지
격론을 벌였다고 회고한다.

우여곡절 끝에 LG는 증권사까지 포함해 금융업을 모두 내놓는
대신 은행들은 채권 일부(3조 5000억 원)를 자본금으로 돌려서 LG
카드를 살려냈다. 카드 사태가 해결의 가닥을 잡으면서 2003년 7
조 7000억 원에 달했던 카드사들의 손실은 2004년 하반기에 1700
억 원 흑자로 돌아섰다. 이로써 카드 대란은 한숨을 돌렸다.

여전히 남아 있는 숙제는 산더미처럼 쌓인 신용불량자 문제였
다. 노무현은 두 번째 경제 사령탑 이헌재에게 이 문제의 해법부터
물었다.

"신용불량자들의 빚을 서둘러 털어주면 어떻겠습니까."

특별사면 해주듯이 한꺼번에 빚을 까주자는 말이었다.

"안 됩니다. 그렇게 하면 도덕적 해이(모럴 해저드) 현상이 심각해집니다. 지난날 농어촌 부채 탕감 정책의 전철을 밟아서는 곤란합니다."

2004년 2월에 취임한 이헌재 부총리 지휘하에 한 달여 날밤을 새우며 만들어낸 결과가 '신용불량자 종합대책'(3월 10일 발표)이

2004년 6월 7일 17대 국회 개원 연설을 위해 국회를 찾은 노무현 대통령.
그는 이날 카드 대란으로 인한 위기 국면을 비로소 벗어났다고 토로했다.

다. 어떻게든 빚을 갚도록 하되, 그런 사람들은 국가가 신용회복을 돕는다는 내용이 골자였다. 신용회복위원회를 통한 소액 신용불량자 구제, 금융기관들의 신불자 부실 채권 처리를 전담할 배드뱅크(한마음금융) 설립 등의 대책이 실행되면서 신불자는 2004년 4월 382만 5000명을 정점으로 감소세로 돌아섰다. 드디어 신불자 대란도 고삐가 잡힌 것이다.

노무현은 2004년 6월, 17대 국회 개원식 연설에서 비로소 안도감을 드러냈다.

"지난 1년 내내 금융위기가 오지 않을까 걱정한 것이 사실이다. 지금은 작년보다 훨씬 좋아졌다. 이제는 금융위기나 시스템 붕괴를 걱정하는 사람은 별로 없는 것 같다."

노무현은 이렇게 가슴을 쓸어내렸다. 그러나 카드 대란은 시작에 불과했다. 경기 침체와 일자리 부족, 부동산 광풍 등 민생에 직결된 경제 이슈들이 줄줄이 이어져 임기 내내 노무현의 마음을 졸이게 만든다.

노무현과 나:

이동걸
전 금감위 부위원장

2003년 카드 대란 당시 카드사별 해법을 어떻게 잡았나.

일단 카드채 만기 연장이 가능해진 후에 카드사들의 부실 정리와 자본 확충에 집중했다.

진보 진영 학자들은 특히 LG카드의 부도 처리, 책임자 처벌 등을 강력히 요구했는데.

그들은 속사정을 몰라서 늘 그런 소리를 한다. LG카드가 카드 사태를 유발한 책임은 당연히 물어야 하지만, 회사 문을 닫느냐는 문제는 별개라고 생각했다. LG카드는 500만 명이 넘는 우량 회원을 보유하고 있어 부채 부담만 조정해 주면 충분히 살릴 가치가 있는 회사였다.

당시 LG그룹뿐 아니라 채권 금융기관들의 반발도 거셌는데.

일부 은행장은 LG카드 채권을 출자전환하라는 정부의 권고에 대놓고 반대했다. LG카드를 부도 낼 경우 은행의 득실을 구체적으로 제시하며 설득했다.

말은 설득이지만, 당시 "관습은 치治하기 위해 존재한다"거나 "협박"이라는 반발도 많았는데.

IMF 외환위기 이후에 은행들 지배구조나 경영 방식이 달라져서 정부 얘기를 그대로 듣지 않으니 관치는 아니다. 그렇다고 정부가 시장의 실패를 방치할 순 없지 않나. 협박은 심하고, 좀 위협적인 설득을 했다고 할까.

17 화물연대 파업

"노조에 손 내미니 물어뜯었다"
노무현 노동관 바꾼 사건

첫 미국 방문 사흘째 되던 날(2003년 5월 13일). 뉴욕 숙소에서 잠시 휴식 중이던 노무현은 대뜸 집무용 전화기 버튼을 눌렀다. 서울의 청와대 교환원에게 곧바로 연결됐다.

"나 대통령인데, 화물연대 파업 상황이 궁금하니 상황실로 연결해 주세요."

새벽 시간의 국정상황실은 아무도 전화를 받지 않았다. 이번에는 경호실 종합상황실로 연결했다. 노무현은 파업 상황이 어떤지를 물었으나 소관도 아닌 경호실이 제대로 파악하고 있을 리 없었다. 참여정부 출범 초기의 청와대는 이처럼 엉성했다. 대통령은 노골적으로 짜증을 냈고, 현장에서 전화 통화를 듣고 있던 의전비서관 서갑원은 안절부절못했다.

"내일 당장 미국 경제인들을 만나 국내 투자 유치를 설득해야 하는데, 등 뒤에서 저 난리가 벌어지고 있으니 무슨 낯으로 투자하라고 해야 할지 정말 막막하구먼."

혼잣말로 하는 대통령의 푸념이었다.

2003년 5월 1일 노동절에 시작된 화물연대 파업으로 포항, 부산에 이어 수도권까지 물류가 멈췄다. 이들은 '물류를 멈춰 세상을 바꾸자'는 과격한 구호를 들고 나왔다.

방미 중 뉴욕 호텔서 청와대로 긴급 전화

　미국에서까지 갑자기 청와대로 전화를 걸어 파업 상황을 직접 챙긴 것은 즉흥적인 결정이 아니었다. 사실 출국 당일(5월 11일)까지도 노무현의 머릿속에는 온통 화물연대 파업 문제만이 가득했다. 일요일이던 이날 오전 9시에 긴급 국무회의까지 소집해 파업 사태의 조속한 해결을 신신당부했었다. 하지만 파업사태를 대하는 정부는 속수무책이었다.

취임 후 처음으로 미국을 방문한 노무현 대통령은 화물연대 파업이 길어지면 국내 투자 유치에도 부정적 영향을 미칠 것으로 걱정했다. 2003년 5월 12일 뉴욕에서 열린 수행 경제인과의 만찬에 참석한 노 대통령.

카드 대란이야 김대중 정권이 저질러 놓은 일의 뒤치다꺼리였
다고 치고, 화물연대 파업은 또 무엇인가. 사실 일반에게도 화물연
대라는 말 자체가 생소했다. 자기 소유의 트럭을 가지고 운송업을
하는 일종의 자영업자들이 조직을 만들어 집단 파업을 한다고?

그 경위야 어찌 됐든, 참여정부가 출범한 지 두 달 남짓한 시점에
화물연대 파업이 시작됐다. 한국의 대표적 공업 도시인 포항을 일
시에 마비 상태로 몰아넣었다. 부산에 이어 수도권까지, 파업은 요
원의 불길처럼 번지며 전국적으로 2만 명이 참여한 대규모 사태로
발전했다. 운송이 막히면, 다시 말해 물류가 막히면 어떤 재앙이 벌
어지는지를 처음 경험해야 했다. 과거 화물 차주들이 개별적으로
혹은 지역 단위에서 소규모 파업을 한 적은 있었지만, 이 같은 전국
적인 대규모 파업 사태는 없었다. 그랬던 것이 참여정부가 출범하
기 1년 전에 조직화하면서 '화물연대'를 결성한 것이다.

군부대 작전 방불케 한 파업 사태

보지 못했던 시위였다. 주말 서울 광화문 사거리에 모여 구호를
외치고 헤어지는 노조 데모와는 다른 차원이었다. 자신들의 대형
트럭을 몰고 나와 전국의 물류 길목을 가로막았다. 마치 군의 기갑
부대 작전을 방불케 했다.

"물류를 멈춰 세상을 바꾸자."

슬로건부터 과격하고 무시무시했다. 자신들의 요구가 관철되지 않으면 유통구조를 마비시켜 나라 경제 전체를 결딴내 버리겠다는 실력 행사였다. 이들은 스스로를 화물 운송 노동자로 자처하며 낮은 운임과 열악한 노동조건 개선을 요구했다.

대수롭지 않게 여기던 화물연대 파업을 정부가 비상 상황으로 인식하게 된 것은 물류 중단으로 인해 당장 포스코에 큰 피해가 생기면서부터였다. 파업 6일째 국무회의에 참석한 노무현은 굳은 표정이었다.

"화물연대 파업으로 포항이라는 큰 도시가 마비됐다는데 왜 대통령에게 제대로 된 보고 하나 없습니까?"

국무위원들은 최종찬 건교부 장관, 김두관 행자부 장관을 쳐다봤다. 화물 운송은 건교부, 도시가 마비된 것은 경찰 공권력을 책임지는 행자부 소관이었기 때문이다. 두 장관의 답변은 미흡했고, 대통령의 질책은 계속됐다.

"물리적 행동과 사회 불안이 반복되는데 왜 주무 장관들은 현황 파악도 못 하고 대책이 없습니까. 우리나라 장관들이 이런 식으로 있어도 됩니까."

도시 마비에도 정부 부처는 서로 떠넘겨

사실 화물연대 파업이 참여정부가 직면한 첫 번째 시한폭탄일 줄은 아무도 몰랐다. 사태의 심각성을 몰랐으니 대처 또한 부실할 수밖에 없었다. 대통령은 매우 화가 나 있었다. 내가 누구인가. 노조 대통령 아닌가. 노조 대통령이 이끄는 참여정부에서 화물연대 파업 같은 것을 제대로 해결하지 못하고 물류 대란을 겪고 있다는 게 말이 되는가 말이다. 노무현으로서는 자존심이 매우 상하는 일이었다. 대통령이 나서서 한마디 하면 금세 수그러들 것으로 여겼는데, 갈수록 악화일로였으니 말이다.

왜 이런 일이 일어났던 것일까. 화물연대를 결성한 사람들이 일반 노동자와 달리 화물차 주인(개인사업자)이라는 점이 문제의 시작이었다. 법으로 따지면 노동자가 아니지만 운수 회사에 매여 지입료를 내야 하는 사실상의 노동자 입장이라는 것이다. 이런 경우를 이른바 특수 고용 노동자라고 해서, 2000년 이후부터 비정규직 문제와 함께 논란이 되어 오던 참이었다.

말이 좋아 개인사업자지, 운수 회사들의 횡포로 높은 지입료에 시달리거나 낮은 운송료 등으로 불만이 쌓여 왔었다. 그러던 끝에 화물연대 결성을 통해 노동자의 지위를 요구하는 대정부 실력 행사에 나섰던 것이다(화물 운송 종사자들은 코로나 시기인 2022년 6월

화물연대는 참여정부 출범 전인 2002년 전국조직으로 결성됐다. 2003년 5월 8일 화물연대 포항지부 소속원 1000여 명이 포스코 제3문 근처를 돌며 시위하고 있다.

정부로부터 소상공인 방역지원금을 받았다. 노동자와 사업자 사이에서 양다리 걸치기를 해 온 셈이다).

대응이 늦을 수밖에 없었다. 화물연대 파업을 대처하는 소관 부처조차 명확하지 않았다. 파업 초기 실제로 노동부는 건교부로, 건교부는 산자부로 파업 사태 대책 마련을 미루고 있었다. 사실 소관 부처보다 더 중요한 것은 문재인 민정수석이 청와대의 지휘본부장이었다는 점이었다. 문재인은 알려진 대로 노동 변호사 출신으로 행정 경험은 전혀 없는 인물이 아닌가. 대통령의 최측근으로서 이 사태를 풀어나갈 총사령관 자리에 앉았으나 현실적으로 어떻게 풀

정부의 양보로 2003년 5월 15일 협상이 타결됐다. 화물연대-정부 간 실무회담 타결 직후
정부 측 송봉균 건교부 물류심의관(왼쪽 둘째)과 화물연대 정호희 사무처장이 악수하고 있다.

어나가야 할지 몰랐다. 당장 경제가 마비 상태에 빠져들고 있는 상
황에서 대화와 타협의 당위성만을 주장했다.

화물연대의 승리로 끝난 1차 파업 사태

"구조적 문제를 해결하지 않고 강경 대응만 한다면 문제는 재발할
수밖에 없다. 이들에게는 생존의 문제다."

노동 변호사 출신다운 노무현의 입장이었다. 청와대 안의 386

세력, 그리고 이정우 실장 등도 같은 생각이었다. 참여정부의 고위층 생각이 이럴진대 정부 부처의 우왕좌왕은 당연한 일이었다. 신속한 대응이 늦어지는 사이 수출입에 차질이 생기는 등 경제 전체가 위기 상황으로 치닫고 있다는 뉴스가 연일 이어졌다. 이런 상황에서 대통령의 질책이 나온 것이다.

파업 보름째(5월 15일)가 돼서야 화물연대 파업은 겨우 타결됐다. 정부는 표준 요율제 부활과 다단계 운송 구조 개선 등 이들의 요구 중 일부를 수용했다. 화물연대 입장에서는 미흡한 성과라며 내부적으로 불만도 있었지만, 세간에선 정부로부터 일정 부분 양보를 얻어낸 화물연대의 판정승으로 읽었다.

처음으로 대규모 파업을 통한 조직의 힘을 확인했던 탓일까. 여기에 만족하지 않았다. 석 달 후인 8월, 화물연대는 추가적인 요구를 내세우며 다시 2차 파업에 돌입했다. 2차 파업은 1차 때보다 더 강경한 주장을 내놓으며 과격하게 진행됐다. 당시 화물연대 측은 지입 차주의 완전한 법적 보호 및 노동자 지위 인정, 고속도로 통행료 전면 면제, 유류세 인하 등을 요구했다.

요컨대 화물연대를 노동조합으로 인정하고, 거기에 더해 각종 민원 사항까지 덧붙였다. 1차 파업 때보다 정부에 더 큰 양보를 요구한 것이다. 양보라기보다는 무릎을 꿇으라는 것과 다를 바 없었다.

2차 파업 때는 강경 대응 주문

노무현은 설마하니 화물연대가 이렇게까지 나올 줄 몰랐다. 지난번 파업 때 그 정도 양보했으면 당연히 수습될 줄 알았는데, 석 달이 못 가서 더 심한 요구를 해올 줄이야. 하는 수 없이 노무현은 칼을 빼들었다. 불법에 대한 강경 대응을 지시한 것이다. 군을 동원해서라도 파업 사태를 종결지으라는 것이었다. 결국 화물연대는 운송 거부 15일 만에 백기를 들었다.

그 당시 노무현의 심기를 민정수석이었던 문재인도 자신의 자서전에 그대로 기록하고 있다.

"당시 대통령은 화물연대가 '물류를 멈춰 세상을 바꾸자'라는 구호를 내걸고, 부산항 수출입을 막아 주장을 관철하려는 방식에 화를 많이 냈다. 내게 단호한 대응을 지시했고, 군 대체 인력 투입도 적극 검토하라고 지시했다."

노동부 장관을 지냈던 김대환이 기억하는 노무현의 말은 더 구체적이다.

"노조에 손을 내밀었는데 내 손을 물어뜯었다, 이놈들이. 노조에 우호적인 대통령이 왔으면 경제·사회가 나아지도록 협력을 해야지,

시험부터 하려 드느냐."

노무현에게 화물연대 파업 사태는 노동 문제에 대한 생각의 변화를 가져온 계기가 됐음은 분명하다. 대통령 임기가 반환점을 돌던 2005년 8월 25일 'KBS 특별 방송 참여정부 2년 6개월, 노무현 대통령에게 듣는다' 인터뷰에서 노무현은 이렇게 말했다.

"2003년 5월에 화물연대가 파업을 시작했어요. 지금도 그렇지만 화물연대는 노동조합이 아닙니다. 노동조합은 아니지만 계속 쌓여 왔던 갈등을 풀지 않고 그냥 방치해 오다가 터져 버린 것입니다."

화물연대가 노동조합이 아니지만 정부가 잘못된 관행들을 사전에 해결해 왔더라면 그런 일이 없었을 것이라는 말이었다(이때를 기점으로 노무현은 노동계로부터 공격을 당하기 시작했는데, 그 부분은 별도로 다루기로 한다).

화물연대 파업으로 혼이 난 노무현은 이에 대응할 수 있는 법적 장치를 마련한다. 2003년 12월 22일 당시 열린우리당과 한나라당의 합의로 '업무개시명령'을 국회에서 통과시킨 것이다. 국가 경제에 중대한 영향을 미치는 운송 거부 사태가 발생할 경우 강제적으로 운송 재개를 명령할 수 있는 법적 장치를 마련한 것이었다.

이는 기업들의 요구를 반영하여 경제적 안정을 꾀하기 위한 것이었지만, 노동계로부터는 '노동 탄압의 도구'라며 큰 비난을 받았다. 노무현은 화물연대 파업을 경험하면서 이들의 요구가 단순히 노동자들의 권리 향상만을 위한 것이 아니라 그 이상의 정치적이고 경제적인 압박 수단으로 변질됐다고 판단했다.

'업무개시명령' 윤석열 정부가 첫 발동

화물연대 파업 사태는 참여정부가 내세운 이상과 현실 사이에서의 괴리, 갈등의 복잡다단함을 잘 보여준 사례였다. 노무현은 사회적 갈등을 해결하기 위해 법적 수단을 적극 활용하는 지도자로서의 이미지를 일부 갖게 됐지만, 동시에 노동계와의 신뢰는 더는 기대하기 어려운 상황이 됐다.

노무현은 남은 집권 기간 화물연대 파업 때 겪었던 갈등의 근본적 해결을 위한 해법 마련에는 한 발도 더 나가지 못했다. 참여정부 때 시작된 화물연대 사태는 여전히 현재진행형이다. 안전운임제의 시행(3년 일몰제로 현재는 폐지)과 다단계 구조의 일부 시정 등 제도적 보완은 있었다. 하지만 정부와 화물연대 사이의 근본적인 입장 차는 20여 년 전이나 지금이나 거의 바뀌지 않았다.

윤석열 대통령 취임 6개월째인 2022년 11월 말, 화물연대는 다시 파업에 들어갔다. 정부는 화물연대 측과 몇 차례 교섭을 시도했지만 양측의 입장 차는 컸다. 정부는 처음으로 노무현이 만든 '업무 개시명령'을 꺼내 들고 사태를 수습했다.

노무현과 나:

김대환
전 노동부 장관

노무현 후보 캠프에는 어떤 인연으로 참여하게 됐나.

개인적 인연은 없었다. 김원기 당시 노사정위원장(2기)이 내게 노 후보를 좀 도와달라는 얘기를 해 만나게 됐다. 당시 노 후보도 "노무현한테는 사람이 없다. 좀 도와달라"고 하더라.

노 대통령이 국정 시스템 실패를 인정한 첫 사례로 화물연대 파업을 들었다는데.

맞다. 대통령은 화물연대 파업과 이로 인해 발생한 물류 대란 사태를 정부가 잘 다루지 못했다고 상당히 실망하고 화도 냈었다. 또 화물연대 파업 사태를 겪으면서 노동운동이나 노조 문제와 관련한 많은 부분에 대한 생각이 바뀌기 시작했다.

어떤 식으로 바뀌었나.

대통령이 화물연대 파업 사태로 얼마나 큰 고심을 했는지 아무도 모를 것이다. 국정을 챙기다 보니 '내가 안 변하면 안 되겠더라'는 결론에 이르렀던 것 같다.

친노조 대통령이 화물연대 파업 등을 겪으며 오히려 노동계와 멀어졌는데.

대통령도 노조로부터 전폭적인 지지를 받고 싶지 않았겠나. 말이 직설적이어서 노조들의 반발을 샀던 경우도 있었다. 노조가 지지는커녕 자꾸 문제를 제기하고 애를 먹이니 굉장히 섭섭해했다. 그래서 나는 대통령에게 "전면에 나서지 마시라"고 말씀드렸다. 내가 주무 장관으로서 노동계를 직접 상대하고 대신 화살을 맞는 게 낫다고 판단했다.

참다 참다 공권력 발동
"노조 대통령, 노조 배신했다"

노무현이 대통령이 되고 나서 어떤 노동정책을 펼치고 싶어 했는지는 물어보나 마나다. 당연히 친노조였다. 노동 변호사였고, 대통령 당선도 노조 세력들의 지지 덕분이 컸다. 돈 잘 버는 변호사 활동을 접고 정치 하기로 결심한 배경도 "국회의원이 되면 노동자를 더 도울 수 있을 것 같아서…"라고 말했을 정도다.

박정희 시대부터 항상 노동자 편에 서온 전임 대통령 김대중을 훨씬 능가했다. 김대중이 펼친 노동정책 초점은 노동권 강화를 제도화하는 것이었다. 약자인 노동자가 기업 또는 정부 권력에 휘둘리지 않게 사회적 합의로 노사 문제를 꾸려가고자 했다. 노사정위원회가 그렇게 만들어졌다.

2003년 2월 13일 민주노총을 찾은 노무현 대통령 당선인. 유덕상 민주노총 위원장 직무대행
(왼쪽)의 안내로 민주노총 사무실 입구로 들어가고 있다.

반면에 노무현은 김대중보다 훨씬 적극적인 행동주의자였다. 제
도나 법 이전에 자신의 소신을 그대로 실천해 나갔다. 하지만 당선
자 신분으로 조흥은행 노조 간부들을 찾아가 격려하며 지지한 장
면은 아무도 예상치 못했다. 국제 입찰로 신한은행에 이미 매각 결
정이 난 공적 자금 투입 은행 아닌가. 그럼에도 불구하고 매각을 전
면 재검토해 달라는 노조의 요구를 경청하고 즉석에서 "그러겠노
라"고 언약까지 했으니….

재계 "시장경제는 끝났구나" 비명

노동계가 노무현을 지지하는 기세는 대단했다. 반면에 재계는 대통령 당선인의 이 같은 언행에 기겁했다. "이런 대통령 아래서 시장경제는 끝났구나" 하고 여기저기서 비명을 질렀다.

노무현은 거기서 그치지 않았다.

"사회적 힘의 균형에서 노동계에 비해 경제계가 세다. 향후 5년간 이 같은 사회적 힘의 불균형을 시정하겠다. 노동자에게 불리하면 법과 원칙을 바꿔서라도 이를 바로잡겠다." (2003년 한노총·민노총 간담회)

갈수록 톤이 올라갔다. 노조의 파업이 비록 불법이라 해도 경찰이 법을 내세워 막거나 진압해선 안 된다는 건가. 많은 사람이 귀를 의심했으나, 바로 그 말이었다. 노동 변호사 시절, 파업 시위에 앞장섰을 때의 언행을 그대로 재연했다.

대통령 취임 후에도 노무현의 이 같은 노조관은 계속된다. 초대 부총리 김진표가 노조의 불법 투쟁을 겨냥, "법과 원칙 아래 경제를 운영해 나가겠다"는 말을 했다가 졸지에 체면을 구겼다. 경제부총리의 발언이 뉴스로 나갔는데, 청와대는 즉각 "참여정부는 법과 원칙을 고수하는 것보다 대화와 타협을 추구한다"며 부총리 발언은 오보라고 깔아버렸다.

대통령이 취임 초 노동부 장관 권기홍에게 한 당부도 같은 맥락이다.

"노동부조차 경제부터 생각하는 자세를 지녀서는 안 됩니다. 노동자의 목소리를 내주세요."

노무현의 노동자에 대한 애정 표현은 노골적이고 거침이 없었다. 이쯤 되니까 당시 정부 관료나 기업들, 그리고 노조들이 어떻게

2003년 3월 19일 청와대에서 열린 노동부 업무보고. 권기홍 노동부 장관(가운데)이 간부들을 소개하고 있다.

받아들이고 반응했는지는 충분히 짐작이 가는 일이다.

대통령의 '대화와 타협' 지침은 급기야 공권력 발동의 동결로 이어졌다.

"공권력을 함부로 발동해선 안 됩니다. 법을 어겼다고 해서 노조 같은 사회적 약자들을 똑같이 불법으로 다스려서는 곤란합니다."

서슬이 퍼랬다. 어떤 노사 분규든, 경찰이 "공권력 발동" 운운했다가는 해당 경찰서장은 당장 목이 달아나는 살벌한 분위기가 되어버렸다. 공권력의 '공' 자를 꺼내는 것도 쉬쉬했다. 노조는 살판이 났다. 걸핏하면 파업이었다. 대통령이 편을 들어주는 판에 거리낄게 없었다. 노조가 분규 중에 아무리 두드려 부수고 탈법·불법을 저질러도 기업은 속수무책이었다. 분규 기업이 112를 돌려 공권력 출동을 요청해도 경찰은 꿈쩍도 하지 않는 경우가 비일비재했다.

"기업이 알아서 노조와 대화하고 타협하세요."

시끄럽게 하지 말고 노조 요구를 들어주라는 거나 진배없는 태도였다.

노동정책의 시곗바늘은 거꾸로 돌고 있었다. 1987년 6월 항쟁

이후 극에 달했던 노조 파업이 진정되면서 노태우·김영삼·김대중 정권까지 어렵사리 회복되어온 공권력이 참여정부 들어 노무현에 의해 하루아침에 맥을 추지 못하게 된 것이다. 참여정부에 들어와서 일어난 가장 안타깝고 잘못된 변화였다.

대통령부터 노조를 지극히 사랑한 나머지 노조와 정부는 마치 파트너 관계처럼 돈독해졌다. 기업은 안중에도 없었다. 이런 상황이 벌어지면서 노사 문제는 노사勞使가 아니라 노정勞政의 문제가 되어버렸다. 대통령이 자초한 일이었다.

그러나 노조 대통령 노무현이 집권 3개월이 못 가서 생각이 달라지기 시작할 줄 누가 알았겠는가. 노조 문제는 두고두고 노무현의 사고 체계를 휘청거리게 만든다. 화물연대 파업이 첫 번째 계기였다.

석 달 만에 "노동시장 유연성" 꺼내

앞에서도 살펴봤듯이 화물연대 파업을 겪으면서 노무현은 몹시 속이 상하고 실망스러웠다. 노동운동은 자신의 정체성의 일부였다. 그러한 노동 세력에 대해 이젠 "No"를 선언하는 시간이 닥쳐온 것이다. 노조에 대한 자신의 판단을 수정할 수밖에 없었다. 정책실장

화물연대 노조원들이 서울 여의도에서 열린 '총파업 투쟁 승리 결의대회'에서 각자의 차량에서 떼어온 번호판을 들고 시위를 하고 있다. 2003년 9월의 모습이다.

이정우 같은 참모는 여전히 노조 편을 들었으나 현실적으로 아무런 도움이 되지 못했다. 결국 화물연대에 강경 진압책을 쓰고 만다.

설상가상이었다. 철도 파업과 전교조 문제 등이 연이어 터져 나오자 노무현의 노사관은 크게 흔들렸다. 비로소 대통령의 말이 슬슬 바뀌기 시작했다.

"노사관계는 이미 결론이 나서 영미식으로 가야겠다."
"노동시장의 유연성이 국제 수준으로 확보될 것이다."
"노사관계는 결코 일부에 의해 국가 경제가 희생되는 모습으로 진행되어서는 안 된다.”

애매한 표현들이지만 전에 듣지 못하던 소리다. 최소한 노무현의 입에서 ‘노동시장 유연성’이라는 단어가 나온 게 처음이다. 해고자유의 제도화를 의미하는 용어라 해서 참여정부 들어서는 금기시해온 말이었다.

참여정부는 여러 차례 뜸을 들이던 끝에 결국 ‘법과 원칙’으로 선회한다. 철도 파업 소관 부처인 건설교통부는 철도노조 간부 121명을 무더기로 직위 해제시켜 버렸다. 대통령의 결심에 청와대 내의 친노조 참모들은 입을 다물었다.

그럼에도 불구하고 조흥은행 노조가 파업에 들어갔고, 전교조까지 나섰다. 대통령은 단단히 화가 났다. 지금까지 해왔던 친노조 발언들이 반노조로 방향을 바꿨다.

“최근 일부 노동운동은 도덕성과 책임성을 잃어가고 있다. 정부도 부당한 것에 대해서는 소신을 갖고 당당히 말할 필요가 있다. 과거 노동운동은 생존권이나 사회 민주화 차원에서 이뤄져 정당성을 가졌다.”
“노조 지도부의 정치 투쟁을 정부가 보호할 수 없다. 나라가 있어야 노조가 있는 것이며, 무엇보다 노동자가 잘살기 위해서는 경제의 발목을 잡는 노조가 없어야 한다. 철도 파업 현장에 경찰을 투입한 것은 철도노조가 기존 합의 사항을 뒤집은 때문인 만큼 법과 원칙으로 풀어갈 수밖에 없었다."

화난 대통령, "법과 원칙" 강조

대통령이 이쯤 되자, 아래 사람들도 즉각 달라졌다.

"불법은 초기에 제압하고 엄정하게 책임을 물어야 국가의 법체계가 바로 선다."(법무부 장관 강금실)

"최근 정부가 제대로 대응한 부분까지도 노조가 부당하게 문제를 제기하는 식의 행동에는 바로바로 엄정 대응해 나갈 것이다."(청와대 대변인 윤태영)

"조흥은행 파업은 명백한 불법이다. 국민 세금이 투입되어 살아난 은행이 파업을 벌이는…."(국무총리실 노동정책과장 정하영)

대통령을 필두로 지금까지 해온 말과는 전혀 다른 말들이 쏟아져 나왔다. 노조의 불법 파업 일상화를 더 이상은 묵과할 수 없었던 것이다.

이젠 노조 측에서 들고 일어났다.

"노무현 정부는 말로만 친노동이다. 몇 건 들어주는 것 같더니, 이 제는 과거 정부보다 더 노동계를 압박하고 있다."(이남순 한노총 위원장)

"노무현 정부는 말과 행동이 헷갈린다. 철도 파업에 공권력이 그처 럼 빨리 투입될 줄 몰랐다. 노조의 기득권에 대한 비판은 터무니없 다."(단병호 민노총 위원장)

참여정부의 노조에 대한 입장은 출범 초기와는 크게 달라지고 있었다. 시간이 갈수록 노조에 대한 비판적 입장이 구체적으로 드 러나기 시작했다. 상하이를 방문한 노무현은 글로벌 스탠더드를 거론하면서 대기업 노조의 문제점을 지적했고, 부총리 김진표는 정리해고 개선책을 조만간 마련하겠다고 했다.

"노동자들의 요구가 우리 경제의 경쟁력에 상당한 부담이 된다는 게 현재 상황에 대한 판단이다. 노동자들의 권리에 대해 여전히 우호 적인 생각을 가지고 있으나 대기업 노동자와 비정규직 또는 중소기 업 노동자와의 격차가 너무 심하다." (노 대통령, 2003년 8월 19일 언론 간담회)

어느새 대화와 타협은 사라지고 법과 원칙이 회자되고 있었다. 화 물연대의 물류 대란 배후 조종 혐의로 민노총에 대한 검찰의 압수수

색이 시작되면서 노무현과 노동계의 대립은 악화일로로 치달았다.

> "선무당 노무현이 노동자 잡는다. … 노동 문제를 어설프게 아는 노 대통령이 뒤틀리고 비정상적인 사고방식으로 노동운동을 매도하 고 있다." (민노총 성명)

노무현은 이제 노조를 비판하면서 전혀 삼감이 없었다.

노조가 "귀족화·권력화" 비판까지

> "명분만 있으면 노동자를 도와주고 싶으나 유감스럽게도 지금의 노동운동은 국민적 명분을 확보하지 못하고 있다. 파업부터 해놓고 협상하자는 방식에는 동의하기 어렵다."
> (2003년 9월 4일, 노사정위원회 본회의 발언)

> "한국은 노조 쟁의와 파업이 많아 경제적 손실이 크다. … 최근 노조 가 귀족화, 권력화하는 부분이 있다. 내가 느끼는 가장 심각한 부분 은 파업의 반발과 강경성 말고도 소수 대기업 노동자 권익 중심의 노동운동이 진행되고 있다는 점이다." (9월 19일, 중소 벤처기업인 오찬 연설)

노동계에서도 민노총이 노무현을 향해 막말 비난을 퍼부었다.

"결국 다른 정권과 다를 바 없이 기업의 압력에 못 이겨 노동자를 외면하기 시작했다. … 노무현 대통령은 노조를 배신했다."

(단병호 민노총 위원장)

이상의 인용들은 노무현과 노동계의 충돌을 대체로 시간순으로 정리해본 것이다. 이 정도면 당시의 실상이 어떠했는지 따로 설명이 필요치 않을 것이다. 노동계와 대통령이 이처럼 격렬하고 치열하게 맞섰던 적이 없었다. 아이러니하게도 기업 CEO 출신인 이명박 대통령이 재임 중에 가장 친노조적이었던 반면에 노조 대통령으로 자타가 인정했던 노무현이 역대 대통령 중에서 가장 맞싸움을 심하게 벌였던 셈이다.

노무현의 변신을 말해줄 결정적 증인 한 명을 꼽으라면 노동부 장관을 지냈던 김대환이다. 노동경제학을 전공한 그는 진보학계의 맏형 격으로서 노동 문제에 있어 대통령의 철학과 노선을 전적으로 함께해 왔던 터였다. 그런 그가 참여정부의 노동 행정 주무 장관이 되고 나서 180도 달라진 것이다. 그의 비판은 노무현보다 한결 직설적이다.

"1987년 노동자 대투쟁은 당시 민주화운동에 편승한 것이며, 노동운동이 민주화를 이끌었다는 노동계의 주장은 큰 착각이다. 노동계의 이런 잘못된 생각이 운동을 비현실적으로 만든 요인이다. … 도

254

덕적 우월성을 갖고 있는 현 정부는 노동계에 빚진 것이 없으며, 오히려 노동계가 빚을 졌다고 생각한다. 민노총의 비정규직 관련 입법 저지 총파업은 시대착오적인 잘못이다. … 최근 대통령은 민노총의 강성 투쟁을 그들만의 노동운동이라고 표현했지만, 시중에는 그들만의 잔치판이라고 빗대는 목소리도 많다." (2004년 11월, 기자 간담회)

노조 사랑에 있어 노무현을 능가하는 세계적 지도자는 단연 브라질 대통령 룰라일 것이다. 룰라는 한국으로 치면 민노총 위원장이었다. 노조 지도자로서의 카리스마는 어떤 파업도 성공시켰다. 그런 룰라가 대통령이 되고 나서 노동계에 등을 돌리는 정책을 폈다. 브라질 민노총은 룰라를 향해 "배신자"라고 비난했다. 그에 대한 룰라의 답변은 간단했다.

"나는 이제 혼자가 아니다. 백성을 먹여 살려야 한다. I'm not single now. I have to feed my people."

노무현이나 룰라나 대통령이 되고 나서 노동 문제에 대한 생각이 달라진 것이다.

노무현·진보 진영, 화폐 개혁 외면
'1달러＝1환' 기회 날려버렸다

"1달러＝1환(원)"

이런 환율을 상상이나 해봤는가. 어쩌면 노무현 시대에 이 같은 상상이 실현될 찬스가 있었다. 비밀 작업이었기에 일반이 몰랐을 뿐이다. 대통령이 이 문제에 조금이라도 관심이 있었다면 크게 한 건 할 뻔했었다. 여태껏 겪어 온 불편과 코스트, 시간 낭비, 돈 낭비를 생각하면 여간 아쉬운 일이 아니다. 추진 과정을 복기해 보자.

노무현 정부 5년 가운데 가장 좋았던 한 해를 꼽으라면 단연 집권 2년 차, 2004년일 것이다. 섣부른 탄핵이 거대한 역풍으로 바뀌면서 열린우리당이 4월 총선에서 국회 과반 의석을 넘기는 대승을 거둔다. 노무현은 5월에 대통령직에 복귀했다. 그야말로 전화위복,

노무현과 참여정부의 앞날은 탄탄대로였다. 무엇보다도 국회를 장악했으니 거칠 바가 없었다. 실제로 노무현은 2004년 하반기에 이른바 4대 개혁법안과 종합부동산세 도입 등 취임 직후부터 별러 온 과제들을 밀어붙였다.

이 같은 분위기를 타고 한국은행은 극비 작업을 진행하고 있었다. 이른바 화폐 개혁이었다. 화폐 개혁이라 하면 극약 처방이라는 선입견 탓에 말을 꺼내는 것조차 조심스럽다. 그러나 당시 한국은행이 하겠다는 화폐 개혁은 그런 게 아니었다. 기존 화폐 사용을 일시에 금지하고 예금도 묶어 두는 강압적 조치가 아니라, 화폐의 교환 단위만 바꾸는 리디노미네이션Redenomination을 하겠다는 것이다. 1원, 10원, 50원짜리 동전 등이 무용지물이 된 현실을 감안해 한국 돈의 단위를 현실에 맞게 고치자는 것이다.

한국은행은 원래 가장 보수적인 은행의 은행이 아닌가. 더구나 존재 이유가 물가 안정인 만큼 어떤 정책도 물가 불안을 유발할 수 있는 변화는 용납하지 않는 곳이다. 그런 한국은행이 비밀리에 화폐 개혁을 하겠다고 나섰던 것이다.

화폐 개혁

국가가 인위적으로 화폐의 가치나 단위를 일시에 변경하는 조치를 말한다. 화폐 단위를 바꾸거나 가치를 높게 또는 낮게 조절하는 방식, 고액권 신규 발행 등의 방식을 두루 포함한다.

리디노미네이션Redenomination
화폐 단위만(원→환) 바꾸는 조치. 현재 환율이 1달러=1000원인 상태에서
1000원=1환으로 바꾸면 1달러=1환이 된다.

박승 총재가 주도한 실행 방안

화폐 개혁은 참여정부의 공약이 아니었다. 정부 수립 이후 화
폐 개혁은 6·25 전쟁 마지막 해인 1953년과 5·16 쿠데타 직후인
1962년에 두 차례 실시됐다. 이때의 화폐 개혁은 화폐 단위를 바꾸
면서 기존 화폐 사용을 전면 금지하고 예금 인출도 봉쇄하는 방식
이었다.

그로부터 40여 년이 지난 시점에 화폐 개혁이라는 주제를 다시
꺼낸 주역은 전임 대통령 김대중으로부터 임명장을 받은 박승 한
국은행 총재였다. 골수 한은 출신에 경제수석과 건설부 장관까지
역임하면서 현실을 섭렵한 정통 경제학자. 친정 격인 한은에 총재
로 돌아온 것을 "금의환향"이라고 표현한 박승은 의욕이 넘쳤다.

임명장을 받자마자 학자이자 행정가로서 늘 염두에 두고 있던 화

박승 한국은행 총재(오른쪽에서 둘째)는 취임 직후부터 화폐 개혁을 추진했다. 사진은 2002년 4월 취임 후 첫 금융통화위원회의 시작에 앞서 위원들과 대화를 나누는 장면.

폐 개혁을 추진하게 된다. 김대중 정부 말년이라는 시점에 개의치 않았다. 일단 실행 방안을 만들고 정부를 설득하자는 생각이었다.

그해 7월, 핵심 인력 17명을 뽑아서 '화폐제도 개혁 추진팀'(이하 개혁팀)을 발족시켰다. 이 팀은 김두경 발권국장의 지휘하에 1년여 실무 작업 끝에 1000쪽이 넘는 대외비 실행 방안을 만들었다. 희한 하게도 실무 책임자 김두경은 건국 이후 두 차례 화폐 개혁의 주역 이었던 김정렴 전 청와대 비서실장의 장남이다. 2대에 걸쳐 화폐 개혁의 실무를 총괄하게 된 셈이다.

259

 박승은 40년 만에 화폐 개혁을 다시 꺼낸 이유를 세 가지로 들었다. 첫째, 한국 경제의 비약적인 성장을 담아내지 못하는 화폐 단위의 문제다. 40년이 지나면서 국민소득은 2000배 이상, 물가는 50배 이상 올랐다. 과거 백만장자를 상징하는 100만 원은 동그라미가 6개나 붙지만, 미국의 밀리어네어millionaire라는 단어와는 거리가 멀어도 너무 멀다. 국제적으로도 체통이 안 선다. 경제협력개발기구OECD 국가 가운데 달러 환율이 네 자릿수인 나라는 우리밖에 없으며, 대표적인 경제지표인 국내총생산GDP이 천조 원 단위를 넘어서 다음 단위인 경(京, 1경=1만조)이 눈앞에 닥쳤다.

 둘째, 고액권 문제. 당시 최고액권은 1만원권으로 1973년부터 발행하기 시작했다. 그 후 30여 년간 경제 규모는 130배, 물가는 11배나 뛰어서 화폐의 실질 가치가 크게 떨어졌다. 10만원권 자기앞수표를 고액권 대용으로 썼는데, 이 수표는 대부분 일회용으로 수명이 짧아 제조비가 일반 화폐의 50배에 달했다.

 셋째, 화폐의 품질 문제. 당시 지폐는 너무 컸고 주화는 무거웠다. 특히 위조 방지 장치가 없어서 위조지폐 문제가 심각하다는 것을 화폐 개혁을 서둘러야 할 이유로 꼽았다.

 그리하여 한국은행이 내린 결론이 1000원을 '1환'으로 하는 새 돈을 찍고, 5만 원·10만 원짜리 고액권을 발행하자는 것이었다. 타임 스케줄도 2004년부터 3년 준비 기간을 거쳐 2008년 1월 1일 자로 단행하는 것으로 정했다. 이렇게 되면 우선 새 돈 1환은 자동으로 미국 달러와 1대 1 수준이 된다. 새로 발행되는 고액권 100환(10만원)권과 50환(5만원)권은 미국의 100달러와 50달러에 해당하는 셈이다.

기존의 화폐를 못 쓰게 하는 것도 아니었다. 새로 찍는 돈은 2008년부터 자금 출처를 불문하고 구권과 무제한 교환을 시작하되 일정 기간 신·구권을 함께 쓰도록 설계했다.

노무현의 탄핵 복귀가 마지막 기회

박승 총재와 실무팀이 극도의 보안을 유지하며 방안을 만들었지만 문제는 여기서부터였다. 누가 고양이 목에 방울을 달 것인가. 무엇보다도 대통령의 결심이 필요한 사안이었다. 여러 정부에서 권력의 생리와 작동 방식을 경험한 박승은 신중하게 접근했다. 집권 첫해는 정부와 청와대를 상대로 분위기 조성에 주력했다.

끗발 있는 이정우 청와대 정책실장을 먼저 찾아가 열심히 설명했다. 그러나 "과거 추진했던 화폐 개혁이 실패했으니 신중해야 한다"는 말만 들었다는 것이 박승의 기억이다. 이정우가 쓴 책(『노무

박승 총재(왼쪽에서 둘째)는 노무현 대통령에게 화폐개혁 방안을 직보하기 위해 대통령 주재 회의에 열심히 참석했으나 끝내 기회를 잡지 못했다. 사진은 2004년 7월 대통령 주재 경제 정책협의회 장면. 사진 노무현재단

현과 함께한 1000일』)에서도 "화폐 가치가 1000배 올라가면 뇌물 수수가 용이해지는 부작용이 걱정이다. 그리고 5·16 쿠데타 직후 국가재건최고회의 유원식 대령 주도로 비밀리에 추진했던 10대 1 화폐 개혁이 실패한 전례가 있으므로 신중해야 한다"고 말한 사실을 기록하고 있다(한국은행 측은 이정우가 한국의 화폐 개혁에 대해 잘못 이해하고 있는 것으로 봤다).

실행 방안을 완성한 후 9월에는 금융 분야 책임자들이 모이는 청와대 서별관 회의에서 골자를 브리핑했다. 김진표 부총리, 이정재 금융감독위원장, 박봉흠 기획예산처 장관, 이정우 실장과 조윤제 경제보좌관 등이 참석한 자리였다. 기대와는 달리 반대가 거셌다. 김진표 부총리는 위폐 방지 장치나 고액권 발행은 좋지만, 화폐 단위 변경은 추후 남북 통일까지 고려해서 실시해야 한다며 반대했다. 이정우는 물가 불안 야기를 우려하면서 반대 입장을 분명히 했다. 물가 안정이 최우선 책무인 한국은행 총재보다도 더 물가 걱정을 했다. 이런 분위기라면 대통령 설득은 요원한 일이었다. 박승은 크게 낙담했다.

그런데 마지막 기회가 찾아왔다. 탄핵 파동 이후 치러진 17대 총선을 계기로 세상이 바뀐 것이다. 박승은 4월 총선에서 열린우리당이 승리한 직후 이헌재 경제부총리를 찾아갔다. 한은법 개정안 등 관련 법안 발의를 맡아줘야 할 이 부총리에게 저간의 사정을 설명하고 도움을 청했다.

"탄핵안이 기각되고 대통령이 복귀하면 이 부총리가 꼭 건의해 주세요."

부총리가 경기 회복에 고심하고 있다는 점에 착안해 "화폐 개혁을 위해 신권을 찍어내고 소비 심리도 되살아나는 과정에서 경기에 긍정적인 효과를 기대할 수 있다"는 점도 강조했다.

재경부 실무자들은 시큰둥해했으나, 이헌재는 화폐 개혁의 필요

물밑에서 진행되던 화폐개혁은 이헌재 부총리가 2004년 9월 국회 답변에서 가능성을 언급하면서 수면 위로 떠올랐다. 사진은 2004년 9월 17일자 중앙일보 1면.

성에 공감하고 있었다. 무엇보다도 1달러에 1000원이 넘는 환율은 한국 경제의 위상이나 국격에 맞지 않는다는 것이 평소 생각이었다. 다만 걱정되는 것은 물가였다. 화폐 단위를 단숨에 1000대 1로 바꾼다면, 예를 들어 700원짜리 라면이 0.7환이 된다. 그러면 업자들은 그냥 1환으로 팔 것이라 물가를 끌어올릴 수 있다는 점을 걱정했다.

"이런 물가 요인을 감안해 화폐 단위를 100대 1로 변경하는 방안도 검토해주세요. 대통령이 복귀하면 한번 말씀드려보겠습니다."

실제로 이헌재는 5월에 노무현이 복귀한 후 탄핵소추 기간의 경제 현안을 보고하는 자리에서 화폐 개혁 방안을 꺼냈다. 노무현의 반응은 한 마디였다.

"그런가요?"

화폐 개혁에 대한 대통령의 반응이 "부정적이지 않았다"는 것이 이헌재의 기억이지만, 그렇다고 적극적인 지지를 표명한 것도 아니었다. 그래도 이헌재로서는 박승을 도와 한국은행 계획에 힘을 보태고자 했다. 언론 반응을 떠보기도 했다. 화폐 개혁설에 대한 기자들 질문에는 "부총리가 그런 것까지 검토할 정도로 한가하지 않다"고 시치미를 뗐지만, 정기국회에 나가서는 "화폐 단위 변경 문제는 연구 단계를 지나 구체적인 검토의 초기 단계에 와 있다"고 답변했다. 누가 들어도 "화폐 개혁을 검토 중"이라는 뜻이니 주요 신문의 1면 머리기사로 올랐고, 찬반 논쟁이 벌어졌다.

끝내 외면당한 화폐 개혁

그러나 거기까지였다. 역시 대통령의 반응이 문제였다. 그해 정기국회를 앞두고 주말에 관저로 찾아가 화폐 개혁 건을 몇 번 얘기했는데, 대통령은 관심이 없어 보였다는 것이 이헌재의 증언이다.

여당에서는 가뜩이나 경제가 어렵고 물가도 불안한 판에 무슨 뜬 금없이 화폐 개혁이냐는 반응이 지배적이었다. 결정적인 것은 청와대 내에서 총대를 메주는 세력이 없었다는 점이다. 이정우와 386 참모들은 화폐 개혁이 초래할 물가 불안을 강조했을 뿐 아니라 고액권 발행은 필시 뇌물 수수를 쉽게 하는 일이라며 명백한 반대 입장을 폈다. 관료 조직도 한국은행 일을 거들 생각이 없었다. 대통령 주변은 "잘못하면 큰일 납니다"라고 말하는 반대론자들이 포진해 있었던 셈이다.

결국 10월 26일 국회 교섭단체 대표 연설에 나선 천정배 열린우리당 원내대표가 "리디노미네이션(화폐 단위 변경)은 실시하지 않을 것"이라고 못 박으면서 화폐 개혁 이슈는 소멸하고 만다.

박승은 참여정부에서 무산된 화폐 개혁을 지금도 아쉬워한다. 경제 여건이나 시대 상황이 절호의 기회였기 때문이다. 자서전『하늘을 보고 별을 보고』에서 "언젠가 후회할 때가 올 것"이라고 썼다. 실무를 맡았던 김두경은 과거 화폐 개혁에 직접 참여했던 부친 김정렴에게 시행 방안을 설명하고 조언을 구했는데, "더 늦기 전에 꼭 해야 한다"고 강조했다고 한다.

김정렴이 누구인가. 이승만 정권과 박정희 정권에 걸쳐 두 번에 걸친 화폐 개혁, 그것도 기존 화폐를 휴지화시키는 극약처방을 내린 화폐 개혁의 총지휘자 아니었던가. 첫 번째 화폐 개혁은 한국전쟁으로 인한 경제 회생과 극심한 물가를 잡기 위해 직접 설계, 실천했다. 두 번째는 본인은 강력히 반대했으나 군부의 강압에 의해 실무 책임자로 징발되었던 장본인이다. 그러니 한국의 화폐 개혁에 관해서는 산증인이자 그 폐단과 부작용을 누구보다도 훤히 꿰뚫는 전문가다. 그 김정렴이 자신의 아들에게 "꼭 해야 한다"고 한 화폐 개혁이 무지한 노무현 주변 참모들의 반대와 무사안일한 관료들의 외면으로 무산되고 만 것이다.

어쨌든 한국은행 총재 박승은 결국 대통령 근처에도 못 가보고 애써 마련한 화폐 개혁안을 접고 만다. 이명박 정권에 와서 신사임당 초상이 들어간 5만 원짜리만 새로 선보인 것이 그나마 남은 흔적이다. 이것만으로도 물가 자극이니, 뇌물용 고액권이니 하면서 한동안 야단이었다. 그래 봤자 일본 돈 1만 엔짜리의 절반에 불과한데 말이다. 부화뇌동에는 당시 언론도 한몫했다.

그 후로 20년이 흘렀다. 여전히 환율은 달러당 1400원대에서 움직이고 있다. 한국 돈의 가치가 오르고 떨어지는 것이야 인위적으로 어찌하겠는가. 그러나 돈을 셀 때마다 겪는 동그라미들이 초래하는 낭비와 불편은 언제까지 감수해야 하는 것일까. 그 문제를 해결할 수 있었던 호기를 노무현은 날린 것이다.

돈은 나라의 체면을 상징하기도 한다. 한국의 국격이 이미 선진국 대열에 들어섰는데, 한국의 돈은 여전히 후진국이다. 세계가 한국을 치켜세우지만, 환전할 때마다 느껴야 하는 한국 돈의 동그라미 숫자들은 아무래도 "아니올시다"이다. 화폐 개혁은 미완의 과제다. 언제라도 다시 살려내야 할 일이다.

노무현과 나:

박승
전 한국은행 총재

화폐 개혁 건을 왜 노 대통령에게 직접 보고하지 않았나.

참여정부 출범 초에는 아직 화폐 개혁 실행 방안이 완성되지 않았다. 나는 전임 정부에서 한국은행 총재로 임명됐고, 노 대통령과는 직보할 채널이 없었다. 한은은 독립성이 생명이라 정부에 함부로 접근할 수 없으니 우선 분위기 조성 작업부터 시작했다.

당시 정부 관계자들의 반응은 어땠나.

고액권 중 5만원권 발행은 큰 반대가 없었지만, 핵심인 화폐 단위 변경(리디노미네이션) 문제의 경우 김진표 부총리는 부정적이었고, 이헌재 부총리도 그리 적극적이진 않았던 것으로 기억한다. 청와대 서별관 회의에 가서 이정우 실장에게 대통령 보고를 요청했으나 부정적인 반응이었다. 노 대통령 탄핵 기간에 고건 총리도 만나서 상의를 했는데, 신경을 써주지 않았다.

노 대통령에게 직접 보고했으면 결과가 달라졌을까.

글쎄, 나는 노 대통령도 반대했을 것으로 본다. 당시 진보 진영은 '화폐 개혁을 왜 하느냐'는 반응이 압도적이었다. 과거 두 차례 화폐 개혁의 실패 경험 탓인지 쓸데없이 경제에 충격만 줄 것이라는 비판이었다. 2004년 정기국회에 관련 법안이 제출되지 못하면서 이 정권에서는 안 되겠다고 판단했다.

문재인 정부에서도 시도했다는데.
내가 개인적으로 문 대통령의 자문 역할을 하면서 이번에는 직접 설명을 했는데 아예 관심이 없었다. 이명박·박근혜 정부라도 마찬가지였을 것이다. 필요성은 인정하면서도 "왜 굳이 내 임기 중에…" 한다. 화폐 개혁은 늦게 할수록 국가적 코스트가 커진다. 지금도 못내 아쉽다.

노무현 경제관, 이재명과 상극
'쿠폰 경제'만 꺼내면 질색했다

김대중·노무현·문재인 등 세 명의 '진보 대통령'이 있었다. 민주당이라는 뿌리를 같이한다지만 저마다 색깔과 정책이 달랐다. 만약 이재명이 다음 대통령이 된다면 네 번째다. 과연 그는 어떤 정책을 펼까. 경제 쪽에서 비교하자면 문재인에 가까운 반면, 노무현과는 전혀 다른 정책을 펴지 않을까 싶다.

이재명 정책의 트레이드마크는 현금 나눠주기다. 전 국민을 상대로 100만 원씩 주겠다는 것이 지난 대선 때 선거 공약의 백미였다. 성남시장·경기지사 때도 비슷한 정책으로 재미를 봤다. 윤석열 정부에서도 전 국민 25만 원 민생회복지원금을 위한 추경 편성을 요구했으며, 지역화폐나 재래시장 쿠폰 발행 관련 법안을 추진했다.

노무현은 민생을 늘 의식했으나 단기 부양책은 끝까지 거부했다. 사진은 노 대통령 부부가 2004년 3월 서울 길음시장을 방문해 의류가게에서 옷을 고르고 있는 장면.

노무현은 그야말로 정반대였다. 참여정부 국정브리핑팀이 펴낸 『노무현과 참여정부 경제 5년』에 수록된 실화(124쪽)를 소개한다.

강용호 남대문시장 대표 "정부의 생계 보조금에 재래시장 쿠폰을 활용할 수 있는 방안을 마련해 달라."

대통령 "좋은 말씀 해주셨다. 시장에서 특별한 대우를 해달라는 주장이다. 하지만 그것은 우리 정부에서 채택하기 어려운 정책이다." (2005년 5월)

이재명과는 너무나 달랐던 노무현의 경제관

노무현과 이재명, 두 정치인의 단순 비교는 무리다. 그러나 이런 차이는 분명하다. 참여정부에서 '현금 배급' 건의를 하는 장관이 있었다면 당장 목이 달아났을 것이다. 노무현이 내건 거창한 개혁 과제들이 여럿이지만, 그 못지않게 중요한 것이 "경기 부양책을 쓰지 않는다"는 소신이었다. 돈 나눠주기는 고사하고, 경기 살리려고 정부 재정 사업을 확대하자거나 은행 돈을 더 풀자는 이야기가 나오면 질색했다. 주가를 끌어올린다든지, 건설 경기를 활성화하는 방안 등은 아예 말도 못 꺼내게 했다.

노무현의 머릿속에는 지나치리만큼 부양책에 대한 부정적인 선입견이 자리 잡고 있었다. 과거 정부들은 걸핏하면 주가 부양책을 폈고, 이에 따른 부작용이 컸다. 따라서 자신은 결코 그런 전철을 밟지 않겠다는 의지가 거의 신앙 수준이었다. (『노무현과 참여정부 경제 5년』 101쪽)

그럴 만도 했다. 특히 전임 김대중 정권이 외환위기 탈출에 급한 나머지 경기 부양 정책을 남발했었고, 그 결과로 부동산 급등과 카드 대란이라는 골칫거리를 참여정부에 떠넘겼으니 말이다. 단기 부양책은 득보다 실이 많다는 생각이 노무현 경제의 고집스러운 노선이었다.

더 뿌리 깊은 이유도 있다. 노무현의 머릿속에는 '박정희 경제 체제'에 대한 반감이 늘 자리하고 있었다. '박정희 경제=성장 우선주의'가 부익부 빈익빈, 재벌 특혜, 분배 구조 악화 등을 초래했다고 생각해 온 그였다. 대통령 당선 후 인수위를 구성할 때도 경제분과 핵심 멤버 대부분이 이정우(경북대) 교수 등 '반反박정희주의자'들이었다. 박정희가 경제 성장 우선주의를 내세워 장기 독재를 해왔다고 믿어 온 사람들이다.

노무현이 대통령이 되는 과정에서도 '경제 성장' 담론은 찾아보기 어려웠다. 그런 그가 대선 후보 TV토론에서 불쑥 "연평균 7% 성장"을 공약했다. 대체 무얼 근거로 7% 성장을 장담했던 것일까. 대통령이 되고 나서 어느 기회에 노무현은 "이회창 후보가 6%를 공약하기에 즉석에서 1%를 더 얹었던 것"이라고 했다. 어이없이 솔직한 고백이었으나 그만큼 '경제 성장' 문제를 대수롭지 않게 여겼던 것이다.

참여정부의 첫 경제부총리로 내정한 김진표와의 저녁 자리 대화의 한 대목도 경제에 관한 그의 기본 인식을 말해 준다.

"다른 것을 다 성공해도 경제에 실패하면 성공한 대통령으로 평가받기 어렵습니다."(김진표)

"만날 경제, 경제 이야기냐. 나라가 이만큼 먹고 살면 됐지, 자주성
이나 국가의 품격, 사회보장, 복지, 이런 것도 중요한 것 아니냐…."
(노무현 당선자)

일자리 감소가 대통령 변화시켜

취임 첫해, 노무현은 성장 정책에 거리를 두는 경제의 기본 틀을
고수해 나갔다. 설비 투자 부진에 대응하기보다는 기업들의 투명
경영 촉구가 먼저였다. 노조의 불법 시위에 참다못해 공권력을 발
동했다지만, 참여정부의 기본 노선은 어디까지나 친노조였다.

기업들은 잔뜩 움츠렸다. 정권 초기에 이처럼 재계가 겁먹고 위
축된 것은 군사 정권 때 말고는 처음이었다. 반면에 참여연대를 비
롯한 시민단체들의 목소리는 갈수록 커졌다. 대통령이 든든한 '빽'
이 됐으니 제 세상을 만난 것이다. 이때부터 일기 시작한 반기업 정
서는 임기가 끝날 때까지 두고두고 영향을 미친다.

기업 입장에서는 1997년 IMF 외환위기 이후 혹독한 구조조정
의 찬바람이 여전한데, 새 정권이 "똑바로 하라"며 으름장을 놓으
니 겁을 먹을 수밖에. 여기저기서 볼멘소리가 터져 나왔다. '기업하
기 나쁜 나라'라며 한국을 떠나는 외국 기업도 나왔다. 친노조 정책

이 이렇게 강력한 나라에서는 투자할 생각이 없다는 인식이 가라앉지 않았다.

이랬던 참여정부가 집권 2년 차에 접어들면서 변화의 조짐을 보인다.

"일자리야말로 최고의 복지입니다. 가장 효과적인 소득 분배 방안입

노무현 대통령은 2004년 1월 19일 현대차 정몽구 회장, 삼성 이건희 회장, LG 구본무 회장 (왼쪽부터) 등 대기업 총수들을 청와대로 초청한 자리에서 "나를 믿고 용기 내서 투자해 달라"고 당부했다.

니다. 올해에는 일자리 만들기를 정책의 최우선순위에 두겠습니다."

2004년 연두 기자회견에서 한 대통령 노무현의 말이다. 성장을 도외시했던 참여정부로서는 뜻밖의 방향전환이었다.

그뿐이 아니었다. "생산성을 뛰어넘는 임금 인상은 자제할 필요가 있다"든지, 재계 총수들을 오찬에 초대해 "(나를) 믿고 용기를 내서 투자해 달라. 최선의 서비스를 하겠다. 노사 문제와 규제 문제를 직접 챙기겠다"고 말한 것 등은 전에 없던 일이었다. '노무현 경제'에서 찾아보기 어려운 단어들이었다.

그동안 대체 무슨 일이 일어났을까.

사실 집권 첫해는 정신 차릴 겨를이 없었다. 개혁을 외치고 각종 로드맵을 쏟아냈지만 SK 사태에 이어 화물연대, 공기업 파업, 전교조 문제 등으로 허둥댈 수밖에 없었던 게 현실이었다. 첫해를 경험한 참여정부는 "기이한 일이 벌어졌다. 경제가 성장하면 일자리가 늘어난다는 상식이 허물어졌다"고 스스로 기록하고 있다. (『노무현과 참여정부 경제 5년』 134쪽) 2003년의 경제 성적표를 받아든 노무현은 충격이 컸다. 경제가 3.1% 성장했는데 고용이 늘기는커녕 3만 명이 줄었다는 통계가 믿기지 않았다. 고용 없는 성장이라니….

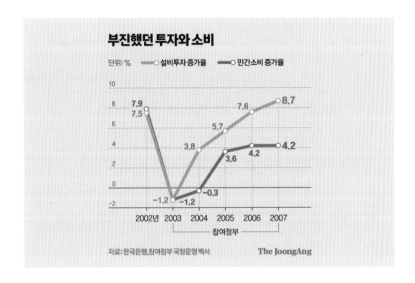

부진했던 투자와 소비

단위: % ○ 설비투자 증가율 ● 민간소비 증가율

7.9
7.5
3.8
-1.2 -1.2 -0.3
3.6 4.2 4.2
5.7 7.6 8.7

2002년 2003 2004 2005 2006 2007
참여정부

자료:한국은행,참여정부 국정운영 백서   The JoongAng

그러나 참여정부가 몰랐거나 외면했을 뿐, '기이한 일'이 아니었다. 산업구조 변화가 몰고 온 회오리였다. 큰 흐름 속에서 보면 경제 전반에 걸친 구조조정의 당연한 결과이기도 했다. 고용 효과가 큰 노동 집약적인 산업이 물러가고 부가가치가 높은 기술 집약적, 자본 집약적 산업으로 바뀌었으니 일자리가 줄어들 수밖에. 다만 고용 감소라는 부작용이 이처럼 심각할지 몰랐던 게 문제였다. 결국 경제 지휘권을 이헌재에게 맡겨서 궤도 수정을 결심할 수밖에 없었다.

'구원투수' 이헌재 기용했으나…

참여정부 경제 정책을 정리함에 있어 노무현과 이헌재의 관계를 짚고 넘어갈 필요가 있다. 이헌재야말로 참여정부의 모든 장관들 가운데 가장 논쟁적인 인물이었고, 길지 않은 재직 기간 동안 노무현 경제의 가능성과 한계를 동시에 보여주었기 때문이다.

이헌재는 알려진 대로 김대중 정권에서 IMF 위기 극복을 주도했던 능숙한 해결사. 실제로 부총리 취임 이후 참여정부 초반의 난제였던 카드 대란과 신용불량자 사태 수습, 일자리 대책 등에 솜씨를 발휘했다. 하지만 그의 정책이나 행보는 '노무현 경제'를 거스르는 점이 적지 않았다. 명백히 보수 쪽 사람이고 시장주의자다. 노무현도 그 점을 익히 알고 있었지만 2004년 초 정찬용 인사보좌관을 앞세워서 "싫다"는 이헌재를 삼고초려 끝에 경제부총리로 데려왔다. 취임 후 이헌재의 발언이 거침없었던 것도 그런 배경 때문이었다. 그는 취임사에서부터 노무현이 경계해 온 '단기 부양책'을 언급했다.

"비록 일시적이고 근본적인 대책은 못 되더라도 당장에 일자리를 늘리고 민생을 안정시키는 과도기적인 연계 정책이 시급합니다."

청와대의 개혁 세력들로서는 여간 못마땅한 일이 아니었다. 참

여정부의 경제 철학 선생 격인 이정우(당시 청와대 정책실장)는 노골
적으로 제동을 걸었다.

"성장에 연연해서 개혁의 시기를 놓쳐서는 안 된다. 개혁을 통해 성
장을 이뤄야 한다. 성장이 중요하다고는 하지만, 장기적으로 개혁
없이는 성장이 불가능하다. 일시적 부양책이나 몇 발짝 못 가서 발
병하는 성장은 하지 않을 것이다." (2004년 5월 12일)

이헌재도 가만히 있지 않았다. 청와대와 여의도에 포진한 386 그
룹을 향해 직격탄을 날렸다.

"경제 발전의 주역을 맡아야 할 386 세대가 1980년대 초 대학 시
절 정치적 암흑기를 거치면서 경제 하는 법을 제대로 배우지 못했
다"(2004년 7월, 여성 경영자 모임)는 말로 세간의 주목을 끌었는가 하
면, "한국 경제는 우울증과 무기력에 빠진 환자 같다"는 말도 서슴지
않았다. 참여정부의 주역들에게는 죄다 귀에 거슬리는 말이었다.

시장은 헷갈렸다. 경제부총리와 청와대 참모의 말이 다르니 어
느 장단에 춤을 춰야 하나. 참모들만 다른 게 아니었다. 대통령도
그랬다. 때로는 이헌재의 손을, 때로는 개혁파의 손을 들어줬다. 노
무현 경제가 극복하지 못한 이중구조라고 할까.

참여정부 2년 차에 구원투수로 투입된 이헌재 경제부총리(왼쪽)는 이정우 위원장(오른쪽) 등 대통령의 개혁파 참모들과 사사건건 갈등을 빚었다. 사진은 2004년 8월 한 학술회의에서 토론 장면.

이런 상황에서 구원투수로 기용된 이헌재는 고전을 면치 못했다. 구체적 내용은 차치하고 정책을 세워도 일사불란하게 펼쳐 나갈 수가 없었다. 걸핏하면 청와대나 여당에서 발목을 잡았다. 양도소득세 인하를 비롯해 종합부동산세 입법, 연금을 사회간접자본에 투자하는 소위 '한국판 뉴딜 정책' 등 여러 정책이 뜻대로 되는 일이 없었다.

결국 이헌재는 13개월 만에 물러난다. 막판엔 출처 불명의 '부동산 투기' 스캔들로 좌파 언론의 집중 공격까지 받았다. 노무현은 이 부총리의 사표를 수리하면서 "해일에 휩쓸려가는 장수를 붙잡으려고 허우적거리다가 놓쳐버린 심정"이라고 했다. 미안했던 것이다. 방대한 분량의 『참여정부 국정운영 백서』에는 어디서도 노무현 경제의 고민을 찾아보기 힘들다. 오직 집권 기간에 대한 자화자찬 일색이다. 부동산 정책마저도(부동산 정책은 별도로 다룰 예정이다).

노무현과 나:

이헌재
전 경제부총리

노무현과의 인연은.

IMF 외환위기 이후 내가 DJ 정부에서 금융감독위원장을 할 때 부산에서 대우조선 사태와 삼성자동차 부산대책위원회에 깊이 관여하고 있는 노무현을 접촉하면서 호감을 가졌다. 대선 후보로 나섰을 때 언론계 출신의 지인과 함께 여러 조언을 했다.

왜 참여정부 두 번째 부총리로 들어갔나.

첫해 조각 과정에서 이런저런 얘기가 있었지만 고사했다. 대통령 주변 인물들이 나와 맞지 않는 사람이 많기도 했고. 이듬해 초에 정찬용 인사수석 등 여러 사람의 권유로 입각하면서 연말까지만 하려 했으나 뜻대로 되지 않았다.

취임사에서 노무현이 금기시하던 단기 부양책의 필요성을 언급했는데.

나는 경제부총리의 사명이 단기적으로는 시장 관리, 중기적으로는 성장과 고용이며, 그다음에 구조 개혁의 틀을 만드는 데 있다고 믿었다. 대통령께도 얘기했다. 나는 당시 한국은행이 추정한 잠재성장률 5% 수준을 유지하려면 연간 50만 명 정도 고용이 늘어나야 한다고 봤다.

노 대통령 주변의 개혁파, 386 그룹들과 잦은 충돌이 있었는데.

지금 생각해 보면 나도 오버 액션이 있었다. 386이 경제 공부가 부족하다는 얘기처럼 자극적인 말을 굳이 해야 했나, 생각이 든다. 내가 좀 더 성숙하게 행동했더라면 노 대통령의 경제 성과도 좀 더 좋아지지 않았을까 하는 아쉬움이 있다.

노무현과 김대중 정부에서 일했다. 두 대통령의 차이점은.

DJ가 노무현보다는 훨씬 준비도 많았고 생각도 깊었다. 숙성 기간의 차이라고 할까. 노무현은 갑자기 큰 인물 아닌가. 너무 잘하려고 하는 데 매몰돼 있었다. 탄핵에서 복귀한 후로는 그런 강박이 더 심해졌다. 총선에서 대승을 거둔 그때가 참 좋은 기회였다. 경제를 살리고 일자리도 늘려갈 수 있었는데, 개혁 과제에만 집착했던 것이 안타깝다.

파격의 '영리 병원 일자리'
"위화감 조성" 딴지에 막혔다

참여정부 초기 '고용 없는 성장'의 최대 피해자는 청년층이었다. 2003년 평균 실업률이 3.6%였는데 20대의 실업률은 8.0%로 두 배 이상 높았다. 젊은이들의 구직난이 상대적으로 얼마나 심각했는지 짐작할 수 있다. IMF 외환위기로 혼이 난 기업들이 부채와 비용 절감에 머리를 싸매는 까닭에 청년 취업이 그만큼 어려워진 것이다. 이런 추세는 참여정부 5년 내내 지속됐다.

오죽하면 교수들이 들고 일어났다. 2004년 초 김병주(서강대) 교수 등 전국의 경제학 교수들이 "제자들이 직장을 구하지 못하는 현실을 그냥 보고만 있을 수 없다"며 "경제 살리기에 힘을 모아달라"는 요지의 시국 선언을 발표했다. 노무현 임기 말인 2007년 서점에서는 『88만원 세대』라는 책이 베스트 셀러였다. 당시 20대는 평균

88만 원 월급의 비정규직 노동자가 될 확률이 높다는 내용이었다.

청년 실업은 경제 문제를 넘어 심각한 사회 문제로 떠오르고 있었다. 언론도 앞다투어 '청년 실업'이라는 네 글자를 큰 활자로 부각했다. IMF 위기 때는 대량 해고로 나라 전체가 초주검을 당했지만 경제가 회복되는 국면에서 유독 청년 실업 문제가 이처럼 도드라진 것은 처음 겪는 일이었다. 지금도 여전한 청년 실업 문제의 출발점이기도 했다.

전국 경제·경영학과 교수들의 성명 발표를 보도한 중앙일보 2004년 1월 20일자 지면.

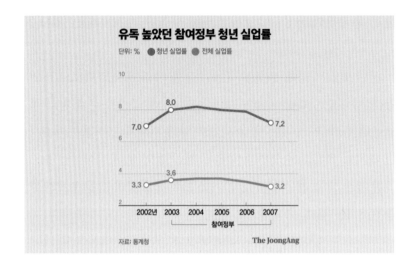

기업이 생존 차원에서 직원 채용을 줄이는 것을 무슨 수로 막겠나. 통계로도 고스란히 나타났다. 2001년 이후 5년간 제조업에서 사라진 일자리가 6만 개에 달했다. 그나마 경제가 유지된 것은 서비스업 쪽에서 195만 개의 일자리가 생겨난 덕분이었다.

사회 서비스업에 치중한 일자리 대책

참여정부 두 번째 경제 사령탑 이헌재는 카드 사태 수습에 이어 일자리 창출에 팔을 걷어붙였다. 2004년 2월 취임하자마자 관련 부처들을 다그쳐 '일자리 창출 종합대책'을 발표했다. 서비스업, 특히 보건·보육·복지 분야 사회 서비스업을 중심으로 임기 말인 2008년까지 해마다 40만 개씩, 총 200만 개의 일자리를 새로 만든다는 목표를 제시했다. 쓸 만한 정책 수단은 죄다 끌어모았다. 그동안 참여정부 주체 세력들이 금기시해왔던 단기 부양책에도 불을 붙였다. 세금을 내리고 규제도 대폭 풀어주자는 쪽으로 정책의 키를 돌려 잡았다.

특히 보건·복지 분야에서 일자리를 만들어 복지 정책에도 도움을 주고 고용 문제도 해결하자는 '일석이조 정책'에 방점을 두었다. 전에 없던 요양보호사, 방과 후 돌봄교사 같은 직업이 새로 생겨난 것도 이때다. 일자리 숫자만 늘리는 것이 능사는 아니었다. 서비스 업종은 임시직이나 허드렛일이라는 선입견을 불식시켜야 했다. 그러기 위해서는 봉급도 많고 노동의 질도 업그레이드된 새로운 영역을 확장해 나가는 작업이 필요했다.

그래서 눈길을 돌린 것이 의료 분야였다. 덕분에 '영리 병원'이 참여정부 때 탄생할 뻔했다. 병원은 환자 치료가 본업이지만, 호텔이나 관광업 등을 허용해 돈 될 만한 수익 사업을 할 수 있게 하자는 아이디어였다. 병원도 여느 기업처럼 다른 병원의 인수합병을 쉽게 하는 내용도 포함됐다. 외국인 환자를 유치해 달러 벌이를 해보자는 그럴듯한 관광형 비즈니스 모델도 등장했다. 뭔가 파격적인 변화가 벌어지나 싶었다. 대통령 직속의 '의료산업선진화위원회'를 앞세워 실행 방안을 만들고 법안 제출까지 준비했다. 서민 정

288

부를 표방한 참여정부로서는 예상 밖의 행보였다.

너무 나가는 것 아닌가 싶었다. 아니나 다를까. 10리도 못 가서 발병이 났다. 참여정부의 원군 격인 시민단체들이 '위화감 조성' 운운하며 시비를 걸기 시작하자 이내 꼬리를 내리고 말았다. 애당초 노무현과 참여정부에 어울리는 일이 아니었다. 한국 사회를 지배하고 있는 '평등주의'가 이를 용납하지 않았다. 고급 병원을 만들면 돈 많은 사람만 혜택을 누린다며 딴지를 걸었지, 고급 일자리가 생겨 나서 경제에 보탬이 될 수 있다는 생각에는 미치지 못했던 것이다. 지금도 마찬가지지만.

결국 실시 지역을 제주도로 한정하고 외국인 병원에만 영리 행위를 허용한다는 쪽으로 매듭지어졌으나 그마저도 제동이 걸렸다. 최근까지도 이랬다, 저랬다를 반복하다가 소송에 휘말린 상태다. '영리 병원 소동'은 참여정부가 일자리 창출에 얼마나 고심했는가를 상징적으로 말해주는 해프닝이었다.

위화감·평등 의식이 날려버린 일자리

'위화감' 시비로 무산된 일자리는 영리 병원뿐이 아니다. '어린이집 보육료 상한선 폐지' 시비도 유사한 사례다. 노무현 청와대의 세

일자리 대책 차원에서 영리 병원 허용을 포함하는 참여정부의 대책은 의사와 시민단체들의 반발로 결국 무산됐다. 사진은 2007년 2월 정부 과천청사에서 열린 '의료법 개악 저지' 전국 의사 궐기대회.

번째 정책실장 김병준은 "보육료 상한을 없애면 새 일자리가 많이 생길 수 있다. 영리 법인에 병원·학교를 포함시키려는 것도 같은 취지"임을 강조했지만 허사였다. 공공성과 평등을 내세우는 좌파들의 반대를 극복하기 어려웠던 것이다.

아이러니하게도 참여정부가 일자리 분야에서 올린 가장 괄목할 만한 성과는 골프장 허가였다. 2003년 기준으로 전국의 골프장은 130개 정도에 불과했고, 신규 허가 요청 건수가 200건 넘게 보류돼 있던 참이었다. 이헌재는 이것들을 4개월 안에 모조리 허가했다. 시민단체 쪽에서는 환경 오염을 내세워 들고 일어났으나 용케 밀어붙여 골프장 인허가 규제가 왕창 풀렸다. 일자리 창출의 두드러진 성공 케이스로 꼽아야 할 것이다.

종합적으로 평가하면 참여정부의 일자리 대책은 실패했다. 참여정부 국정브리핑팀이 펴낸 『노무현과 참여정부 경제 5년』은 2004년 발표한 일자리 종합대책에서 연간 40만 개 일자리를 만든다는 목표를 달성하지 못했다고 지적한다. 이듬해 연간 목표를 30만 개로 낮췄지만 이 역시 실패했다. 참여정부 5년간 실제로 늘어난 일자리는 "연평균 25만 개에 불과했다"고 실토한다.

청년 실업 못지않게 심각한 것은 영세 자영업자 문제였다. 외환위기 이후 대량 실업에 따른 해소책으로 정부가 자영업을 장려하다 보니 자영업자들이 급격히 늘어났다. 실직자들은 너도나도 퇴직금을 털어 통닭집을 차렸다. 사방에 통닭집이 들어서다 보니 당연히 공급 과잉일 수밖에. 가게 차린 지 6개월이 멀다 하고 폐업하는 사태가 여기저기서 벌어졌다.

또한 프랜차이즈 형태의 대형화·전문화된 자영업이 대거 등장하면서 골목길의 구멍가게나 음식점, 동네 미용실 등 영세 자영업자들은 더욱 설 자리를 잃었다. 대충 50만 개 자영업자가 매년 창업을 하면 그중 40만 개가 문을 닫는다는 것이 당시 정부 통계였다.

2004년 11월 서울 여의도에서 열린 '생존권 사수를 위한 전국 음식업주 궐기대회'. 장사가 안 돼 못 살겠다는 의미로 솥을 던지며 시위를 하고 있다.

기본적으로 자영업자의 비중이 너무 높았다. 2004년 기준으로 27%에 달했는데, 일본은 10%, 미국은 7%, OECD 평균인 14%의 거의 2배 수준(지금은 20% 미만)이었다. 전국의 음식점 주인들이 서울로 몰려와 "못살겠다"며 솥단지를 집어던지는 퍼포먼스로 눈길을 끌었던 것이 바로 이때였다.

노무현은 집권 중반을 넘기면서 경제 문제가 얼마나 복합적이고 어려운가를 절실히 깨닫게 된다. 이 회의 저 회의 동분서주했지만, 어느 것 하나 딱 부러지게 해결되는 일이 드물었다. 구조적으로 뒤

얽혀 있는 문제들이 너무 많았다. 삼성전자나 현대차처럼 첨단 기술로 무장해 글로벌 시장을 장악한 한국 기업이 탄생하는가 하면, 다른 한쪽에서는 청년 실업의 급속한 증가와 영세 자영업자들의 이전투구 현상이 겹쳐 일어났다. 이른바 '민생'의 문제요, '양극화 현상'이 심각하게 제기되는 형국이었다.

사실 양극화 문제를 심각하게 깨닫고 대책 마련에 나섰던 점은 참여정부를 높이 평가할 만한 일이었다. 2005년 전후로 각종 위원회가 만들어지고 새로운 정책 방향을 궁리했다. "1%대 99%의 투쟁" "월스트리트를 점령하라"는 구호를 앞세운 미국의 양극화 문제 제기가 2011년이었으니, 한국이 훨씬 앞섰던 셈이다.

자영업 축소, 양극화 해소 내세웠지만…

하지만 참여정부는 지나치게 탁상공론에 치우쳤고, 관념적이었다. 성장과 복지 확충을 아우르는 동반 성장을 추구해야 한다거나 정규직과 비정규직, 대기업과 중소기업의 격차 해소 등등 거대 담론이나 당위론만 무성했다. 일자리는 결국 기업이 만드는 것이며, 경제가 살아나야 늘어나게 마련이다. 20년 전이나 지금이나 경제에 활기를 불어넣는 최고의 대책은 시장에 대한 규제를 풀거나 없애는 것이다. 그러나 참여정부의 개혁론자들은 그 반대의 정책 마인드로 갑론을박만 일삼았으니 잘될 리가 없었다. 말로는 '친기업 정책'을 내세웠지만, 밑바닥에는 대기업에 대한 부정적 시각이 깔려 있었다. 대기업들의 착취가 양극화를 심화시켰다는 인식 아래서는 성장 엔진에 불이 댕겨질 수 없었다.

> "우리나라 대기업은 선진국처럼 기술 투자나 인적 자원의 혁신을 통해 경쟁력과 이윤을 확보하기보다 하청 기업을 쥐어 짜거나 정규직을 비정규직으로 교체하는 형태로 환경 변화에 대응했다."
>
> (김수현 청와대 사회정책 비서관, 『노무현과 참여정부 경제 5년』 154쪽)

이처럼 중소기업·비정규직의 양극화 현상이 대기업의 잘못에서 빚어졌다는 것을 서슴없이 성토했던 참여정부였다. 노무현 시대에 대기업은 여전히 개혁의 대상이었던 것이다.

노무현은 서민 대통령을 자처하며 집권 내내 민생을 내세우고 양극화 해소를 입에 달고 다녔지만, 경제 쪽에서 좋은 점수를 받기 어려웠다. 일자리 문제만이 아니었다. 가장 중요한 민생 문제인 부동산 정책의 실패에 이르면 변명의 여지가 없다. '경포대(경제를 포기한 대통령)'라는 세간의 유행어는 지나친 비아냥이었지만, 노무현 스스로도 경제 성적표에는 불만이 많았다.

노무현과 나:

김진표
참여정부 첫 경제부총리

노무현과의 인연은?

DJ가 나를 추천했다고 들었다. 그 후에 인수위 부위원장을 거쳐 참여

정부의 초대 경제부총리로 일하게 됐다.

참여정부 첫 경제부총리였지만 2003년 첫해에 '고용 없는 성장'이 현실

화됐다.

경제가 갑자기 하늘에서 떨어지는 게 아니다. 전 정권에서부터 연결

되는 시각에서 봐야 한다. 2003년은 DJ 정부에서 넘어온 신용카드

대란과 신용불량자 사태를 수습하는 것만 해도 벅찼다. 더욱이 출범

직전에 북핵 위기가 터졌고, 무디스가 한국의 신용등급을 두 단계나

낮춘 상황이어서 솔직히 '고용 없는 성장'에 신경 쓸 겨를이 없었다.

노무현 취임 후 첫 국무회의에서 법인세 인하를 거론했다가 개혁파들의

공격을 받지 않았나.

그때는 꼭 법인세를 낮추려는 목적보다 워낙 경제 상황이 나빠서 일

종의 공표 효과Announcement effect를 노린 것이었다. 그해 연말 정기국회

에서 법인세 2%포인트 인하를 결국 관철했다.

자서전에서 노무현 시대를 '너무 빨리 온 미래'라고 명명했는데.

참여정부는 개혁과 이상적 과제에 너무 치우쳤다. 임기 5년에 과욕이었다. 나는 노 대통령에게 정치는 현실이며, 정치 현실의 핵심 과제는 경제임을 늘 강조했다.

"이라크 파병 안 할 수 없나"
지지층 반대에도 결단

'이라크 파병→ 하기 싫은 일→ 안 할 수 없나?'

2003년 당시 윤태영 청와대 대변인이 노무현의 구술을 받아 쓴 메모다. 실제로 노무현은 이라크 파병이 잘못이라고 생각했지만, 그런데도 파병 결정을 내렸다. 심각한 내홍을 겪어야 했다. 국회에서 파병안이 통과되자 많은 노무현 지지자가 실망하고 대거 이탈했다.

"세상에 믿을 사람 하나도 없네"라는 말이 당시 진보 진영에서 한동안 회자됐다.

노무현으로서는 첫 번째 시련이자, 대통령이 얼마나 어려운 자리인가를 절감했던 일이었다. "대통령은 반미 하면 안 되느냐"는 결기를 보였던 노무현 아닌가. 그런 그가 대통령에 취임하자마자 반미 아닌 친미의 결정을 요구받게 될 줄이야. 미국이 일으킨 이라크 전쟁에 한국 군대 파병을 강력하게 요구해 온 것이다.

2003년 3월 20일 새벽, 미국을 위시한 영국·프랑스 등 다국적군은 후세인 제거를 목적으로 3000여 발의 미사일을 이라크 바그다드에 퍼부었다. 일각에선 석유 자원을 확보하기 위해 미국이 벌이는 '더러운 침략 전쟁'이라는 비판도 적지 않았다. 아무튼 이 전쟁에 참전할 것을 미국이 한국 정부에 요구해 온 것이다.

전쟁을 준비하던 미국은 이미 김대중 정부에 한국의 참전을 요청했고, 여기에 김대중도 대충 '미국에 협조한다'는 방침을 정해 놓고 있었다. 그런데 막상 전쟁이 터져 파병 결정을 떠안은 것은 출범한 달밖에 안 된 노무현의 참여정부였다.

한밤중 부시와의 긴급 통화

미국의 공격 시작 일주일 전, 한밤중에 노무현은 미국 대통령 부시로부터 예정에 없던 전화를 받는다. 당선 직후 축하 전화에 이어두 번째였다. 방미 초청과 북핵 문제 등 15분간의 통화였는데, 핵심

298

2003년 5월 15일 오전(한국시간) 노무현 대통령과 조지 W 부시 미 대통령이 워싱턴 백악관에서 정상회담을 마친 뒤 로즈가든에서 기지회견을 하고 있다. 이날 이라크 파병 문제도 논의됐다.

은 이라크 전쟁에 한국군 파병 요구였다. 예상은 했으나 막상 당해 보니 참으로 당혹스러운 일이었다.

그도 그럴 것이, 독재 타도니 민주화니 정의 구현만을 외쳐온 노무현으로서는 처음 겪어보는 '외교'였으니 말이다. 내치를 펼치기도 전에 외치부터 시험대에 오른 것이다. 어쩔 수 없이 우선은 실무진이 준비해 준 대로 말할 수밖에 없었다.

"부시 대통령의 대량살상무기 확산 방지 및 국제 테러 방지를 위한 지도력을 항상 높이 평가하고 있으며 이를 지지합니다. 이라크 문제에 대해 한·미 동맹 정신에 입각해서 미국에 적극 협력해 나갈 것입니다."

파병할 수밖에 없다는 정부 방침이 알려지자 여론은 찬반으로 갈렸다. 반전 여론이 빠르게 번졌다. 그 중심에 참여정부 지지자들이 서 있다는 것이 더욱 난감한 일이었다. 진보 쪽의 시민단체들은 죄다 "침략 전쟁에 가담하면 안 된다"며 신랄한 비판을 쏟아냈다.

파병하더라도 비전투 요원인 공병부대 위주라고 대국민 홍보에 나섰으나 반대 목소리는 좀처럼 사그라지지 않았다. 국가인권위원회도 내부 표결을 거쳐 반대 의견서를 채택했다. 정부의 정책 결정까지 시비하고 나선 것이다. 누굴 원망할 수도 없었다. 그렇게 만들어 놓은 장본인이 바로 노무현 자신이니 말이다.

청와대 내에서도 참모들 간에 찬반이 갈렸다. 청와대의 외교·국방·안보 라인은 미국의 요청을 받아들여 파병해야 한다는 쪽이었다. 반면에 민정·정무 라인은 대체로 파병에 부정적이었다.

민정수석 문재인은 "정의로운 전쟁이라고 보기도 어렵고, 파병했다가 희생 장병이 생기면 비난 여론을 감당하기 어려울 것"이라고 참전 불가론에 앞장섰다. 그나마 여야 정치권에선 대체로 미국의 파병 요청을 정부가 받아들일 수밖에 없다며 이해하는 분위기였다.

밤잠 설치게 한 파병 문제

노무현은 끊었던 담배를 다시 피우기 시작했다. 의전비서관이었던 서갑원은 당시를 이렇게 회고했다.

"우리 지지 기반이라고 할 수 있는 사람들은 거의 모두가 반대했어요. 그들은 노 대통령이 그냥 내질러버리기(파병 거부)를 원했고요. 원래 노무현의 모습을 보여 달라는 것이었죠. 그러라고 뽑아준 것 아

2003년 3월 26일 이라크 파병에 반대하는 시민사회단체 회원들이 국회 앞에서 기자회견을 열고 구호를 외치고 있다.

니냐며 대통령을 강하게 압박했습니다. 반면 노 대통령에게 자문하는 사회 지도급 인사들 대부분은 파병해야 한다는 쪽이었어요. 최종 파병 결심을 하기까지 대통령은 밤잠을 제대로 이루지 못했습니다."

노무현은 국제 정치의 현실이 무엇인지, 외교가 무엇인지, 한국한테 미국이 어떠한 존재인지를 처음으로 절실하게 겪고 배우게된다. 결국 국무회의를 거쳐 공병부대 위주의 비전투병 파병이 정부안으로 결정됐다. 국회 표결에 앞서 노무현은 취임 후 첫 국회 국정연설을 통해 파병 결정의 배경을 설명하고 동의를 호소했다. 이미 두 차례나 국회 본회의가 연기된 마당에 더는 미룰 수 없었다. 그는 자신의 착잡한 심경을 다음과 같이 표현했다.

"정치 경험을 돌이켜보면 나는 명분과 현실이 어긋날 때 명분을 고수해 온 편이다. 그러나 이번엔 명분보다 현실을 택했다. 나는 전쟁의 위협으로부터 대한민국의 안위를 지켜야 할 책임이 있는 대통령이다. 나의 결정은 대한민국의 운명과 직결돼 있다. 지금의 나는 달라졌다."(윤태영, 『기록』)

"파병은 정말 하기 싫었던 일"

2003년 4월 초 국회에서 파병안이 최종 통과됐다. 건설공병단

(서희부대)과 의료지원단(제마부대) 등 675명의 비전투병으로 구성된 이라크 1차 파병은 이렇게 마무리됐다.

그것으로 끝이 아니었다. 1차 파병이 마무리된 후 몇 달 지나지 않아 미국으로부터 추가 파병 요청이 들어왔다. 그해 6월 중순 부시 정부 내 매파로 알려진 리처드 로리스 국방부 부차관보가 반기문 외교안보보좌관에게 추가 파병 가능 여부를 비공식적으로 타진해 왔다.

이번에는 사단급 규모의 전투병 요청이었다. 미국 측은 "가급적 최대 1만 명 규모의 전투병을 보내 달라"고 했다. 국내의 숱한 반대를 무릅쓰고 소규모 비전투병 파병을 겨우 설득했는데, 이번에는 대규모 전투병이라니.

또다시 선택의 갈림길에 섰다. 개인 노무현의 생각은 당연히 '파병 불가'였다. 그러나 대통령 아닌가. 청와대 외교·안보 라인 참모들과 대책을 논의했지만 쉽게 결론이 나지 않았다. 1차 파병 때와는 파병 규모나 성격이 판이했기 때문이었다.

반발의 강도도 이전보다 훨씬 셌다. 전국적으로 대규모 반대 시위가 벌어졌고 국론은 분열됐다. 수많은 시민단체가 '파병 반대 국민운동'을 결성했다. 대선 당시 대부분 노무현의 지지층이었던 이

당시 국방부는 이라크 파병 병사를 대상으로 경기도 성남 행정학교에서 현지어 교육 등 적응 훈련을 진행했다.

들은 "미국의 요구에 굴복하지 말라"며 "대통령이 추가 파병을 결정하면 지지를 철회하고 정권 퇴진 운동을 벌이겠다"는 협박성 주장까지 했다.

사실 이라크 전쟁은 개전 한 달 만에 다국적군의 승리로 끝났지만, 미국이 전쟁의 명분으로 삼았던 대량살상무기는 끝내 발견되지 않았다.

미국은 물론이고 전 세계적으로 반전 시위가 점점 거세졌다. 이런 상황에서 국내에서도 "전투병 위주의 추가 파병은 어불성설"이라는 여론이 힘을 얻어갔다. 청와대와 정부 내에서도 파병 규모를 놓고 이견이 노출되는 등 갈등 양상까지 보였다.

노무현을 보좌하는 NSC(국가안전보장회의) 측에서는 파병 규모가 너무 커지면 국내 반대 여론을 설득하기 어려울 것으로 봤다. 여론을 떠보기 위해 2000~3000명 선 파병을 언론에 슬쩍 흘렸다. 하지만 당장 국방부와 외교부에서 반대 목소리가 나왔다. 그 정도로는 미국의 요구를 충족하기 어려울 것이라는 이유에서였다.

당시 언론 보도를 본 조영길 국방장관은 "누가 그런 소릴 하더냐"고 반문하며 2000~3000명 설을 일축했다. 윤영관 외교부 장관도 "파병 규모를 결정해 나가는 과정에서 하나의 아이디어로 나온 것일 뿐"이라고 했다. 외교부와 국방부 측에선 "적어도 전투병 5000명에서 많게는 1만 명까지 파병해야 정상적인 임무 수행이 가능하다"는 의견이 우세했다.

노무현의 고민은 깊어졌다. 우선 현지 사정을 면밀히 알아봐야 했다. 국방부, 외교부, 민간 전문가 등으로 구성된 정부 합동조사단을 이라크 현지에 파견해 조사활동을 벌였다. 하지만 조사단 내부에서조차 평가가 엇갈려 논란만 커졌다.

파키스탄 대통령의 뜻밖의 조언

이런 상황 속에서 노무현의 고민 해결에 큰 역할을 한 이는 NSC 사무차장 이종석이었다. 이종석은 추가 파병은 받아들이더라도 외교부나 국방부가 주장하는 큰 규모의 파병은 무리라는 입장이었다. 그는 명분과 현실 사이에서 현실론을 택할 수밖에 없는 노무현의 고민을 정확히 읽고 있었다. 이종석의 증언이다.

> "한·미 동맹의 특수성, 북핵 문제 해결을 위한 미국의 협조 등을 감안했을 때 추가 파병 요구는 받아들일 수밖에 없다는 현실을 노 대통령은 잘 이해하고 있었다. 하지만 전통적 지지층의 반대와 현실 사이에서 고민이 컸다. 미국의 파병 요청이 있은 지 한 달여가 지나서 3000명의 추가 파병을 결심했다."

다만 추가 파병은 하되 비전투적인 재건 업무를 맡기자는 쪽으로 정리됐다는 것이다.

세간에 잘 알려지지는 않았지만 노무현이 결심을 굳힐 수 있었던 것은 한 외국 정상의 조언도 한몫을 했다. 노무현은 이라크 파병이 자칫 이슬람권 국가들 사이에서 반한 감정을 불러일으킬 수 있다는 점도 염려했다. 노무현은 뜻밖의 곳에서 답을 얻었다.

2003년 11월, 노무현은 한국을 방문한 파키스탄 대통령 무샤라프에게 이라크 파병에 대한 생각을 물었다. 이슬람권 국가들의 반응을 알고 싶었던 것이다.

"이슬람권에서는 별로 개의치 않을 것입니다. 단, 현지에서 한국군이 재건을 도와주는 일을 해야 이라크인의 마음을 살 수 있습니다. 파병 지역은 이라크 중부나 남부보다는 북부 쿠르드 지방이 상대적으로 안전하기 때문에 그쪽을 고려하면 좋을 것 같습니다."

재건 임무 '자이툰' 파병

미국을 설득하는 일도 만만치 않았다. 양국 간 밀당이 시작됐다. 협상단이 워싱턴으로 날아갔다. 미국 측은 한국이 제시하는 3000명 파병이 너무 적다며 불만을 표시했지만 협상단은 국내 여론을 내세워 끈질기게 물고 늘어졌다. 어렵사리 백악관을 설득하는 데 성공했다.

이듬해 2월 국회는 본회의를 열어 이라크 재건 지원을 목적으로 한 전투병 3000명을 추가 파병하기로 결정했다. 이렇게 파병한 부대가 바로 '자이툰'이다. 자이툰 부대는 이라크 북부 에르빌에서 재건·의료·교량 복구 등의 임무를 맡았다.

　자이툰 파병 부대원들은 6개월씩 교대했다. 한국의 젊은이들을 전쟁터에 보낸다는 비판 여론이 높았으나 베트남 전쟁과는 전혀 달랐다. 파병 전 4주간 특전사 훈련장에서 '빡센' 전투병 훈련을 거쳐 파병했으나 현지 병영 근무는 전투와는 거리가 먼 안전 지대에서의 평화 유지군 수준에 불과했다. 4년이 넘는 파병 기간에 전사자는 단 한 명도 없었다.

　그럼에도 불구하고 노무현은 퇴임하고 나서도 이라크 파병 결정

2004년 12월 8일 이라크 에르빌에 주둔하고 있는 자이툰 부대를 방문한 노 대통령. 한 장병을 격하게 끌어안고 있다.

을 후회했다. 자신의 문화적 코드에 맞지 않는 결정이었다고 여겼
던 탓일까.

"이라크 파병은 옳지 않은 선택으로 역사에 기록될 것이다. 당시에
도 그렇게 생각했고, 지금도 그렇게 생각한다. 옳다고 믿어서가 아
니라 대통령으로서 회피할 수 없는 선택이었다. 때로는 뻔히 알면
서도 오류의 기록을 역사에 남겨야 하는 대통령 자리, 참으로 어렵
고 무거웠다."(『운명이다』)

노무현과 나:

이종석
전 NSC 사무차장

이라크 파병을 참여정부가 가장 잘못한 일이라고 꼽는 이가 적지 않다.

참여정부 초기에 미국의 북한 영변 핵시설에 대한 폭격설이 나도는 등 당시 북핵 문제가 위기 상황으로 치닫고 있었다. 북핵 문제로 한반도 평화가 위협받는 상황만 아니었으면, 또 노무현이 대통령이 아닌 개인의 입장이었다면 이라크 파병에 반대했을 것이다. 하지만 한반도 평화를 위해 미국의 협조가 절대적인 상황에서 대통령으로서 현실적이면서 최선의 결단이었다.

추가 파병 요청을 둘러싸고 정부 내에서도 갈등이 있었다고 알려져 있는데.

외교·안보 라인은 한·미 동맹이라는 특수 관계를 중시해서 미국의 요구를 최대한 반영해야 한다는 입장이었다. 하지만 NSC는 대통령의 고민과 의중을 반영해 3000여 명 파병안을 마련했다. 외교·안보 고위 인사들의 애국심을 의심하지는 않았지만 무조건 미국의 요청을 다 들어줘야 하는지가 고민이었다. 협의 과정에서 나올 수 있는 논란이었다.

미국 입장에선 3000명 파병에 불만이 많았을 텐데.

당초 미국은 사단 본부 및 2~3개 보병 여단을 기대하고 있었다. 한·미 동맹을 중시하는 국내 일각에서는 미국을 만족하게 하려면 7000~1만 명 수준까지 파병해야 한다는 주장이 나왔다. 협상단의 끈질긴 설득("한 지역을 우리가 맡겠다")으로 미국도 결국 우리 입장을 이해하고 동의했다.

이라크 파병을 어떻게 평가하나.

무조건 파병을 거부했다면 동맹관계에 나쁜 영향을 줄 수도 있는 사안이었다. 때문에 대통령 개인의 평소 신념, 지지층의 반대 여론에만 매달릴 수 없었다. 노 대통령은 진보주의자였지만 정치가와 통치자의 차이를 명확히 구분할 줄 아는 지도자였다고 생각한다.

23 천도 파동

"행정수도, 대선 재미 좀 봤다"
길국장·길과장 낳은 천도

참여정부 정책 가운데 노무현이 비교적 온전하게 추진해 달성한 정책 하나를 꼽으라면 단연 세종시 건설이다. 따라서 노무현의 성공과 실패를 논함에 있어 행정수도 이전을 빼놓을 수 없다. 오늘의 세종시는 성공인가, 실패인가. 20년이 지난 지금, 그 과정을 돌이켜 따져보자.

서울을 옮기려는 첫 구상은 1976년 박정희 대통령이 했다가 접었던 것이다. 이를 노무현이 되살린 셈인데, 그는 어떻게 그럴 엄두를 냈던 것일까. 박정희 시대의 천도遷都, 수도 이전 구상이 북한의 남침에 대비하는 안보 때문이었다면, 노무현은 수도권 집중 억제와 지방 살리기가 명분이었다. 공식 기록도 그렇고, 명분을 따져봐도 그럴듯한 분석이다. 하지만 추진 과정과 내막은 명분과는 거리가 멀다. 노무현으로서는 한번 질러 본 선거용 카드에 불과했으나 우여곡절 끝에 기대 이상의 성과를 거둔 케이스다. 그러고 보면 역사라는 것이 꼭 '필연'의 연속은 아닌 모양이다. 요컨대 수도 이전 정책은 애당초 선거용이었음에도 거창한 국정 과제로 포장돼서 추진되었던 것이다.

제1막

2003년 대통령 주재로 열린 국정 과제 회의.

"내가 행정수도 이전으로 대선에서 재미 좀 봤지요."

노무현 대통령이 느닷없이 한 말이다. 세종시의 출생 비밀을 스스로 폭로한 것. 격의 없는 노무현식 화법이 낳은 실언이었다. 수도권 집중 해소와 국토의 균형 발전을 들먹이며 수도 이전의 당위성을 부르짖었던 대통령이 자기도 모르게 선거 전략의 일환이었음을 고백한 것이다. 당초 천도 아이디어에 불을 댕겼던 것은 누구였나. 언론인 출신으로 선거 캠프에서 기획을 담당하고 있던 이병완(후일 대통령비서실장)이 장본인이다.

2002년 9월 말, 당시 노무현 후보의 여론조사 지지율은 12% 선

2002년 12월 8일 노무현 새천년민주당 대선후보가 대전의 한 호텔에서 신행정수도 건설 관련 특별 기자회견을 열고 있다. 노 후보는 이날 수도 이전 의지를 재차 밝혔다. 사진 노무현재단

을 맴돌았다. 1등 이회창, 2등 정몽준에 이어 3등이었다. 선거대책 본부 출정식을 하루 앞두고 임채정(후에 인수위원장 거쳐 국회의장) 을 중심으로 선거 공약 확정을 놓고 갑론을박이 벌어졌다. 초안은 이병완이 서둘러 만들었는데, 7개 항목 중에 신행정수도 건설이 세 번째에 올라가 있었다.

임채정 "말도 안 되는 소리입니다. 뺍시다. 지지율 12%짜리 후보가 수도 이전을 거론하는 게 말이나 됩니까."

이해찬 "차라리 SKY(서울대·고려대·연세대)를 옮기는 걸 (공약에) 넣읍시다."

결론 없이 공식 회의를 끝내고 임채정과 이병완이 후보와 따로 만났다. 후보는 잠자코 담배만 피우고 있었다.

임채정 "(수도 이전은) 박정희도 못 했어요. 엉망이 될 거요. 뺍시다."

이병완 "넣어야 합니다. 후보가 대전에서 공약하지 않았습니까. 중앙지에는 1면에 안 나오겠지만, 지방 신문은 분명히 톱으로 대서특필할 겁니다."

논란 끝에 이병완의 주장이 관철됐고, 그의 예측이 딱 들어맞았다. 충청 지역 언론들은 대문짝만 하게 다뤘고, 반응은 뜨거웠다. 이회창 측은 수도권 유권자들의 반대가 더 클 것으로 예상했으나 결과는 반대였다. 충청도 표는 노무현 당선의 결정적 요인 중 하나였다. 노무현도 수도 이전 공약이 이 정도 반향을 부를지 몰랐다. 그래서 선거에서 재미를 봤다는 말이 불쑥 나온 것이다. 자신의 철학이나 소신과는 무관하게 선거 전략에서 나온 아이디어였던 셈이다.

제2막

물론 선거 공약이 다 지켜지는 건 결코 아니다. 노무현이 아무리 수도 이전을 약속해도 믿는 사람이 많지 않았다. 더구나 야당이 다수당인 국회에서 관련 법안이 통과될 확률은 매우 낮았다. 그런데 웬걸, 한나라당의 충청도 지구당 위원장들이 앞장서서 수도 이전 지지로 돌아섰다. 대선에서 유권자 표심의 향방을 보고서는 자칫 '수도 이전을 반대했다가는 내 선거에서 변을 당하겠다' 싶었던 것이다. 그 덕분에 2003년 12월 정부가 제출한 신행정수도 건설을 위한 특별조치법이 무사히 국회를 통과했다.

누구보다도 놀란 사람은 대통령 노무현이었을 것이다. 본인이 선거 유세에서 '밑져야 본전' 식으로 던진 공약이 국회를 통과하다니. 생각도 하지 않았던 공약이 뜻밖에 쉽게 성사된 것이다.

법 통과 당시 한나라당 대표 최병렬은 언론에 이렇게 말했다.

"걱정 마세요. 수도 이전이 될 법한 말입니까. 절대 안 될 테니 두고 보세요. 일본도 과거에 수도를 도쿄에서 다른 곳으로 옮기자는 법안을 의회가 통과시킨 일이 있었으나 결국 용두사미가 되고 말았으니까요. 현실적 저항이 대단했거든요. 한국도 그럴 게 뻔하기에 정치적으로 양보해 주었지요."

2004년 10월 서울 종로구 헌법재판소 주변에서 열린 집회. 이들은 헌법재판소의 위헌 판결을 규탄하고 신행정수도 건설을 요구했다.

그의 말처럼 일본에서도 1999년 '행정기능이전추진법'이 제정되었다. 수도 도쿄의 지진 위험이 가장 큰 이유였다. 몇몇 지역을 후보로 검토했으나 현실적 저항에 부닥쳐 흐지부지되고 말았다.

최병렬의 '헛똑똑이 예측'은 완전히 빗나갔다. 노무현의 참여정부는 일본 정부와 달랐다. 법 통과 6개월 만에 청와대를 비롯해 중앙 부처, 국회와 법원까지 포함된 85개 기관이 충청도 신도시로 옮겨간다는 계획이 발표됐다. "어어" 하는 가운데 설마 했던 일이 벌어진 것이다. 반대론은 뒤늦게 발동이 걸렸다.

제3막

2004년 4월 반대론자들은 신행정수도 특별법이 위헌 소지가 있다며 헌법재판소로 가지고 갔다. 그러거나 말거나 참여정부는 국회가 통과시킨 법을 근거로 충남 연기·공주 지역을 최종 입지로 선정하고 수도 이전 절차를 밀고 나갔다. 하지만 그해 10월 헌재의 위헌 판결이 나면서 덜컹 제동이 걸려버렸다. "수도는 역사적·관습법적으로 서울"이라는 것이다.

행정수도 이전에 브레이크가 걸리면서 등장한 '꼼수'가 청와대와 국회는 그냥 서울에 두고 나머지 중앙 부처를 옮겨간다는 것이었다. 이름하여 '행정중심복합도시(행복도시)', 지금의 세종시가 만들어지게 된다. 헌재의 위헌 판결이 나자 참여정부는 후속 대책위원회를 만드는 등 발 빠르게 움직였다. 청와대와 국회를 제외한 나머지 기관들의 구체적인 이전 일정표를 확정해 나갔다.

행복도시 찬성파와 지지파의 치고받는 육박전은 한참이나 계속됐다. 2007년 첫 삽을 뜨고 나서 대체 얼마의 돈이 들어갔는지 정확히는 모른다. 2004년 정부 추정으로 45조 원이 든다고 했고, 거주 시설과 교통 인프라까지 합치면 100조 원이 훨씬 넘을 것이라는 예측도 나왔다.

제4막

세종시의 본격적인 건설은 2008년 집권한 후임 대통령 이명박에게 넘어갔다. 그런데 이명박이 강력하게 반대 기치를 들고 나설 줄이야. 원래 이명박은 서울시장 때부터 수도 이전을 반대했다. 그러나 대선 과정에서는 표를 의식해 딴말을 했다. 세종시 건설은 이미 국가 사업으로 확정된 것이라며 어물쩍 넘어갔다. 찬조 연사로 나선 박근혜가 대역을 맡았다. 충청권 유세에서 "세종시 건설은 이명박 정권이 분명히 한다. 이 박근혜를 믿어 달라"고 호소했다.

그런데 대통령이 되고 나서 이명박이 표변했다. "아무리 생각해봐도 신행정수도 건설은 잘못"이라고 규정했다. 세종시를 건설하되, 행정 중심 도시가 아니라 교육과 과학 중심 도시로 하자는 대안을 제시했다. 이명박은 서울대 총장을 역임한 정운찬을 총리에 앉히면서까지 세종시의 궤도 수정에 에너지를 쏟았다.

논리적으로는 이명박의 수정론이 더 설득력이 있었다. 청와대와 국회는 서울에 있고, 중앙 부처 관료들은 세종시에 떨어져 있으니 행정의 비효율이 이만저만이 아니었다. '길국장' '길과장'이라는 말도 생겼다. 간부들이 서울과 세종시를 오가느라 노상 길 위에 있어야 하는 풍속도를 빗대어 생긴 표현이다.

하늘에서 내려다본 정부 세종청사의 모습. 정부 청사가 구불구불 이어져 연결돼 있다.
2013년 촬영.

지역 균형 발전이라는 국정 과제는 애당초 중앙 부처 공무원들을 한 군데 모아 놓는다고 되는 일이 아니었다. 그동안 겪었던 불편·낭비 요인들과 들였던 인력·시간·예산을 생각해 보면 세종시가 과연 노무현의 성공작이라 평가할 수 있을까. 특히 가장 큰 명분이었던 수도권 집중 억제 효과나 지역 균형 발전에 무슨 기여를 했는지, 의문이 꼬리를 문다.

이명박의 대안처럼 세종시를 교육과 과학의 세계적인 랜드마크로 키워내는 것이 훨씬 바람직한 선택이 아니었을까. 충청 지역 주민들에게도 이 편이 훨씬 유익했을 것이다. 썰렁한 관청들만 잔뜩 들어선 행정도시 대신 미래를 열어 가는 교육의 중심지, 세계적인 과학기술 연구센터로서 세종시를 리셋reset 했어야 했다는 지적이 여전하다.

고인이 된 남덕우 전 총리는 생전에 "차라리 행정수도 예정지를 토지공사가 채권 발행으로 사들여서 기업 도시로 개발하는 게 바람직하다"면서 "그러면 충청도와 나라가 다 같이 발전할 뿐만 아니라 수도권 인구 분산에도 도움이 될 것"이라는 대안을 제시하기도 했다.

뒤늦게나마 세종시를 바로잡겠다는 이명박의 생각은 옳았다. 그러나 방법이 어리석기 짝이 없었다. 대안을 관철하기 위해서는 우선 정치인들을 상대로 설득 작전을 펴야 했다. 행복도시 건설은 국회가 법으로 정한 것인 만큼, 의원들을 설득해 관련 법을 고치는 것이 알파요 오메가였다. 애꿎은 총리를 바꿀 게 아니라 국회의원들을 찾아다녀야 했던 것이다.

그는 여당의 지지조차 확보하지 못했다. 가장 단호하게 반대한 인물이 박근혜였는데, 대통령은 전화 한 번 건 일이 없었다. 그러면서 "세종시 문제를 정치적 이슈로 삼아서는 안 된다"는 말만 되풀이했다.

참으로 답답한 대통령이었다. 세종시야말로 정치적 산물임에도 불구하고, 정치적 이슈가 아님을 강조했으니 말이다. 여야를 막론하고 외면당했다.

제5막

노무현은 대통령이 되고 나서 수도 이전에 더 강한 집착을 보였다. 국토 균형 발전 등의 명분은 포장용이고, 정작 노무현의 머릿속에는 천도가 고도의 정치 행위였다. 대통령으로서, 내 손으로 하고 싶었던 것이다. 역사적으로도 천도는 세상이 바뀌는 매우 상징적인 금 긋기였기 때문이다.

"구 세력의 뿌리를 떠나서 새 세력이 국가를 지배하기 위해, 터를 잡기 위해 천도가 필요하다"는 발언(지방화와 균형 발전 시대 선포식, 2004년 1월 29일)은 노무현의 속내를 드러낸 것이다. '국토 균형 발전'보다 '천도'에 방점이 찍혔기 때문이다. 대통령 발언이 전해지자 열린우리당과 갈라선 민주당의 조순형 대표는 "혁명을 하겠다는 것이냐"면서 "궁예 같은 발상"이라고 꼬집었다. 그런 흔적은 여러 곳에서 드러난다.

"우리 역사상 고구려가 평양을 마지막으로 14번에 걸쳐 수도를 옮겼는데, 이는 나라를 바꾸기 위한 하나의 개혁이었다. 반면에 신라는 왕권 강화와 새로운 신라 건설을 위해 경주에서 대구(달구벌)로

천도를 시도했으나 무산되었다. 천도는 물론이고 여러 개혁 정책들
도 실패했다.”

대통령 정책실의 신행정수도 건설 추진기획단이 발간한 『한국
과 세계의 수도』(2004년 2월)에 게재된 위의 글도 '수도 이전은 참
여정부가 추진하는 정치적 행위'였음을 뒷받침하고 있다.

세종시의 문제는 여전히 현재진행형이다. 국정 불편과 비효율
이 쌓이다 보니 여러 보완책이 제기되고 있다. 공무원들이 서울을
오가는 낭비라도 줄여야 한다는 게 중론이다. 대통령 제2 집무실과
국회의 세종의사당 설계가 진행 중이다. 조기 대선 가능성이 높아
지면서 최근 들어 이 문제에 대한 관심이 더 커졌다.

이왕지사 예산을 낭비하느니 청와대와 국회를 몽땅 세종시로 옮
기자는 의견이 많다. 가장 간단한 방법은 개헌에 포함하는 것이다.
설사 개헌이 아니라도 지금의 어정쩡한 상황을 무작정 방치하는
것은 잘못이다. 세종시가 국가적으로 과연 성공한 정책이냐는 의
문은 비단 '길국장' '길과장'들만의 고민이 아니다.

세종시는 노무현 당선의 산물이지만, 대한민국의 기회비용 차원
에서는 시급히 대안을 찾아야 할 과제가 아닐 수 없다.

성공한 개혁, 한·미 FTA
나라 망한다던 문재인, 왜 말 없나

노무현이 이라크 파병에 이어 미국과 FTA(자유무역협정)를 추진한다는 소리가 나왔을 때 노사모를 비롯한 지지자들은 아연실색했다. 실망과 비난이 쏟아졌다. "노무현이 미친 것 아니냐"는 소리도 나왔다. 반면에 보수 진영은 "참여정부가 웬일이지?" 하며 의아해했다.

사실 일반 국민은 FTA가 무엇인지 잘 몰랐다. 여러 회원국의 합의하에 무역 자유화를 지향하는 WTO(세계무역기구) 체제에도 채 익숙하지 않은 터에 미국과 1대1 무역협정을 맺는다고?

국력이 비교가 안 되는 처지에 관세·비관세 장벽을 모조리 없애고 교역을 자유화하면 한국이 미국에 잡아먹힐 것이라는 걱정이

324

2005년 11월 경주에서 열린 아시아·태평양경제협력체APEC 회의에 참석한 노무현 대통령과 부시 미 대통령. 한·미 정상회담에서 양국 간 FTA 협상 추진에 원칙적으로 합의했다.

일반적인 정서였다. 그래서 한·미 FTA 이야기가 처음 나오자 미국이 한국을 압박한 것인 줄 알았다. 그게 아니었다. 한국, 그것도 노무현 대통령이 더 적극적이었다.

무역 장벽 철폐 문제는 2003년 참여정부 출범 이후 미국이 아니라 일본과 간을 보고 있었다. 실제로 노무현은 고이즈미 일본 총리와 회담을 거쳐 그해 6월 일본과의 FTA 협상 착수를 발표했다. 그러나 회의만 거듭했을 뿐, 아무 진전 없이 양국 모두 시늉만 하고

있었다. 그런 가운데 미국과의 FTA가 느닷없이 튀어나온 것이다.
무슨 배경이 있었을까.

꼴찌로 시작한 FTA 협상

당시 한국은 통상 문제에 관한 한 국제적 흐름에 한참 뒤처져 있
었다. 수출로 먹고사는 나라지만, 1997년에 터진 IMF 외환위기 수
습에 급급해 개별 국가 간 FTA 체결로 급속히 옮겨가고 있던 세계
무역 질서의 변화를 따라가지 못한 것이다. 거의 꼴찌 수준이었다.
2003년 현재 대한민국은 150개 WTO 회원국 가운데 양자 간 FTA

를 단 하나도 체결하지 못한 2개국 중 하나(다른 하나는 몽골)였다. DJ 정부 막판에 칠레의 요청으로 FTA 협상이 진행 중이었으나 2년째 매듭을 짓지 못하고 있는 실정이었다.

후보 시절 노무현의 머릿속에도 '국제 통상 전략' 같은 건 특별히 없었다. 공약으로 '동북아 중심 국가' 운운했지만, 선거용 거대 담론일 뿐이었다. 경제 문제라면 노동자 권익과 분배·형평 등의 단어부터 떠올려왔던 터라, 양자 간 무역 장벽 철폐니 뭐니 하는 것들에 대한 개념부터가 정립돼 있지 못했다.

그러나 노무현은 당선 직후부터 개방 정책에 대해 여기저기 묻고 다녔다. 특히 미국에 집중했다. 선거 중에는 지지자들을 의식해 미국에 각을 세우는 발언을 자주 했지만, 미국 눈 밖에 나서는 한국이 온전할 수 없음을 그 역시 모르는 바 아니었다. 당선 일주일 만에 통상 전문 변호사 김석한을 만나 족집게 과외를 받는가 하면 삼성경제연구소의 보고서도 열심히 참고했다. 알려지지 않아서 그렇지, 노무현은 집권 초반에 개방 무역에 대한 기초 오리엔테이션을 착실하게 받았다. 자신의 취약점을 누구보다도 잘 알고 있었기에 보완 작업을 서둘렀다. 측근 이광재가 메신저 역할을 맡았다.

한·미 FTA는 이광재가 소개한 김현종이라는 인물이 등장하면서 급물살을 타게 된다. 그는 통상 전문가라기보다는 전사戰士적 기

질이 다분한 미국 변호사다. 기발한 방법으로 대통령에게 다가갔
다. 그해 10월 아시아·태평양경제협력체APEC 정상회의를 수행한
김현종은 대통령에게 이라크 추가 파병과 FTA를 연계시키자는 제
안을 한다.

> "이라크를 침공한 미국은 지금 동맹국의 지지가 필요합니다. 이라
> 크에 추가 파병을 한다면 우리 측의 약점인 쌀을 제외한 한·미 FTA
> 를 요구할 수 있습니다. 명분도 있고, 실리도 얻게 됩니다. 기왕에
> FTA를 하려면 미국 같은 대국과 먼저 해야 합니다."
>
> (KDI, 『코리안 미러클』 8권)

6개월 전에 이라크에 공병부대를 보내고 한숨 돌렸던 노무현은 당
시 미국의 전투 병력 추가 파병 요구로 골머리를 앓고 있었다(22화
'이라크 파병' 편 참조). 노무현은 솔깃했다. 일단 개방해야겠다는 생
각을 굳힌 이상, 되든 안 되든 김현종의 적극적 스타일이 마음에 들
었다. 차관보급 통상교섭조정관으로 데려온 지 15개월 만에 통상
교섭본부장(장관급)으로 발탁했다. 대통령의 신임을 배경으로 실권
을 거머쥔 김현종은 일본 대신 미국으로 협상판을 확 바꿔놓았다.

너무나 거셌던 진보 진영의 반대

14개월에 걸친 공식 협상은 험난했다. 미국과의 협상도 힘들었지만, 국내의 반대를 무마하는 게 더 힘들었다. 민주노총과 전교조, 농민단체, 경실련 등 좌파 단체들이 주축이었고, 스크린 쿼터가 걸린 영화예술계도 전면에 나섰다. 이들이 세를 규합해 '범국민운동본부'도 탄생시켰다. 미국과의 FTA는 한국이 미국의 경제 식민지를 자청하는 것이라고 주장했다.

협상 장소였던 한남동 하얏트호텔 주변은 시위대로 넘쳐났으며, 미국까지 원정 시위에 나서기도 했다. 이들 대부분이 대선 때 노무현을 찍은 지지 세력이었다.

반대 진영에서는 특히 투자 부문에 포함된 투자자와 국가 간 분쟁해결절차ISDS가 일방적으로 미국에 유리한 망국적 조약이라고 공격했다. 노무현의 핵심 참모였던 이정우 초대 정책실장, 정태인 비서관 등도 앞장서서 반대했다.

네 번째 정책실장 변양균이 전임자인 박봉흠과 함께 저녁 자리를 만들어 이정우에게 "제발 언론에 반대론을 쓰는 것은 삼가 달라"는 부탁까지 해야 했다.

협상이 막바지 진통을 겪고 있던 2007년 3월 말, 하마터면 깨질 뻔한 일이 벌어졌다. 통상교섭본부장 김현종이 대통령에게 '협상 결렬' 카드를 건의한 것이다. 협상을 더 해보다가 정 안 되면 우리 쪽에서 결렬을 선언하자는 보고였다. 당시 배석했던 변양균은 화를 벌컥 냈다.

"이게 말이 됩니까. 이 부분(결렬)을 빼라고 했는데 왜 그대로 가져왔습니까. 우리가 진정성 없이 정략적으로 했다는 겁니까."

2007년 4월 2일 한·미 FTA 협상장인 서울 하얏트 호텔에서 웬디 커틀러 미국 수석대표(왼쪽)와 김종훈 한국수석대표(오른쪽)가 협상 타결을 공식 발표하고 있다.

대통령한테 보고하는 장관을 정책실장이 대놓고 질책한 셈이었다. 이례적이었으나, 그만큼 변양균은 대통령의 FTA 관철 의지를 믿고 있었던 것이다.

2006년 2월 협상 개시 이후, 여덟 번의 실무 협상을 거쳐 마침내 2007년 4월 2일 우리 측 김종훈 수석대표와 미국 측 웬디 커틀러 수석대표가 협상 타결을 공식 발표했다. 농업과 소고기, 자동차·의약품·투자·금융 및 법률 등 상품과 서비스 분야는 물론 노동·환경과 개성공단까지 포함하는 방대한 부문에서 합의가 이뤄졌다.

"결정적 계기는 타결 나흘 전인 3월 29일 이뤄진 노무현과 부시의 전화 회담이었다. 두 정상이 '타결하자'는 결론을 먼저 내려준 덕택에 막판 고비를 넘길 수 있었다."(김종훈)

노무현은 협상 타결 직후, 기록에 남을 대국민 담화를 발표했다.

"개방해서 성공한 나라도 있고, 실패한 나라도 있다. 그런데 개방 안 하고 성공한 나라는 없다."

야당도 박수를 보냈다. 사사건건 노무현을 비판했던 한나라당 대표 박근혜는 협상 타결 직후 "국익 차원에서 대통령의 결단을 높이 평가한다"는 지지 성명을 발표했다.

문제는 자기편의 반대였다. 열린우리당 출신 대통령 후보였던 정동영은 한·미 FTA를 국회에서 최종 비준할 때 "제2의 을사늑약"이라고 공격했다. 일본한테 외교권을 빼앗긴 1905년 을사늑약에 빗댄 것이다. 협상 책임자들을 "매국노"라고 손가락질했다. 국회 비준 당시 제1야당이던 민주당 대표 손학규는 "정권을 되찾아서 한·미 FTA를 폐기하겠다"고 공언했다.

노무현인들 왜 고민이 없었겠는가. 실제로 정치적 역풍은 상당했다. 2004년 총선에서 대승을 거둔 열린우리당이 2006년 지방선거에서는 참패했다.

"나에게는 정치적 이득이 없다. 어지간하면 다음 정부로 미뤄볼 수 없을까 생각했다"는 것은 그의 속내를 솔직히 드러낸 말이었다. 김병준 전 정책실장은 "노 대통령도 처음에는 '나라 팔아먹는 것이 아닐까' 걱정을 했다. 나도 겁이 덜컥 났다"고 당시를 회고했다.

결국 이명박 정부에서 비준

참여정부의 한·미 FTA 협상 타결은 '미완성 교향곡'이었다. 국회 비준이라는 산을 넘어야 했지만, 이미 차기 대통령 선거로 관심이 넘어간 여야 정당들이 외면했다. 비준은 차기 정부의 몫으로 넘어갔다. 이 과정에 '폭탄'이 하나 남았다. 미국산 소고기 문제였다.

부시 행정부는 의회 비준을 이유로 미국산 소고기 위생 기준 완화 등 추가 개방을 강력히 요구했다. 12월 대선에서 승리한 이명박 당선인 측에서도 이 문제를 참여정부 임기 내에 해결해줄 것을 여러 경로로 요청했다. 그해 성탄절 무렵 청와대 관저에서 대책 회의가 열렸다. 김현종에 이어 통상교섭본부장을 맡은 김종훈의 회고다.

한덕수 총리와 송민순 외교부 장관이 입을 모아 건의했다.
"임기 내에 미국산 소고기 문제를 풀어주고 가시지요. 4월 협상 타결 후 담화에서도 약속하지 않으셨습니까."

문재인 비서실장이 펄쩍 뛰었다.
"이미 선거에서 졌는데, 왜 우리가 책임을 집니까."

노무현이 결론을 내렸다.
"우린 할 만큼 했습니다. 더 이상 나를 지지했던 사람들을 배반할 수 없습니다."

돌아서는 노무현에게 송민순 장관이 다급하게 부탁했다.
"한 번 더 생각해 주십시오. 하셔야 합니다."

노무현은 "자네들은 피도 눈물도 없는가" 하면서 자리를 나가버렸다.

이듬해 이명박 대통령은 취임 후 첫 미국 방문에서 소고기 문제를 미국 측 요구대로 간단히 해결했다. 그러나 이것이 화근이 되어 정권 초장부터 '광우병' 촛불 시위에 그 망신을 당할 줄 누가 알았겠는가. 이명박은 전임 대통령을 매우 서운하게 생각했다고 한다.

그러고도 국회 비준까지 한참이 걸렸다. 미국 쪽도 간단치 않았다. 부시에 이어 등장한 오바마 대통령 역시 '불공정 조약'을 이유

한·미 FTA 비준 부담을 떠안은 이명박 정부는 미국의 쇠고기 수입 추가 개방 요구를 들어줬다가 광우병 촛불 시위에 휘말려 큰 곤욕을 치렀다. 사진은 2008년 5월 촛불 시위 장면.

로 재협상을 요구하는 바람에 한·미 FTA는 2011년 11월에 겨우 국회 비준을 마치고 2012년 3월에야 발효됐다. 오바마의 후임 트럼프는 임기 시작 전부터 '폐기' 가능성까지 거론하며 압박한 끝에 재협상을 거쳐 2018년에 한·미 FTA 개정안을 다시 비준받았다. 트럼프는 두 번째 집권하자마자 관세를 무기화하고 있어 한·미 FTA는 존폐의 기로에 섰다. 2024년 미국이 한국과의 무역에서 발생한 적자가 658억 달러에 달한다는 트럼프 행정부의 발표가 예고편이었던 셈이다.

2007년 첫 협상 타결 이후 대통령이 바뀔 때마다 미국이 재협상을 요구했던 이유는 무엇일까. 한국과 FTA를 맺어 놓고 보니 미국이 손해요, 불리한 협상이었기 때문이다. 지난날 한·미 FTA를 그토록 반대했던 인물들은 미국 측의 거듭되는 재협상 요구에 대해 어떤 생각을 하고 있을까. 특히 이명박 정권 때 "한·미 FTA는 한국 경제가 망하는 길로 가는 것"이라고 목청을 높였던 문재인은 어떤 생각이었는지 궁금하다. 더욱이 자신이 대통령으로 모셨던 노무현이 주도했던 정책이 아니었던가.

돌이켜보면 노무현의 "소신과 양심에 따라 내린 결단"(2007년 타결 후 대국민 담화)이 아니었으면 한·미 FTA는 불가능했다. 한·미 FTA야말로 성공한 노무현 개혁이었다. 그가 내걸었던 4대 개혁의 어떤 것보다도 손색없는 개혁이었고, 성공했다.

2007년 4월 2일 한·미 FTA 협상 타결 직후 대국민담화를 발표하는 노무현 대통령.

반대 진영을 향해 노무현은 이렇게 말했다.

"한·미 FTA는 정치나 이념의 문제가 아니라 먹고사는 문제입니다. 국가 경쟁력의 문제입니다." (2006년 8월 한·미 FTA 자문위원회)

요즘 정치인들 사이에 유행하는 소위 '먹사니즘'의 지식소유권 자는 노무현이었던 셈이다. 이런 한·미 FTA를 두고 '제2의 을사늑 약'이라니. 다시 맞는 을사년에 노무현의 FTA를 되새기지 않을 수 없다.

노무현과 나:

김종훈
전 한·미 FTA 협상 수석대표

협상 과정에서 반대 진영으로부터 '매국노' 소리까지 들었는데.

그보다 더한 욕도 먹었다. 그나마 노무현 대통령이 시작했으니 망정이지, 이명박 정부가 시작했으면 좌파 진영의 반대를 이기지 못했을 것이다.

가장 힘들었던 고비는.

쌀과 소고기, 자동차 등 도처에 지뢰밭이었다. 주고받는 실무 협상이 막판 한계에 달했는데, 역시 노무현과 부시 대통령의 전화 회담이 물꼬를 터주었다.

이명박 정부에서도 통상교섭본부장을 맡아 광우병 파동을 겪었는데.

MB 정부 두 달쯤 지나 미국산 소고기 문제로 촛불 시위가 불붙기 시작해 한 달 동안 광화문이 마비됐었다. 2011년 비준 이후 오랜 시간이 지났는데, 광우병 사례가 하나라도 나왔나. 대선에서 패배한 진영이 작심하고 나선 정치적 공세였다.

트럼프 재집권 이후 FTA 체제도 흔들리지 않나.

세계화의 시대는 가고 가치와 체제, 이해관계에 따라 맞는 나라들끼리 뭉치는 블록화의 시대다. 한·미 FTA는 양국 간 통상 인프라로 남아 있겠지만, 많은 변화가 불가피할 것이다. 트럼프는 미국의 제조업 기반을 복원하려고 한다. 우리는 조선·철강·반도체 등 미국이 필요한 부문에서 세계 최고 수준의 경쟁력을 갖추고 있다. 한국이 최고의 파트너라는 메시지를 빨리, 효과적으로 전달하는 것이 중요하다.

"하늘 두 쪽 나도 투기 잡겠다"
'세금 폭탄' 흑역사만 남다

"부동산 말고는 꿀릴 게 없어요."

노무현 대통령이 2007년 12월 말 부산 지역 인사들과의 오찬에서 한 말이다. 자신이 경제를 잘 꾸려왔다는 말을 강조하다가 불쑥 나온 발언이다. 무심결에 부동산 정책의 실패를 자인한 셈이었다. 열린우리당 의장 김근태도 "참여정부 집권 4년간 집값이 55% 올랐다"는 비판을 기록으로 남긴 일도 있었다. 그럼에도 불구하고 참여정부가 남긴 기록이나 책자에서는 부동산 정책이 실패였다는 구절을 찾기 어렵다. 대부분 어물쩍 넘어가거나 심지어는 성공했다고 적혀 있다. 그릇된 역사화의 샘플이라고나 할까. 오히려 노무현이 솔직했던 셈이다.

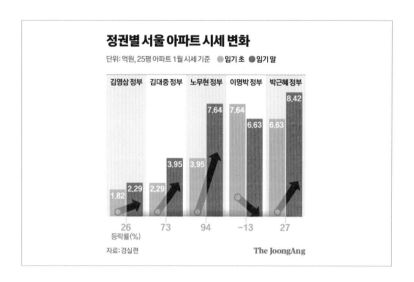

    돌이켜보면 참여정부의 부동산 정책은 한마디로 흑역사의 연속이었다. 노무현에게는 가장 뼈 아픈 정책 실패였다. 집권 5년간 무려 30여 차례나 크고 작은 부동산 대책을 내놓았다. 차라리 큰소리나 치지 않았으면 덜했을 텐데, 수시로 호언장담하는 바람에 말로매를 벌었다. 노무현과 참모들의 발언을 따라가 보면 참여정부 부동산 정책의 참담한 실패가 드러난다.

"강남 불패면 대통령도 불패!"

(2003년 11월 SBS 대담, 노 대통령)

부동산 투기를 잡겠다는 노무현의 진정성은 의심의 여지가 없다. "대통령 자리를 걸고 부동산 투기를 때려잡겠다"는 발언이 결코 빈말이 아니었다. 집 없는 애환을 몸소 겪은 대통령이니, 때로는 감정이 묻어나는 발언도 서슴지 않았다.

"고등학교 3년 동안 모두 25번 이사했습니다. 결혼하고 아내와 함께 15평 친구 집에 갔다가 궁궐처럼 좋아 보여 아내와 아파트 한 채를 꼭 사자고 약속했습니다."

취임 첫해 의왕시 임대주택단지를 방문한 자리에서 털어놓은 노무현의 소회는 듣는 사람들을 찡하게 했다. 이런 이야기도 했다.

"나도 집이 없습니다. 퇴임 후 새로 집을 사야 합니다. 아이 둘이 장가가고 시집갔는데 모두 집이 없습니다. 그러니까 집값을 절대 못 오르게 내가 잡을 겁니다."(2003년 11월, 충남 언론인 간담회)

그러나 시장은 야속하게도 여의치 않았다. 그것이 금융 때문이든, 공급 부족 문제였든, 세금 폭탄 탓이었든 간에 임기 내내 집값이 폭등하고 투기는 춤을 췄으니 말이다.

참여정부의 과오는 우선 판단 착오에서 출발한다. 전임 DJ 정부는 경기 회복을 위해 신용카드만 남발한 것이 아니었다. 부동산 쪽도 규제란 규제는 모조리 풀었다. 분양가 자율화, 분양권 전매 허용,

노무현 대통령이 2003년 10월 29일 오전 청와대에서 부동산 안정 대책을 논의하고 있다.
이 회의 직후 김진표 부총리(왼쪽)는 참여정부의 첫 부동산 종합대책을 발표했다.

양도세 완화에 더해 저금리의 주택담보대출 장려에 이르기까지….

　집값의 10%만 있으면 집을 살 수 있었다. IMF 외환위기 이전에
는 생각도 하지 못한 일이었다. 드디어 한국도 미국처럼 장기 '모기
지 론Mortgage loan'으로 내 집 마련을 할 수 있게 됐다고 좋아하기도
했다. 잔뜩 고인 기름에 불이 옮겨붙고 있는 위험한 상황을 참여정
부는 알아채지 못했던 것이다.

　급기야 유동자금이 부동산 시장으로 몰리면서 투기 양상을 보이
기 시작했다. 첫해 첫 번째 대책(5월)은 분양권 전매 금지와 강남 지
역 재건축 규제를 주 내용으로 하는 맛보기 수준이었다. 턱도 없었

2003년부터 개발이 본격화된 판교 신도시는 부동산 열풍의 진원지 역할을 하면서 참여정부의 여러 대책들을 무력화시키는 첨병 역할을 했다. 사진은 2006년 판교 아파트 청약에 몰려든 인파.

다. 대책이 나오자 오히려 집값이 상승 탄력을 받기 시작했다. 급기야 참여정부가 마음먹고 뽑아든 칼이 '10·29 종합대책'이었다. 그 유명한 종합부동산세(이하 종부세) 도입 방침을 위시해 다주택자에 대한 양도세 중과세 등 무시무시한 내용을 망라했다.

그러나 이런 대책은 부동산 시장을 단지 세금으로 때려잡겠다는 우격다짐에 불과했다. 인수위 때부터 이정우를 비롯한 진보 진영 학자들이 내세운 '부잣집 중과세' 정책을 그대로 반영한 것이었다. 서울 아파트 값이 잠시 주춤하면서 반짝 효과가 나타나자 이정우는 "참여정부는 10·29 대책으로 먹고산다는 얘기가 나돈다"며 자랑했다. (『노무현과 함께한 1000일』) 이런 분위기 속에 노무현도 한 달 뒤인 11월 말, SBS와의 대담에서 "강남 불패면 대통령도 불패"라고 큰소리쳤다.

"하늘이 두 쪽 나도 부동산 투기는 잡겠다."

(2005년 제헌절 5부 요인 만찬, 노 대통령)

두 번째 과오는 집값 상승을 경제 현상이 아니라 투기 현상으로만 본 것이다. 참여정부는 부동산 투기를 고질적인 사회악으로 봤다. 부자들이 부동산으로 불로소득을 키우고, 그리하여 서민의 내집 마련을 어렵게 해 왔다는 것이 참여정부의 기본 인식이었다. 노무현은 취임 후 부동산 정책을 대통령 직속 12개 위원회 가운데 '빈부 격차·차별시정위원회'에 맡기고 이정우 정책실장과 김수현 비서관을 여기에 배치했다. 부동산을 보는 대통령과 개혁파들의 시각을 드러낸 포석이었다. 이들은 징벌적 과세와 철저한 규제로 부동산 투기를 뿌리 뽑아야 한다고 확신했다. 10·29 대책이 그 시작이었다.

그러나 주춤했던 시장은 해가 바뀌면서 이내 상승세로 돌아섰다. 거래는 끊기고, 집값은 고공 행진을 이어갔다. 2004년 초 경제사령탑이 이헌재로 바뀌면서 비로소 부동산 정책에 수정이 가해지는가 싶었다. 징벌적 과세 위주에서 벗어나 경제 정책적 접근으로 선회하는 조짐이 보였다.

"부총리 제의를 수락할 때 부동산 보유세는 올리되 거래세는 낮춰 나간다는 원칙에 대통령도 동의했다"는 게 그의 회고다. 이헌재

344

는 세금 일변도의 부동산 정책은 경기 회복을 위해서도 바람직하지 않다는 판단이었다.

경제보좌관 조윤제도 세금에만 집착하는 정책에는 생각이 달랐다. 그는 탄핵소추로 관저에서 칩거 중인 대통령에게 이렇게 설득했다.

"금융은 상수도, 조세는 하수도라는 말이 있습니다. 금융을 풀어놓고 아무리 세금으로 틀어막은들 부동산은 절대 잡히지 않습니다. 세금 많이 매기는 것이 약자를 돕는 게 아닙니다. 오히려 그 부담이 약자에게 전가되기 마련입니다."

이때라도 대통령은 세금에만 매달릴 게 아니라 금융 규제 정책을 함께 택해야 했다. 그렇지 하지 않은 것이 세 번째 과오였다. 겉으로는 부양책을 쓰지 않겠다면서도 속으로는 경기를 걱정해 금리를 낮추는 정책을 지속하고 있었다.

"참여정부 들어 2004년 11월까지 경기를 감안해 금리를 네 차례 낮췄는데, 그것이 부동산 시장에는 나쁜 영향을 줬어요. 뒤늦게 금리를 올렸지만 타이밍이 늦었습니다."

한은 총재를 지낸 박승의 진단(회고록 『하늘을 보고 별을 보고』)이다. 한쪽으로는 세금을 때리면서 다른 한쪽에서는 주택 대출을 장려하는 정책을 썼던 셈이다.

노무현도 큰소리는 쳤지만, 생각이 오락가락했다. 탄핵에서 복귀하고 두 달 뒤, 이정우가 맡아 온 청와대 부동산 정책의 사령탑 역할을 조윤제에게 넘기도록 조치했다. 이정우에겐 날벼락이었다. 다만 김수현 비서관에게 부동산 정책을 계속 조율하도록 해서 개혁파들의 입지를 남겨놓았다.

아무튼 참여정부는 종부세가 발효되고 다른 대책들이 합세하면 2005년부터 부동산이 안정될 것으로 기대했다. 웬걸, 정부를 비웃듯 수도권 남부 전역으로 투기 불길이 더 강하게 번졌다. 280만 평에 2만 9000세대가 입주하는 판교 신도시 건설로 주택 공급 물량을 대폭 늘렸는데도 집값은 폭등을 거듭했다. 마침 이헌재 부총리도 청와대 개혁파들과의 갈등 끝에 사표를 내고 떠났다. 3월에 세 번째 부총리로 취임한 한덕수에게 김병준 정책실장이 이렇게 귀띔했다.

"성장률 낮다고 청와대가 책망하는 일은 없겠지만, 부동산을 못 잡으면 질책이 있을 겁니다."

이후 노무현과 청와대는 다시 강경 모드로 돌아갔다. 대통령의 투지는 여전했다. 그해 제헌절 만찬 연설에서 노무현이 외쳤다. "하늘이 두 쪽 나도 부동산 투기는 잡겠습니다!"

"이제 부동산 투기는 끝났다."

(2005년 8·31 대책 발표, 한덕수 부총리)

참여정부가 또다시 내놓은 종합대책이 집권 3년째의 8·31대책이다. 재경부·건설교통부 등 경제 부처 합동 대책반은 200만 평 규모의 위례 신도시를 비롯한 대규모 주택 공급 확대 방안을 내놓았다. 투기지역 담보 대출 제한 등 규제 강도는 한층 높였다.

세제 부분은 청와대가 별도로 만졌다. 종부세 부과 기준이 9억원에서 6억 원으로 강화됐고, 개인별이었던 과세 기준을 가구별 합산 과세로 바꿔버렸다(3년 뒤에 위헌 판결을 받았다). 양도소득세율은 다시 올리고 취득 및 등록세도 실거래가 기준으로 변경했다. 정부 스스로 '최강 대책'이라고 했다. 네가 이기냐 내가 이기냐, 갈 데까지 가 보자는 기세였다.

발표를 앞두고 정부 대책반에 청와대로부터 연락이 왔다. 발표문안을 보내 달라는 것. 한덕수 부총리는 8·31 종합대책을 발표하면서 청와대가 손질해서 보내준 발표문을 읽었다. 거기 이런 내용이 추가돼 있었다. "이제 부동산 투기는 끝났다."

"세금 폭탄? 아직 멀었다."

(2006년 5월, 국가균형발전위원회 심포지엄, 김병준 정책실장)

시장은 여전히 정부 정책에 아랑곳하지 않았다. 세금 공세가 강화될수록 돈은 돈 되는 지역으로 몰리는 쏠림 현상이 심해졌다. '똑똑한 한 채'를 위해 서울 강남과 서초, 송파와 목동, 분당과 평촌, 용인 등 이른바 '버블 세븐'에 투자가 몰리면서 집값 상승세는 거침이 없었다. 이즈음 대통령의 핵심 참모인 김병준의 입에서 '세금 폭탄'이라는 말이 나와서 논란을 불렀다. 폭탄을 투하하듯 중과세로 투기를 때려잡아야 한다는 청와대 분위기를 대변한 단어였다.

김병준은 세금 폭탄뿐 아니라 다른 정책 수단도 많다는 점을 강조하면서 "아직 멀었다"고 목소리를 높였다. 세금 전문가로서 당시 교육부총리를 맡고 있던 김진표는 김병준에게 전화를 걸어 "세금 폭탄은 일제 시대에도 안 쓰던 표현"이라면서 "자칫하면 민심 이반이 일어날 수 있다"고 경고했다. 실제로 '종부세=세금 폭탄'이라는 인식이 민심이 됐다.

"집 사지 마라."

(2007년 1월, 노 대통령 신년 기자회견)

'세금 폭탄' 세례에도 불구하고 집값은 좀처럼 꺾이지 않았다. 늦

348

게나마 돈줄을 묶는 금융 규제를 동원하면서 간신히 고삐가 잡히기 시작한다. 2006년 11월, 집 담보 대출 한도를 확 낮추는 LTV(담보인정비율) 규제와 상환 능력을 따져 대출 한도를 억제하는 DTI(총부채 상환비율) 규제를 함께 내놓은 것이다. 금리도 2007년에는 5%선으로 끌어올리는 등 돈줄을 본격적으로 조이기 시작하면서 비로소 제동이 걸렸다.

그러나 참여정부의 부동산 정책은 정권이 끝날 때까지 갈피를 잡지 못했다. 시장을 안정시켜야 할 주무 장관이 도리어 뚱딴지 발언으로 평지풍파를 일으키는 일도 벌어졌다. 건설교통부 장관 추

'세금 폭탄'까지 거론했던 참여정부는 임기 내내 투기 단속을 펼쳤다. 사진은 2006년 10월 인천 검단지구 특별단속에 나선 국세청 투기단속반원들.

병직이 어느 날 갑자기 "이달 중에 신도시 입지를 발표하겠다. 내년에도 계속 개발해 나갈 예정이다"고 말해 시장에 난리가 난 것이다. 투기의 온상인 '떴다방'들에는 중요한 정보였다. 극비 추진 사항을 주무 장관이 사전 누설한 깜짝 쇼였다.

별일이 다 있었다. 홍보수석 이백만이 청와대 국정 브리핑에 "지금 집 사지 말고 기다리라"는 취지의 글을 올렸다가 여론의 질타로 결국 사표를 내는 소동이 벌어지기도 했다. 이백만의 사표를 만류했던 노무현도 얼마 후에 같은 소리를 했다.

그런가 하면 마지막 경제 사령탑 권오규는 "부동산 정책에 말이 다소 앞섰다. 앞으로는 정부의 부동산 정책에 대한 시장의 신뢰를 쌓아 나가는 데 각별히 노력하겠다"며 비로소 자세를 낮췄다.

노무현은 자서전 『성공과 좌절』에서 부동산 실책에 대해 국회와 언론을 탓했다. 그러나 핑계일 뿐, 기본적으로 시장과의 싸움에서 패배한 것이다. 더욱이 참여정부는 부동산 투기를 죄악시하고, 징벌적 과세 정책을 내세워 강공 일변도로 시장을 때려눕히려고 했다. 애당초 이길 수 없는 싸움이었다. 이런 노무현의 실패를 그의 비서실장이었던 문재인이 대통령이 된 후 똑같이 되풀이했다. 소신이었을까, 오기였을까.

26 노무현의 대미 정책

"대통령과 청와대 놈들…"
자주파 vs 동맹파, 외교 '흔들'

대통령 취임 1년도 채 안 된 2003년 12월, 청와대 민정수석실에
아래와 같은 제보가 들어왔다.

"대통령은 물론 청와대 젊은 놈들이 미국과의 외교를 몰라도 너무
모른다. 아무것도 모르는 사람들이 나라를 망쳐먹는다. 내년 4월 총
선 이후 이 정권은 망한다. 영어도 못 하고 미국도 안 가본 인사들이
무슨 대미 외교를 하느냐. 우리는 아마추어 노무현과 달리 무조건
친미親美를 해야 한다. 그것만이 우리의 살길이다."

외교부 북미3과장인 조현동(현 주미대사)이 이런 발언을 했다는
것이다. 제보자는 부하 직원 K씨(후일 문재인 정권에서 대사까지 지냈
다). 즉각 공직기강비서관실이 감찰 조사에 들어갔고, 대체로 사실

임을 확인했다.

대통령 폄하 발언 제보에 발칵

조현동은 보직 해임 징계를 받았고, 북미국장 위성락도 자리에서 물러났다. 문책은 실무선에 그치지 않았다. 외교부 장관 윤영관도 사표를 냈고, 즉시 수리됐다. 사실상 경질이었다.

2004년 신년 기자회견장. 새해 벽두부터 노무현은 기자들로부터 민감한 질문을 받았다. 외교부 간부의 대통령 폄하 발언과 청와대의 강경 조치에 대한 질문이었다.

대통령은 인사 조치를 하겠다는 요지로 답했다.

"대미 외교 과정에서 외교부의 일부 문제가 된 공무원들이 대통령 정책에 대해 오해나 이견이 있었습니다. 대통령은 국민의 선택을 받아 당선된 만큼 공직자는 생각이 좀 다르더라도 대통령의 정책과 노선을 존중하고 성실히 수행해야 합니다. 이런 일이 계속 벌어지면 외교 정책 수행에 많은 지장이 있을 수 있습니다. 우선 지장이 없도록 인사 조치할 것입니다."

2004년 1월 14일 신년 기자회견. 노무현 대통령은 외교부 내에서 불거진 막말 사태에 대해 인사조치가 필요하다고 말해 큰 파장이 일었다.

　외교부의 미국 담당 과장이 한 말이기에 징계를 당해 마땅했다. 명색이 직업 외교관이라는 사람이 대통령을 그처럼 원색적으로 폄하했고, 그 사실이 부하 직원의 고자질로 세상에 알려졌다는 것 자체가 외교부로서는 망신스러운 일이었다. 가뜩이나 외교부에 대해 못마땅했던 노무현이다. 특히 종래의 외교 노선이 지나치게 미국 의존적이라는 생각을 해 왔던 터였다. 미국 문제를 놓고 일어났던 또 하나의 에피소드를 돌이켜 보자.

난장판된 전작권 토론회

집권 초기인 2003년 6월, 외교·안보 라인 주요 인사들이 청와대 대통령 집무실에 모였다. 전시작전통제권 환수가 주된 의제였다. 미국이 가지고 있는 전쟁 시의 지휘권 문제는 해묵은 숙제였다. 이 날 회의는 서주석 NSC 전략기획실장이 전작권 환수 필요성 등에 대해 모두발언을 하면서 시작됐다. 그런데 국방보좌관 김희상이 강한 어조로 불만을 표시하면서 회의 분위기가 갑자기 심각해졌다.

"무언가 대단히 잘못돼 있습니다. 그렇지 않아도 지금 주한미군은 크나큰 변화를 목전에 두고 있는데, 지금 우리가 전작권을 거론한다면 미군 보고 나가라는 거나 다름없습니다. 한국이 전작권을 환수하면 역할이 없는 미군은 잘됐구나 하고 본국으로 빠져나갈 겁니다. 왜 우리가 먼저 그런 빌미를 주어야 합니까?"

노무현은 전작권 환수 자체에 대해선 크게 고민하지 않았었다. 참모들 사이에서도 어느 정도 공감대가 있다고 여겼다. 노무현의 주요 대선 공약 중 하나이기도 했기 때문이었다. 그런데 다른 사람도 아니고 자신의 보좌관이 반대하고 나선 것 아닌가.

"의견 잘 들었어요. 하지만 전작권 문제는 내가 대선 때부터 가져왔던 생각이고요. 전작권은 환수돼야 한다는 방향만 잡아 놓고 적절한 시점을 검토한다는 것으로 오늘 토론을 정리합시다."

대통령의 정리 발언 후에도 김희상은 간단히 물러서지 않았다. 원래 그는 보수 성향이 강한 군 출신으로 386 참모들이 꺼렸던 인물이다.

"그렇게 해서 (얻는) 실익이 무엇일지 의문입니다. 한미연합사가 어차피 없어질 부대라고 한다면 식물 사령부가 됩니다. 언제 환수할지도 모르는 전작권을 미리 거론해서…."

토론의 달인이라고 하는 노무현의 언성이 높아졌다.

"그럼 아예 말조차 꺼내지 말라는 이야기요? 참모는 대통령의 뜻에 따라 대안을 만들어야지. 거론조차 하지 말라는 것 아닙니까."

노무현은 임기 중 전작권 환수를 목표로 했지만 결과적으로 여의치 않았다. 북핵 위기 등이 해결되지 않은 현실에서 미국이 동의하지 않는 한 어쩔 수 없는 일이었다. 결국 회의는 전작권 환수 시기를 2012년으로 미루기로 잠정 합의하며 엉거주춤한 상태로 마무리 짓고 말았다. (※2008년 집권한 이명박 정부는 이를 다시 2015년으로 미뤘다. 박근혜 정부는 아예 시기를 명시하지 않고 사실상 무기 연기했다)

앞의 두 에피소드는 참여정부의 외교 정책이 출발부터 순조롭지 못했음을 말해 주는 케이스들이다. 논란의 핵심은 대미 정책관이었다. 후보 시절부터 노무현의 미국관은 심심찮게 관심을 끌었다. "대통령은 반미 하면 안 됩니까"라는 말을 했다고 해서 그가 반미주의자였다고 말하는 것은 논리의 비약이다. 하지만 친미주의자가 아닌 것은 분명했다.

미국 문제로 김종인과도 멀어져

대통령 출마를 결심할 무렵 좋은 관계였던 김종인과 사이가 멀어진 것도 미국 문제 때문이었다. 도움을 요청해 온 노무현에게 김종인은 친미 노선을 강조했고, 노무현은 그럴 수 없다고 돌아선 것이다. '형님'으로 모셨던 정대철도 노무현에게 수시로 미국과의 좋은 관계를 강조했으나 한 귀로 듣고 한 귀로 흘렸다. 그랬던 노무현이 취임 직후 이라크 파병 결정을 해야 했고, 한·미 FTA를 주도하게 될 줄이야.

아무튼 노무현의 외교 노선은 종래 기준으로 보면 다분히 '자주 노선'을 강조하는 쪽이었다. 대통령의 입장이 이러니 주무 부처인 외교부에서는 내부 갈등이 표출되기 시작했다. 이른바 자주파와 동맹파의 대립이다. 앞서 전작권 회의나 미국 담당 과장의 설화 사

2003년 10월 20일 태국 방콕에서 열린 APEC 회의에서 만난 노 대통령과 부시 미 대통령.

건도 이 같은 맥락에서 빚어진 예고편이었다.

참여정부 마지막 외교부 장관을 지낸 송민순의 얘기다.

"동기를 불문하고 진행 중인 사항과 관련해 비공개 내부 토론이나 사적 대화를 외부로 노출한 것은 잘못입니다. 직원마다 생각이 다를 수 있지요. 하지만 동맹이냐, 자주냐로 양분해서 말하는 것은 과장된 부분이 많습니다. 외교부 안에 동맹파나 자주파가 따로 있지는 않았습니다."

송민순의 말처럼 사실 동맹파, 자주파가 칼로 무 자르듯이 딱 정해져 있는 것은 아니었다. 다만 주로 미국이나 북한 문제를 둘러싸고 양쪽으로 갈라졌던 것은 사실이다. 자주냐, 동맹이냐 하는 식의 갈등의 중심에는 이종석 차장이 이끄는 NSC가 종종 등장했다. 그런데 NSC는 사안에 따라 자주파로 몰리기도 했고, 반대로 동맹파로 비난받는 웃지 못할 일도 있었다.

NSC는 이라크 파병 문제의 경우 노무현의 생각을 충실히 반영한 해법을 제시해 자주파로 분류됐다. 하지만 용산 기지 이전 문제, 전략적 유연성 문제 등과 관련해선 동맹파로 몰려 청와대 386 참모들로부터 비난받았다. 이종석은 기자들로부터 '자주파' '동맹파'에 대한 질문을 받자 "나는 자주파도, 동맹파도 아닌 자동파(자주동맹파)"라고 답하기도 했다.

아무튼 참여정부 동안에는 이전 정부에서 볼 수 없었던 대미 외교를 둘러싼 갈등과 혼선이 끊이질 않았다. 앞서 외교부 사태의 직접 원인이 된 것은 미군 기지 이전 협상 때문이었다. 협상 과정에서 외교부 내 북미국과 조약국 사이의 갈등이 깊어졌다.

용산 등 미군 기지 이전 문제는 이미 오래전부터 한·미 간에 꾸준히 논의됐다. 다만 이전 시기와 대체 기지 조성, 한·미 양측의 비용 분담 비율 등 민감하고 복잡한 문제들 때문에 협상은 수년 동안 지지부진한 상태였다.

용산 기지 이전 협상 두고 갈등

결국 돈 문제였다. 미국 측은 비용 대부분을 한국이 부담해 줄 것을 요구했다. 외교부(북미국)·국방부를 중심으로 한 우리 측 협상단은 가급적 미국 요구를 수용하자는 입장이었다. 이들은 30억~50억 달러면 미국의 요구를 들어주는 데 충분할 것으로 봤다. 그런데 외교부 내에서 이견이 터져 나왔다.

법리와 미래 비용 문제를 따져본 조약국 측이 "애매모호한 문구로 협상이 진행된다면, 장차 천문학적인 비용 부담으로 이어질 수 있다"며 반발했던 것이다.

이런 입장 차와 갈등을 부채질하는 데 대통령의 말도 한몫했다.

"민족의 자존심을 위해 용산 기지를 다른 곳으로 옮겨야 한다. 지금 용산 기지가 있는 자리는 구한말 청나라 군대가, 일제 시대에는 일본의 조선군 사령부가 주둔했던 곳이다. 안보를 위해 필요하더라도 굳이 수도 한복판에 미군이 사령부를 두어야 하는가? 지금 지구상에서 수도에 외국 군대를 주둔시키고 있는 나라가 어떤 나라들인가?"

용산 미군기지 이전 협상을 두고 시민사회도 찬반으로 갈렸다. 2004년 1월 18일 한 시민단체가 굴욕적인 협상을 이유로 반대 시위를 벌였다.

노무현으로서는 독서를 통해 체득한 나름대로의 역사관을 피력한 것이었는데, 이것이 마치 자주파를 지지하는 것으로 비쳤다. 아무튼 세월이 흐르는 동안 주한 미군은 평택으로 옮겨갔고, 윤석열 정권에 와서 '청와대'가 용산으로 옮겨졌으니 역사의 아이러니가 아닐 수 없다.

북한 두둔한 듯한 발언으로 설화

대통령의 비외교적 직설 화법은 곧잘 논란을 불러일으켰다. 외교부 내 자주파와 동맹파의 기준으로 말하자면 대통령은 자주파의 우두머리였던 셈이다. 여러모로 미국의 심기를 건드리는 발언을 서슴지 않았으니 말이다.

"북한은 핵과 미사일을 외부의 위협으로부터 자신을 지키기 위한 억제 수단이라고 주장합니다. 많은 경우 북한의 말은 믿기 어렵지만, 이 문제에 관한 북한의 주장은 상당히 합리적인 것으로 볼 수 있습니다." (2004년 11월, LA 국제문제협의회 주최 오찬 연설)

이날 노무현은 '합리적'이라는 자신의 발언이 문제가 될 것을 예상했는지 잠시 머뭇거리기도 했다.

"지금 고쳐진 원고를 보고 처음 했던 표현을 다시 찾으려 노력 중인데, 합리적이란 표현은 적절치 않은 것 같습니다. 내가 처음 준비했던 표현은 '이 문제에 관한 북의 주장은 여러 상황에 비추어 일리가 있는 측면이 있다'였던 것 같습니다."

미국 측은 노무현의 이날 발언에 상당히 불쾌해했다. 노무현이 동맹인 미국보다는 북한 편을 노골적으로 드는 것 아니냐는 반응이었다.

노무현은 미국과 북한 사이에서 한국의 '중재자' 역할을 기대했다. 그것이 자주적 대미 외교를 위한 합리적인 방식이라고 여겼다.
하지만 노무현의 이런 외교 코드에 그의 비외교적 언사까지 더해
지면서 네오콘이 장악한 2기 부시 행정부와는 자주 엇박자가 났다.
답답한 노무현은 청와대 안보관계 장관회의에서 불만 섞인 어투로
참모들을 질책하기도 했다.

"나는 여기에 있는 사람 아무도 믿지 못하겠습니다. 여러분들이 말
하는 것 전부가 나에게는 진실로 들리지 않아요. 이게 대책 회의 맞
습니까?"

'수평적 관계로의 전환'이라는 노무현의 대미 외교 원칙은 현실
속에서 자주파와 동맹파라는 이름으로 종종 갈등을 불러왔다. 후
보 시절부터 노무현의 가장 큰 고민 중 하나는 고착된 자신의 '반미
이미지'를 어떻게 불식하느냐였다.

"당선자가 되고 서둘러 방문한 곳이 주한 미상공회의소입니다. 그
런 이유 가운데 하나는 내가 '좌파, 반미 대통령'이라는 선입견 때문
입니다. 한·미 간의 원만한 관계를 과시할 필요가 있었고요. 급했습
니다." (『성공과 좌절』)

이런 노력에도 집권 초기의 노무현은 '반미 대통령'이라는 선입
견에서 자유롭지 못했다. 대미 외교 현안이 있을 때마다 한·미 동맹

이상설, 안보 불안, 대미 외교 무능 등의 단어가 따라다녔다. 그러나 고난 끝에 성사시킨 한·미 FTA 한 방으로 드디어 모든 문제가 자동 소멸됐다. 외교부 내의 자주파·동맹파의 갈등 또한 마찬가지였다.

노무현과 나:

송민순
전 외교부 장관

자주파와 동맹파의 대립이 심각했다고 하는데.

동맹파나 자주파가 외교부 내에 따로 있었다고 생각하지는 않는다. 양 극단의 입장을 지닌 일부가 있었던 것 같다. 대부분은 동맹도, 자주도 아닌 국익을 위해 균형을 잡으려고 노력했다고 본다. 다만 새 정부 출범 이후 들어온 '어공(정무직)' 중 닫힌(폐쇄적) 자주파가 있었던 것 같다.

참여정부 시절 한·미 동맹이 약해졌다는 주장도 있다.

노 대통령은 한·미 동맹 운용 방식을 시대적 상황과 양측의 상황에 맞게 잘 조절해야 한다는 입장이었다. 당시 네오콘이 장악한 미국은 북한 핵 문제에 강경한 입장이었다. 이들은 대북 관계에 있어 노 대통령의 생각처럼 탄력적이지 못한 측면이 있었다. 그러다 보니 노 대통령과 미국의 정책이 충돌하는 것처럼 비치기도 했다.

노무현 대통령의 대미 외교관은 어떻게 평가하나.

노 대통령이 가지고 있는 몇 가지 외교 철학, 또 간혹 거칠고 직설적으로 표시하는 비외교적 언사가 논란이 된 적이 있었다. 하지만 집권 후반기로 갈수록 많이 정제됐고 유연해졌다고 본다. 노 대통령이 반미 외교를 했다고 보지는 않는다.

노 대통령의 노선을 미국은 어떻게 평가했나.

외신의 두 가지 평가를 참고하면 어떨까 싶다. 하나는 노 대통령만큼 워싱턴의 정책을 바꾸도록 노력한 지도자가 없었다는 긍정적 시각이다. 다른 하나는 북한군이 결과적으로 오히려 강화됐고, 평화를 돈으로 사려고 했다는 부정적 시각이다. 양쪽 측면이 모두 일리가 있다. 개인적으로는 전자의 긍정적 역할은 후세가 새길 부분이라고 생각한다.

"정치 개혁, 대통령 권한 축소부터"
대연정·개헌 추진, '왕따' 자초

2003년 4월 2일, 노무현은 취임 후 첫 국회 연설을 통해 파격적인 제안을 했다.

"지역 구도를 이대로 두고는 우리 정치가 한 발짝도 앞으로 나갈 수 없습니다. 내년 총선부터는 특정 정당이 특정 지역에서 3분의 2 이상의 의석을 독차지할 수 없도록 여야가 합의해서 선거법을 개정해주기 바랍니다. 이러한 저의 제안이 내년 17대 총선에서 현실화되면, 저는 과반수 의석을 차지한 정당 또는 정치 연합에게 내각의 구성 권한을 이양하겠습니다."

대통령 임기를 시작하자마자 권력을 나누겠다니. 말도 안 되는 이야기였다. 내용인즉, 기존의 소선구제로는 한국의 정치가 영·호남 지역 구도를 벗어날 수 없으니 선거법을 고쳐 달라는 것이고, 그렇게 해서 야당이 다수당이 된다면 그들에게 내각의 구성권을 넘기겠다는 것 아닌가.

하도 파격적인 발언이었기에 그 당시 노무현의 이 발언은 시빗거리조차 되지 못했다. 언론 또한 '돈키호테적 발상'이라고 무시했을 정도였다.

2003년 4월 2일 국회 본회의장에서 노무현 대통령이 취임 후 첫 국정연설을 하고 있다.
사진 노무현재단

또한 정치자금이나 정당 공천 개혁 등을 덧붙여 강조했다. 노무현으로서는 마음먹고 밝힌 자신의 정치 개혁 구상이었다. 40여 분간의 연설 도중 박수는 한 번도 나오지 않았다. 별무반응이었다. 노무현 자신도 연설 다음 날 "취임 후 최악의 날"이라고 했다. 당시엔 이라크 파병, 나라종금 수사(대통령 측근 금품수수 의혹), 언론 개혁 등의 현안으로 한창 어수선했다.

여소야대 고달픈 대통령… 분권 승부수

그러나 노무현의 이날 국회 연설은 꽤나 심오한 정치적 의미를 담고 있었다. 코앞의 고민거리는 여소야대 국회였다. 다음 해 총선도 야당인 한나라당이 승리할 가능성이 높다는 계산 아래 던진 나름의 승부수였다. 요컨대 어차피 여소야대 속에서 고달픈 대통령 노릇을 하느니, 차라리 자신의 권한을 미리 포기하고 그 대가로 숙원인 선거법을 고쳐 지역 구도를 타파해보자는 것이었다.

노무현 구상은 전제부터 틀려 나갔다. 17대 총선에서 열린우리당이 승리, 다수당이 되어버린 것이다. 그러나 노무현의 머릿속에는 여전히 대통령 권한 축소 문제가 자리하고 있었다. 박정희·전두환, 3김 시대를 거치면서 대통령의 권한이 과대했다고 믿어왔기에 자신의 임기 중에 어떻게 해서라도 이 점을 고쳐보고 싶었다.

"한국의 문제는 대통령이다. 대통령만 잘하면 된다. 대통령이 권한 행사를 줄이는 것이 잘하는 일이다."

노무현이 늘 하는 말이었다.

여당이 다수당이 되는 바람에 내각 구성권을 야당에 넘겨주는 일은 생기지 않았으나 대통령 권한을 줄이겠다는 구상에는 변함이 없었다. 그 대안이 국무총리에게 행정부의 지휘 권한을 대폭 넘기는 것이었다.

처음에는 한나라당을 탈당해서 옮겨온 부산 출신의 김혁규를 총리로 앉히려 했다. 협치의 명분에 적절한 인사라고 생각해서였다. 하지만 지명하기 전에 먼저 새나가는 바람에 한나라당이 거세게 반발했다. 결국 측근인 이해찬을 고건의 다음 총리로 지명하게 된다.

이해찬은 명실상부한 실세 총리로 부상했다. 노무현은 공언한 대로 대통령 권한의 상당 부분을 이해찬에게 위임했다. 덕분에 이해찬은 역대 어느 총리보다도 막강한 총리 노릇을 했다. 장관의 인사 문제를 놓고도 강하게 의견을 냈다. 2006년 대통령이 유시민을 보건복지부 장관에 앉히려 하자, 제청권자인 이해찬이 반대하는 바람에 고성이 오가는 언쟁이 벌어지기도 했다.

369

2003년 4월 박희태 한나라당 대표를 예방한 유인태 정무수석. 그는 참여정부의 처음이자 마지막 정무수석이었다.

청와대와 국회의 소통 창구 역할을 담당하는 정무수석 자리도 집권 1년 만에 없애버렸다. 총리를 중심으로 책임 장관제를 강화해 해당 장관들이 알아서 국회와 소통하면 된다는 생각이었다.

공천권 포기, 정치자금 개혁 성과

대통령 권한 줄이기의 또 한 가지 중요한 축은 여당과의 담 쌓기였다. 역대 대통령들이 자동으로 겸임해 왔던 당 총재 자리를 사양했고, 선거에서 공천권 행사를 사절했다. 이른바 당정 분리였다.

"당정 분리가 나오게 된 계기는 대통령이 당의 총재 또는 명예총재로서 당을 지배함으로써 빚어지는 하향식·수직적 정치 문화, 그래서 자율성과 창의성이 떨어져 가는 병폐를 막자고 하는 것입니다. … 당직 임명권과 공천권은 확실하게 배제되어야 하고, 스스로 공천권을 가진 당직을 맡는 것도 맞지 않기 때문에 저는 평당원의 자격을 가지려고 합니다."(2002년 12월, 당선인 시절)

대통령을 두고 총재 대신 '1호 당원'이나 '수석 당원'이라는 호칭으로 부르게 된 것도, 대통령의 '공천 개입'을 문제 삼을 수 있게 된 것도 이때 제도화한 결과였다.

정치자금을 둘러싼 부패 정치의 개혁에도 손을 댔다. 자신이 장수천 사건으로 대통령 취임 초장부터 망신을 당한 것이 결정적인 계기가 됐다. (제9장 '노무현과 돈' 참조) 관례화돼온 기업과의 검은 거래를 제도적으로 차단하자는 것이었다.

이해관계가 얽힌 기존 정치권의 반대가 심했으나 마침 대선 불법 자금 사건이 터지는 바람에 노무현에게는 전화위복이었다. 17대 총선부터 개정된 정치자금법 등이 적용되었고, 선거 분위기는 크게 달라졌다. 당시 LG그룹 회장 구본무의 회고를 인용할 만하다.

"선거 때만 되면 으레 각 정당에서 여러 형태로 연락이 오는 게 오랜 관례였습니다. 선거자금을 도와달라는 것이지요. 그래서 17대 총선을 맞아서도 그러려니 했어요. 그런데 선거가 끝날 때까지 한 군데서도 연락이 없는 거예요. 정말 세상이 달라졌음을 실감했어요."

중요한 변화였다. 이처럼 노무현 집권 초기의 정치적 행보는 요란하긴 했어도 참신한 개혁 노력이 돋보였다. 과거 대통령 누구에게서도 찾아볼 수 없는 시도였고, 그 핵심은 대통령 자신의 권력과 권한을 줄여나가는 일이었다. 정치 권력은 당에 맡기고 행정의 대부분은 책임총리에게 넘기는 한편, 법을 고쳐 '깨끗한 선거'의 발판을 만들었던 것이다.

대연정 제안, 자중지란 불러

그러나 노무현의 정치 개혁은 거기까지였다. 한국의 정치 현실은 그가 추구했던 명분과는 전혀 다른 방향으로 흘러갔다. 당정 분리分離는 당정 유리遊離 현상을 빚으면서 오히려 독이 되어 돌아왔다. 대통령이 빠진 정부·여당 내에 혼란과 자중지란을 불렀다.

"노 대통령은 너무 앞서 나갔어요. 그는 구습 정치의 탈피를 위해 자신의 정치 권력을 거세하면서까지 당에 대한 간섭을 절단했는데, 너무 나이브한 생각이었습니다. 한국의 정치 현실을 너무 쉽게 생

각했던 거지요.”(정대철 헌정회장)

심각성을 더해가는 일자리 문제, 끝을 모르는 집값 상승 등으로 노무현 정부의 지지도가 바닥을 헤매는 가운데 여당과 정부는 따로 놀았다.

대통령은 툭하면 구설수를 자초했고, 여당은 집권당 노릇을 제대로 하지 못했다. 입법을 통해 정부 정책을 뒷받침하고, 야당의 정치 공세에 맞서 대통령을 감싸줘야 하는데 전혀 그렇지 못했다.

열린우리당은 그들대로 서운한 점이 많았다. 대통령은 ‘당정 분리’를 앞세워 당 의장(대표)과의 만남도 꺼리는가 하면, 대통령이 참석하지 않는 ‘정무관계 회의’를 제안한 것도 불만이었다. 중요한 발표를 할 때 여당과 먼저 상의하지 않는 일도 잦았다. 한·미 FTA 같은 중요한 정책 결정도 마찬가지였다. 상호 협력은 고사하고 걸핏하면 삐걱댔다. 정무수석마저 없어졌으니 국회와의 소통은 더욱 어려웠다. 어설픈 당정 분리가 자초한 현상이었다. 결국 2005년 4·30 재·보궐 선거 참패로 다시 국회는 여소야대 국면으로 바뀐다.

이즈음 노무현은 드디어 크게 ‘사고’를 친다. 대연정을 공식 제안한 것이다. 그해 6월, 서울 종로구 삼청동 총리 공관에서 이해찬 총리와 정동영 통일부 장관, 문희상 열린우리당 의장, 김병준 정책실

ं

2005년 7월 14일 서울 영등포 당사에서 열린 고위당정정책조정회의. 문희상 의장, 정동영 통일부 장관, 이해찬 총리, 정세균 원내대표가 회의장에 입장하고 있다(왼쪽부터).

장, 문재인 민정수석 등 당과 정부, 청와대 핵심 관계자 '11인회'의 모임이 있는 날이었다. 이날은 평소와 달리 노무현도 참석, 작정했던 말을 꺼냈다.

"야당과의 연정을 하고자 합니다. 차라리 한나라당에게 정권을 2년 맡기면 얼마나 잘하는지 볼 수 있지 않겠습니까? 프랑스 헌법이 우리와 유사한데, 국회 과반수 정치 연합이 정권을 가져갑니다."

총선에 승리하는 바람에 없던 일이 되었던 집권 초기의 대연정

구상을 노무현은 다시 꺼내든 것이다. 참석자들은 모두 깜짝 놀랐
다. 대연정이고, 소연정이고 안 된다는 분위기였다. 노무현은 실망
한 표정을 감추지 못했다. 이해찬은 참석자 한 명 한 명을 붙들고
"이 얘기가 나가면 큰일 난다. 머릿속에 있으면 입으로도 나오니,
머릿속에서도 지워달라"며 입단속을 했다.

하지만 세상에 비밀은 없는 법, 며칠 안 가서 기사가 나왔다. 노
무현은 기왕 말이 새나간 김에 청와대 홈페이지를 통해 '연정' 구상
을 밝히고, 기자회견(7월 29일)을 자청한다. 여야가 선거제에 합의
해주면 한나라당이 주도하는 대연정에 대통령 권력을 넘기겠다고
밝혔다. 그는 "지역주의 극복은 나의 정치 생애를 건 목표이자 대
통령이 된 이유"라며 "정권을 내놓는 한이 있더라도 꼭 선거제도를
고치고 싶다"고 했다.

여당은 당혹스러웠고, 지지자들은 반발했다. 야당은 "정책 실패
에 대한 책임을 야당과 나눠 지려는 계산"(한화갑 민주당 대표), "헌
법 파괴적 생각"(박근혜 한나라당 대표)이라며 당면한 민생 문제에
나 전념하라고 일축했다.

우군은 없고 사면초가였다. 그래도 주눅 들지 않았던 노무현은
개헌안 발제로 연이어 '사고'를 친다. 임기를 1년 남기고 '대통령 4년
중임'과 '총선·대선 동시 실시'를 골자로 하는 개헌안을 내놓은 것

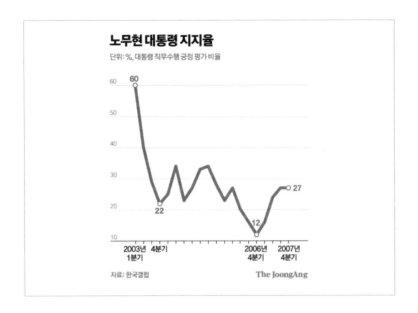

노무현 대통령 지지율

단위: %, 대통령 직무수행 긍정 평가 비율

60

22

12

○ 27

2003년
1분기   4분기

2006년
4분기

2007년
4분기

자료: 한국갤럽

The JoongAng

이다. (제15장 '개헌론' 참조)

　야당의 공격은 뉴스가 아니었다. 여당인 열린우리당까지도 독선
과 무능한 정부라는 비난 여론에 노골적으로 동조했다. 대통령 레
임덕은 갈수록 심해졌고, 급기야 여당은 차기 선거를 의식해서 정
권과의 거리 두기에 나섰다. 참여정부를 실패한 정부로 규정하는
것도 마다하지 않았다. 정동영·김근태 등이 선봉이었다.

　"정동영 장관마저 그러면 안 되는데… 참여정부가 진짜 실패한 거
맞나요? 여당도 장관들도 그렇게 말하는데 나는 인정 못 하겠습니

다. 완성은 시키지 못했지만 새로 뿌린 게 많지 않습니까."

당시 대변인 김종민에게 노무현이 늘어놓은 넋두리였다. 자신이 장관으로 등용한 당의 중심 인물들까지 참여정부 실패론에 앞장선다는 것은 상상도 못 했던 일이었다.

문 닫은 열린우리당… "당정 분리 실패" 선언

그렇지 않아도 열린우리당은 이미 망조가 들고 있었다. 2007년 1월부터 창당 주역이었던 천정배를 필두로 우르르 탈당 러시가 시작된다. 더 이상 노무현과 한편이어서는 차기 대선에 불리하다는 판단이 지배적이었다. 노무현은 자신도 모르는 사이 진보 진영 내에서조차 '왕따'가 되어버린 것이다.

결국 노무현은 2007년 2월 22일, 입당 2년 9개월 만에 탈당 의사를 밝힌다. 아무도 말리지 않았다. 사실상 압박에 못 이겨서 쫓겨나는 것이나 마찬가지였다. 그날 저녁 청와대, 열린우리당 지도부와 '최후의 만찬'은 "비감한 분위기"였다는 것이 홍보수석 윤승용의 전언이었다. 식탁에 놓인 와인 한 잔 제대로 비운 사람이 없었다고 한다. 노무현의 당이라고 할 수 있는 열린우리당은 그해 8월 새로 창당된 대통합민주신당으로 흡수 통합되면서 역사의 뒤안길로 사라지고 만다.

뒤늦게 정신을 차렸던 것일까. 노무현의 입에서, 자신이 주창해 온 정치 개혁의 현주소를 깨닫는 언어들이 나오기 시작한다.

"앞으로는 당정 분리도 재검토해봐야 합니다. 책임 안 지는 거 보셨죠? 대통령 따로 당 따로, 대통령이 책임집니까, 당이 책임집니까? 당이 대통령 흔들어 놓고 대통령 박살 내놓고 당이 심판 받으러 가는데, 같은 겁니까 다른 겁니까. 어떻게 심판해야 하지요? 책임 없는 정치가 돼버리는 것이지요. 정치의 중심은 정당입니다. 대통령 개인이 아니고요." (2007년 6월, 원광대 명예박사학위 수여식)

정권의 끄트머리에 다가서면서 노무현은 평정심을 유지하는 데 어려움을 겪는다. 정치적 좌절, 소외, 회한 속에서 우울한 시간이 늘어났다. 때로는 격정적 연설과 분노 표출로 주변을 당황시키기까지 했다.

"노 대통령은 국정 운영을 하면서 당을 어떻게 쓰는지를 잘 몰랐다. 사전에 문제가 될 만한 것들은 당과 미리 조율하고 필요하면 설득도 해야 했는데, 너무 규범적이고 경직된 형태로 '당정 분리'를 생각했던 것 같다." (강원택 서울대 교수)

2007년 2월 6일 국회 정론관에서 김한길 열린우리당 전 원내대표, 강봉균 정책위의장 등 23명의 의원이 탈당 기자회견을 하고 있다.

　　노무현이 추구해온 정치 개혁의 꿈이 지닌 허점에 대한 적확한 지적이다. 요컨대 당정 유착의 구태를 청산하는 일은 이뤄냈으나 새로운 변화를 일궈내는 일은 몰랐던 것이다. 파괴에만 성공했을 뿐 그다음은 무책임했다는 이야기이기도 했다.

　　그의 후회와 좌절은 매우 깊었다. "차라리 대통령을 하지 않았더라면"이라든지, "내가 대통령이 되려고 한 것이 가장 큰 오류"(『성공과 좌절』)라는 메모 등이 노무현의 심경을 말해주는 편린들이다. 자신의 잣대로 노무현은 '실패한 정치인'이었던 셈이다.

노무현과 나:

김경수
전 청와대 비서관

노 대통령은 왜 4년 중임 개헌을 생각했을까.

"대통령과 정부가 일할 수 있는 구조를 만들어주고, 그 성과를 가지고 선거에서 평가가 이뤄져야 책임 정치가 이뤄진다"고 늘 말했다. 5년 단임제는 정부에 대한 평가보다는 후보가 누구냐에 따라 선거판이 좌우되는 경우가 많아 한계가 있다.

당정 관계가 제대로 굴러가지 않았다. 무엇이 문제였나.

그때는 당정 분리를 시대정신처럼 얘기했다. 김대중 대통령도 당 총재를 겸임하고 최고위원까지 다 임명했다. 노 대통령은 이런 부분에 문제 의식이 컸다. 당무는 당이 알아서 하고, 책임총리제를 통해 당정 관계를 풀 수 있다고 생각했다. 지금 와서 보면 너무 앞서 나간 것 같다.

노무현 정신의 핵심으로 '통합'을 꼽았는데.

노 대통령의 기록 중에 가장 많이 나오는 단어가 '국민 통합'이다. "내 평생의 목표는 국민 통합입니다"라고 여러 번 말씀하셨다. 노 대통령을 통합의 아이콘으로 기억하는 사람이 많지는 않지만 가장 절실하게 원했던 것은 통합, 그리고 이를 위한 정치 개혁이었다. 협력·연대의 정치가 가능한 구조를 어떻게 만들지 고민했고, 거기에 선거제 개편까지 포함되는 거다.

노 대통령이 퇴임 후 시의원 출마를 검토했다고.

시의원 출마도 국민 통합에 도움이 되지 않겠느냐며 검토해보자고 했다. 이병완 비서실장이 영향을 받아 광주에서 구의원을 했다.

당신은 친노인가, 친문인가.

어느 쪽이라기보다는 그저 민주당 적자라고 봐달라. 노 대통령과 가장 오래 일을 했고, 정치적 영향을 가장 많이 받았다. 정치를 하면서부터는 이럴 때 노 대통령이었으면 어떻게 하셨을까 질문을 많이 하게 된다.

노무현과 나:

김종민
전 청와대 대변인

노사모(노무현을 사랑하는 사람들 모임)는 한국 정치 팬덤의 출발점이라 할 수 있는데.

지금의 극성 정치 팬덤과는 좀 달랐다. 노 대통령은 매년 노사모를 영빈관으로 초청해 식사 대접을 했다. 그 모임마다 꼭 강조한 게 있다. "노사모가 고유명사가 아닌 보통명사가 되어야 한다"는 당부였다. 노무현이라는 개인에 대한 애정을 넘어서 '시민 정치 참여 운동'의 역사를 새롭게 쌓아가 달라는 거였다. 2006년에 '서프라이즈(친노 성향 사이트)'에서 "참여정부가 실패했느냐, 아니냐"를 두고 논쟁이 벌어졌다. 많은 노사모 회원들이 "노무현 개인의 추종을 위해 모인 것이 아니다. 잘못한 게 있으면 비판하자"고 했다.

노 대통령은 정치 개혁에 실패했다는 좌절이 컸는데.

임기 마지막 해에 "대통령이 되면 내 뜻대로 정치 통합, 균형 발전이 될 줄 알았는데 쉽지 않더라"고 토로했다. 나는 "시간이 걸리겠지만, 누군가 이 뜻을 이어 완성할 날이 올 것"이라고 답을 드렸다. 실패한 정치가 아니라, 못다 이룬 미완의 정치로 봐야 한다. 정치적 의미와 가치가 크기 때문에 재해석하는 것이 중요하다.

참여정부의 평가 작업도 대통령 주도로 시작했는데.

노 대통령은 "참여정부는 과연 실패한 게 맞나. 완성하지 못했으나 새로 뿌린 것이 얼마나 많은가"라며 평가 작업을 제안했다. 마지막 1년간, 주말 빼고 거의 매일 아침 7시 30분에 올라가서 대통령을 인터뷰하고 참여정부 5년을 평가하는 작업을 했다. 그 결과 중 하나가 '참여정부 5년'이라는 DVD다. 돌아가시고 나서 거리에 가장 많이 나오던 장면이 그 영상 속 대통령의 모습이었다.

퇴임 후에 '민주주의 2.0'을 운영했는데.

노 대통령은 "시민들의 생각대로 대한민국이 바뀐다"고 믿었다. 처음엔 출판사·재단·연구소 운영까지 검토했지만, 시민들이 참여할 수 있는 토론 플랫폼을 만드는 쪽으로 결론을 내렸다. 노 대통령은 댓글이 아닌 답글, 자기 이름을 걸고 책임 있게 얘기하는 방식을 원했다. 하지만 기획 작업에 참여한 파워 블로거들이 반대해서 댓글 창을 열었다. 결국 박연차 사건 이후에 노 대통령을 공격하는 욕설이 난무했고, 문을 닫게 됐다.

"한 건 하려다 사고 좀 쳤다"
참패로 끝난 부안 방폐장

'바람 잘 날 없는 한국'이라지만 노무현 시대는 유난히도 바람이 잦았다. 화물연대로 식겁하는 중에 다른 한편에서는 또 다른 골칫거리가 고개를 쳐들고 있었다. 첫 원전 폐기물 처리 시설이 급기야 심각한 사회 문제로 떠오른 것이다. 이른바 부안사태, 노무현의 또 하나 뼈아픈 실패였다.

처음에는 잘나갔다. 사회적 갈등의 사전 봉합에 노무현 리더십을 발휘해 볼 좋은 기회이기도 했다. '사회 갈등 논의 기구'라는 것까지 총리 직속으로 만들었다. 대통령은 "방폐장 부지 선정은 더 늦출 수 없으니 서둘러 대책을 마련하라"고 국무회의를 통해 지시할 정도로 특별한 관심을 가졌다.

2003년 7월 25일 부안군 주민 8000여 명이 군청 앞에 모여 방폐장 부지 선정 반대 시위를 벌였다. 이들은 김종규 군수가 주민의 뜻을 묻지도 않고 결정했다고 주장했다.

방폐장

원자력 발전 과정에서 나오는 방사성 폐기물질을 처리하는 시설. 2014년 완공된 경주 방폐장은 장갑·옷 등을 수용하는 중·저준위 폐기장이다. 2025년 2월 27일에는 '고준위 방사성 폐기물 관리 특별법'이 47년 만에 국회를 통과했다. 세계 10대 원전 운영국 중 고준위 방폐장 계획이 없는 국가는 인도와 한국 단 2개국뿐이었다.

역대 정권 최대 난제 중 하나

방폐장 선정 문제는 어제오늘의 고민이 아니었다. 전두환 정권 후반부터 방폐장 부지 확보가 어려워지기 시작했다. 영덕·영월·태안·안면도·굴업도 등이 후보에 올랐지만 번번이 해당 지역 주민들의 강한 반발, 구조적 지질 문제 등에 부닥쳐 실패했다.

노무현은 정부 출범 초부터 방폐장 부지 선정 작업을 강하게 밀어붙였다. 주무 부처인 산자부 장관 윤진식이 해결사로 나섰다. 특단의 당근책도 마련했다. 이른바 혐오 시설과 인기 시설을 패키지로 묶으면 지역 주민들의 반발을 누그러뜨릴 수 있지 않겠느냐는 판단이었다.

그래서 생각해 낸 것이 당시 지자체들이 유치 경쟁을 벌여 온 '양성자 가속기 사업'(1조 원 상당의 지역경제 파급효과 추정). 방폐장과 붙여서 지자체들의 경쟁을 기대했다.

그러던 중 전라북도 부안군으로부터 희소식이 날아왔다. 유치 신청 마감을 나흘 앞두고 부안 군수 김종규는 전북도청에서 기자 회견을 열었다.

"방폐장은 국책 사업일 뿐만 아니라 위도에 유치할 경우 지역 개발은 물론 부안 변산반도 일대의 관광 자원 개발에도 도움이 될 것으로 판단했습니다."

가구당 3억~5억 원 지원설 돌아

위도는 당장 스포트라이트를 받았다. 부안군 변산면 격포항에서 14.4km 떨어진 위도는 배로 40분이나 걸리는 섬이었다. 방폐장으로 안성맞춤이었다.

1400명의 위도 주민들 대다수는 찬성 쪽이었다. 위도에는 가구당 3억~5억 원의 현금 보상이 있을 것이라는 얘기가 유치 신청 이전부터 떠돌았기 때문이다. 이즈음 현금 보상을 노린 외부인들의 전입으로 위도 인구가 갑자기 300~400명이 늘어날 정도였다.

그러나 육지 쪽 분위기는 정반대였다. 내륙에 사는 부안군민들과 군 의회의 반발을 김종규는 너무 쉽게 생각했다. 당장 부안군 의회는 위도 주민들이 제출한 유치 신청 청원을 부결했다. 농민회원들과 지역 환경단체 등도 강하게 반발했다.

중앙정부에 유치를 신청한 지 며칠 되지 않아 부안은 걷잡을 수 없는 혼란 속에 빠져들기 시작했다. 부안군민 8000여 명과 전북 지역 시민, 환경단체는 부안군청 앞에 모여 방폐장 위도 유치를 반대하는 대규모 집회를 열었다. 경찰은 강경 진압에 나섰다. 100여 명의 부상자가 생겼다. 시위는 계속됐다.

전북 부안군 위도면 치도리

The JoongAng

시위 두 달째인 9월 초 김종규 군수가 시위대에 끌려가서 감금과 집단 폭행을 당했다. 코뼈와 갈비뼈가 부러지고 폐 속에 피가 고일 정도로 중상을 입었다. '전시를 방불케 할 정도의 폭력이 난무하고 있다'는 보고가 청와대로 올라갔다. 쇠파이프와 각목이 등장하고 경찰차가 전소됐는가 하면 전경들은 오물을 뒤집어썼다. 국가 공공 권력이 완전히 무기력해진 상태처럼 보였다.(『참여정부, 절반의 비망록』 225쪽)

노 대통령, 군수 폭행 사건에 격노

이유 여하를 막론하고, 이 같은 무정부 상태가 참여정부에서 발생한 것은 상상도 할 수 없는 일이었다. 민선 군수가 시위대에 끌려

가서 폭행을 당하다니….

노무현은 강력한 공권력 발동을 지시했다. 당장 경찰력을 증원하고 시위자들에 대한 진압작전이 시작됐다. 부안에 배치된 경찰 20개 중대(2000여 명)를 60개 중대(6000여 명) 세 배로 늘렸다. 그동안 눈감아줬던 미신고 집회도 불허했다. 주민들 사이에선 "계엄령이 선포된 것 같은 분위기"라는 말이 나올 정도였다.

사태가 갈수록 악화하자 주무 장관 윤진식은 속이 탔다. 강경책만으로는 한계가 있다고 판단, 당근을 꺼내 들었다.

"주민들의 불안감을 씻어주고 정부의 시설물 건립 의지를 보여주기 위해 위도에 대통령 별장을 짓는 방안을 검토하겠다."

(9월 17일, 윤진식 장관 기자 간담회)

또 다른 악수였다. "도깨비 같은 제안"이라며 황당해하는 반응부터 "차라리 청와대를 옮겨라"는 비아냥도 이어졌다. 청와대 참모들도 "사전 협의가 전혀 없었다"며 당혹스러워했다. 노무현 역시 "적절치 않다"며 무시했다.

상황은 계속 꼬여 갔다. 부안 대책위 측은 "연내에 유치 찬반 주민 투표만이 해결책"이라고 제안했다. 하지만 정부 측은 반대했다.

2003년 11월 19일 방폐장 유치 반대 시위가 최고조에 달했다. 반대 측 시위대가 부안군청 앞에서 가스통에 불을 붙이는 등 시위는 격렬했고 부상자도 속출했다.

대통령도 마찬가지 입장이었다.

"유언비어와 공포 분위기 때문에 연내 주민 투표를 하면 결과는 뻔할 것입니다. 공정한 투표를 위해서는 질서 회복이 우선입니다."

(전북지역 언론인과의 간담회)

최악의 폭력 사태에 장관 경질

웬만하면 공권력 발동을 억제해 온 노무현이 이젠 누구보다도

390

강경론자가 된 것이다. 11월 말, 경찰 병력을 8000명까지 증원했다. 당시 부안군민 수가 7만 명이 채 안 됐다는 것을 감안하면 주민 10명당 경찰 1명꼴이었다. 경찰은 야간 집회도 허용하지 않았다. 이에 반발하는 주민들의 시위는 최악의 폭력 사태와 유혈 충돌로 이어졌다.

결국 책임을 지고 주무 장관인 윤진식이 물러났다. 정부는 뒤늦게 '방폐장 부지 선정 원점 재검토' '유치 신청 추가 접수' '주민 투표를 통한 결정' 방침을 발표했다. 사실상 정부가 항복한 것이나 다름없었다. 그리고 12월 초 후임 산자부 장관으로 이희범이 임명됐다.

한편 부안은 이듬해 3월이 돼서야 주민 투표가 이뤄졌다. 전체 유권자 5만 2108명 중 3만 7540명이 찬반 투표에 참여해 3만 4472명 (91.83%)이 반대한 것으로 나타났다. 부안을 끌고 갈 동력이 완전히 사라졌다.

취임 후 이희범은 방폐장 문제와 관련해 요행히도 '대통령 독대' 기회를 잡았다. 지방 행사에 가는 대통령 전용 KTX 열차 속에서 단둘이 앉아 현재 상황과 향후 계획 등을 상세히 보고했다. 보고를 받은 노 대통령은 이희범에게 이렇게 당부했다.

"이 장관, 산자부 예산 많잖아요. 방폐장 유치하는 데 지원 좀 팍팍

2004년 1월 이희범 산자부 장관이 KTX에서 노무현 대통령에게 독대 보고를 하고 있다.
사진 노무현재단

하세요. 꽉꽉."

이희범은 대통령에게 가져간 보고서 겉표지에 '꽉꽉'이라고 큼지막하게 적었다.

대통령 독대 후 이희범은 작전을 새롭게 바꿨다. 우선 방폐장 유치는 최대한 경쟁 구도로 가야 한다고 봤다. 유치 의향을 밝힌 지자체 중 주민 투표를 해서 찬성률이 가장 높은 곳을 선정하기로 했다. 또 방폐장의 필요성과 안전성에 대한 여론전도 적극 펼쳤다. 특히 반대 측과의 공개 토론도 마다치 않았다.

방폐장 두고 네티즌과 토론회도

이희범은 인터넷 포털과 KTV 채널이 동시 생중계하는 가운데 네티즌들과 끝장 토론을 벌였다. 주무 장관이 네티즌들과 공개 토론을 한 것은 처음 있는 일이었다. 오히려 정공법이 먹혀들었다.

"우리나라는 원전이 전체 전력 생산의 40%가 넘는 비중을 차지하고 있는데, 방폐장을 마련하지 않으면 원전을 멈춰야 한다고 설득했어요. 방폐장을 반대하면 전기도 쓰지 말자고도 했고요. 밥은 먹으면서 화장실은 만들지 말자는 것과 뭐가 다릅니까. 도둑놈 심보나 다름없는 주장이지요."

정부는 방폐장 유치 신청을 새로 받았다. 경주·군산·영덕·포항 등 4개 지자체가 응했다. 주민 투표를 해서 찬성률이 가장 높은 곳을 선정하기로 결정했다. 지자체가 주민 투표를 자체 관리할 경우 부정 투표의 여지가 있다고 판단, 중앙선관위의 협조를 얻어 공정한 투표 관리에 신경 썼다. 그 결과 2005년 11월 초, 경주가 투표율 70.8%에 찬성률 89.5%를 기록해서 다른 지역을 제치고 방폐장 부지로 최종 선정됐다.

19년 만에 방폐장 부지 경주로 선정

정부가 방폐장 부지 선정에 나선 지 19년 만이었다. 노무현은 경주 시민에게 감사 인사를 전하며 이렇게 말했다.

"이제 개발 독재의 밀어붙이기식 행정으로는 국책 사업을 추진할 수 없는 시대입니다. 급할수록 민주적인 절차에 따라야 합니다. 국책 사업을 대상으로는 처음 주민 투표를 실시해서 민주적인 의사 결정이 이뤄졌습니다."

진작 이런 원칙과 절차로 진행됐더라면 2003년 부안 사태는 없었을지도 모른다. 임기 내 마무리해야 한다는 조급한 마음, 정부의 오락가락 대응, 주민 여론 청취와 설득 작업 부재 등이 큰 원인이었다.

2005년 11월 경주시의 방폐장 유치가 결정되자 백상승(앞줄 왼쪽에서 셋째) 경주시장과 공무원들이 시청회의실에서 만세를 부르고 있다.

그렇다면 노무현은 왜 그렇게 방폐장 문제에 매달렸던 것일까. 대선 후보 시절에도 노무현은 원전 문제를 깊게 고민하지는 않았었다. 후보 시절 한 토론회에서 질문이 나오자 "원전이 경제 발전의 원동력 역할을 하고 에너지 자립에 기여했다"는 정도의 답변을 했을 뿐이다.

"원전의 원 자도 잘 모르는 내가 한 건 하려다가 사고 좀 쳤습니다"라는 말을 농담 삼아 했었다는 것이 이희범의 기억이다. 사실 스스로를 자책하는 농담이기도 했다. 한 건 해 보이려다가 엄청난 재앙을 초래한 것은 부안 군수나 주무 장관이나 대통령이나 매일반이었다. 정부 차원에서 전혀 예상치 못한 수치스러운 실패였다. 노무현은 기자 간담회에서 정부의 실수를 일부 인정하기도 했다.

"처음에는 여러 지자체의 경쟁 구도가 될 것으로 생각했어요. (부안이 유치 신청서를 내자) 나는 부안이 참 좋겠다고 봤어요. 선물이 많이 붙어 있으니까 이것은 좀 전라북도로 가면 좋지 않겠느냐는 판단이 있고 해서 서둘러 규정도 고치고 절차를 단축했던 겁니다. 사태를 좀 안이하게 본 것이지요. 환경단체의 실력을 우리가 좀 가볍게 본 것 같기도 합니다."

이런 노무현의 언급은 부안 사태가 왜 벌어졌는지를 보여주는 고백이나 다름없었다. '선물'이라는 안이한 인식 속에 너무 서두른 나머지 지역민과 의회에 대한 설득 작업도 없이 군수의 의지만 믿고 추진하다 무정부 상태나 다름없는 대재앙을 겪었던 것이다.

부안 사태로 주민 166명이 구속·불구속 기소됐고, 이 중 54명이 실형을 선고받았다. 경찰과 주민을 포함해 500명이 넘는 부상자가 나왔다. 환경단체들은 부안 사태를 민중이 승리한 역사로 기록하고 있다. 하지만 찬반으로 갈렸던 부안 주민들 간의 갈등과 앙금의 골은 쉽게 사라지지 않았다. 부안 대신 방폐장이 지어진 경주는 지금 공원처럼 꾸며져 안전하게 운영되고 있다.

노무현과 나:

이희범
전 산업통상자원부 장관

부안 사태의 구원투수로 나섰다. 가장 어려운 점이 뭐였나.

환경단체들을 상대하는 일이 쉽지 않았다. 이들에게 원전 반대는 헌법이자 절대 철학이고 성경 말씀이나 다름없었다. 이들에게 휘둘리는 지역 주민들의 여론부터 돌려놓아야 했다.

원전 폐기물의 위험성을 전혀 무시할 수는 없지 않나.

현재 경주에 설치한 방폐장은 중·저준위 폐기물 처리 시설이다. 실험실 폐기물, 보호복, 장갑 등 방사성이 매우 약해 위험성이 별로 없는 것들이다. 원전에서 생산하는 막대한 전기를 누리고 살면서 이 정도 처리 시설도 못 만든다면 원전 문을 모두 닫아야 한다.

장관 취임 후 어떻게 대응했나.

우선 산자부에서 가장 우수한 인원들을 뽑아 방폐장 추진단을 만들었다. 또 여론도 중요했기 때문에 방폐장 설치를 반대하는 인사들과 인터넷 끝장 토론회도 열어 적극적인 설득에 나섰다. 당시 우리나라 에너지 관련 해외 수입액이 1000억 달러 정도였다. 전기 생산을 하는 데 있어 원전이 40% 넘게 부담하고 있었다. 원전을 반대하려면 당장 전기를 쓰지 않겠다는 약속부터 해야 하지 않느냐고 했다.

노 대통령의 성향상 환경단체들의 손을 들어줄 수도 있지 않았을까.

노 대통령은 방폐장 문제만큼은 합리적인 현실주의자였다. 원전은
잘 모르는 분야였지만 심각한 사회 갈등이 있는 분야라 자신의 임기
내에 처리하려는 의욕이 강했다.

정부가 너무 부안 군수만 믿고 맡겼던 것 아닌가.

지자체 간 경쟁 구도로 판을 짜고 추진해야 했는데 부안 군수의 의
지와 추진력에 기댄 측면이 많았던 것 같다. 주민들을 설득하는 사전
작업도 안 됐고 의회의 지지도 얻지 못했다.

'서울대 폐지' 총장도 압박
교육비는 되레 2배로 늘었다

　　노무현 정권이 교육 개혁의 기치를 내걸었을 때 보수 쪽 사람들은 걱정이 많았다. 김대중 정권이 합법화한 전교조(전국교직원노동조합)가 득세하면서 가뜩이나 교육 현장이 좌경화되고 있었기 때문이다. 그럴 만도 했다. 노동 변호사 출신 노무현은 일찍이 전교조와 인연이 있었다. 대통령에 당선되기 13년 전(1989년) 어느 날 국회의원 신분으로 전교조 사무실을 찾아, 아래와 같은 일장 연설을 했다.

　　"소수의 특권층들에게 항상 유리하도록 교육 내용이 채워져 있지 않습니까? 그 교육 노동에 종사하는 교사들이 사실상 정치적으로 이용당하고 있는데, 어찌 정치 무장화하지 않을 수 있겠습니까? … 저는 참교육 실현에 몸부림치는 교사가 없다면 제 자식들을 학교에 보내지 않을 겁니다."('전국교사신문')

1989년 10월 서울 남산에서 열린 전교조 주최 '참교육을 위한 국민걷기대회'에 참석한 노무현 통일민주당 의원. 사진 노무현재단

전교조를 적극 지지하는 격려사였다. 정치 선동적 표현도 마다 하지 않았다. 세월이 지나서도 여전했다. 당선인 신분이었을 때 인 수위에서 DJ 정권 마지막 교육부 장관 이상주와 벌인 설전도 볼 만 했다. 전임 정권의 교육 정책을 비판하는 노 당선인에 대해 이상주 가 반박하고 나섰다. (김진표 회고)

"잘못 알고 계신 겁니다."

"내가 잘못 알아요?. 내가 국회 교육위원회를 했습니다. 내가 보고 느낀 우리 교육의 가장 큰 문제는 지금 교육부 장관 당신처럼 선생

님, 교수 출신이 정책을 주도한다는 겁니다. 모든 교육 정책이 선생님, 교육 관료 등 공급자 중심으로 가면 미래 사회에 필요한 영역에는 맞지 않습니다."

마음먹고 '과거의 교육'을 둘러엎으려는 참인데, 물러가는 정부의 주무 장관이 대뜸 "잘못 알고 있다"고 반박을 하니 버럭 화가 났던 것이다.

"학부는 추첨제로"… 서울대 폐지 모색

그의 교육 개혁은 다분히 사회운동의 일환이었다. 그는 여기저기서 '교육 기회의 균등'을 역설했고, 사회적 약자에 대한 배려를 강화하는 것이 개혁의 핵심임을 강조했다. 단적으로 말해, 부잣집 자식들만 고액 과외로 좋은 대학을 가는 풍토를 없애는 것이 정책 목표였다.

사교육비의 폐단을 누가 모르겠는가. 노무현은 자신의 임기 안에 이 문제를 꼭 해결하고 싶었다. 초대 교육부총리 윤덕홍을 임명하는 자리에서 "내 임기와 같이하도록 하겠다"는 말도 교육 개혁 정책을 일관되게 추진하겠다는 의지의 표명이었다. 집권 초기에는 의욕이 넘쳐 과격한 발상도 마다하지 않았다. 주변 인물들도 마찬가지였다. 대통령에 취임한 무렵, 노무현은 서울대학교를 없애는 방안도 생각했다. 고액 과외의 원인이 서울대 때문이니 서울대를 없애면 사교육도 없어질 것이라는 논리였다. 당시 서울대 총장 정운찬의 회고다.

> "노무현 대통령은 서울대학교를 없애려고 했어요. 2003년 3월, 그러니까 취임 한 달쯤 지나서 모 교수를 내 방(서울대 총장실)으로 보냈어요. 느닷없이 하는 말이 '서울대는 대학원만 키우는 안도 있는 것 아시지요. 학부는 추첨제가 어떻습니까'라는 겁니다. 나의 대답은 '둘 다 안 된다'였습니다."

'서울대를 사실상 없애고, 대학원 중심으로 만들자'는 구상을 대통령이 메신저를 통해 전해 왔고, 서울대 총장은 한마디로 이를 거부한 것이다. 서울대 폐지 구상은 더 이상 진전되지 않았고, 평준화 정신에 기초해 대학 입시제도부터 과감하게 뜯어 고치는 데 정책의 초점을 맞췄다. 아이들을 시험 점수로 줄을 세워왔기에 사교육비 부담이 커져왔다는 것이 참여정부의 기본 인식이었다. 따라서 해법은 간단했다. 수능시험의 비중을 확 줄이고 고등학교 내신성적 반영을 높이자는 것이다. 이정우·문재인 등 핵심 참모들도 그랬고, 교육혁신위원회라는 대통령 직속 기구도 그런 내용을 다뤘다.

'나이스 파동'으로 전교조와 거리

그러나 현실은 결코 간단하지 않았다. 처음부터 일이 심하게 꼬여 나갔다. 정권이 출범하자마자, 아군으로 여겼던 전교조한테 발목이 잡힐 줄이야. 이른바 '교육행정정보시스템(NEIS·나이스)' 사태로 노무현의 교육 개혁은 시동도 채 걸어보기 전에 제동이 걸렸다.

'나이스 파동'이라는 복병이 숨어 있을 줄은 아무도 몰랐다. NEIS란 초중고 학사 관리를 전산망을 통해 한눈에 볼 수 있게 한

2003년 6월 전교조 조합원들이 서울 을지로입구역 주변에서 교육행정정보시스템NEIS을 반대하는 의미로 쇠창살 안에 들어가 시위를 벌이고 있다.

시스템이다. DJ 정부 말에 도입(2002년 11월)됐는데, 전교조가 개인정보 보호를 앞세우며 격렬한 반대 투쟁에 나선 것이다.

참여정부로서는 애당초 대수롭지 않게 여겼다. 전교조의 반대도 같은 편인 참여정부가 설득하면 어렵지 않게 수그러들 것으로 판단했다. 웬걸, 전교조의 반대로 교육 현장은 혼란에 빠졌다. 급기야 국가인권위원회가 나서 "인권 침해 소지가 있다"고 규정하면서 상황은 더 악화되었다. (2003년 5월 13일) 윤덕홍 교육부총리가 인권위 권고가 나오면 받아들이겠다고 수차례 약속했기에, 당국의 체면은 말이 아니었다. 논란 끝에 타협점을 찾긴 했으나 교육 개혁의 첫 수장은 취임 9개월 만에 물러나야 했다. 정책실장 이정우는 훗날 "나이스 파동으로 장관을 흔들었던 전교조가 원망스럽다"고까지 했다.

예상치 못했던 나이스 파동은 노무현에게 큰 타격을 안겼다. 개혁 작업의 골간을 잡기도 전에 '전략적 동반자'로 여겼던 전교조가 이처럼 애를 먹일 줄 몰랐던 것이다. 대통령 자문위원을 역임한 김용일(한국해양대 교수)의 기억이다.

"NEIS 문제로 대통령이 인수위 시절부터 굉장히 힘들어했습니다. 정부의 유력한 파트너인데, 거꾸로 골탕을 먹는 바람에 대통령이 전교조라고 하면 넌덜머리를 낼 정도였으니까요. 이를 계기로 교육

문제를 굉장히 어려워했고, 어젠다 세팅에도 적극성이 떨어지게 됐
어요."

서울대 총장 경질 요구까지

노무현의 교육 개혁 역정이 얼마나 험난했는가는 임기 중에 교
체된 장관 숫자가 단적으로 말해준다. 윤덕홍을 시작으로 안병영·
이기준·김진표·김병준·김신일까지, 장관 재임 기간이 평균 1년을
넘기지 못했으니 개혁은 고사하고 교육 행정 전반이 불안의 연속
이었다.

대학 입시제도를 둘러싼 의견 대립으로 바람 잘 날이 없었다.
2005년, 서울대가 2008년도 입시에서 '통합 교과형 논술'을 도입한
다고 발표하자 청와대가 발칵 뒤집혔다. 참여정부 정책 기조에 대
한 도전이라면서 개혁파·386들이 일제히 '총장 경질'에 목소리를
같이했다. 교육부총리 시절의 김진표 회고를 들어보자. 갑자기 불
려간 청와대 오찬.

"아무래도 정운찬 총장 옷을 벗겨야겠어요. 서울대 총장 사표를 받
아야겠는데, 교육부총리밖에 없습니다. 어떻게 하면 되겠어요?"

2006년 6월 청와대에서 열린 주요 대학 총장 간담회. 노무현 대통령이 정운찬 서울대 총장과 악수하고 있다.

김진표는 대통령의 말에 깜짝 놀랐다.

"저는 그렇게 생각하지 않습니다. 정운찬 총장은 그동안 입학 정원 감축 등 업적이 많습니다…. 논술 강화는 변별력이 부족한 내신과 수능 보완을 위한 것인데, 이런 자율도 없어서야 대학 경영이 되겠습니까. 서울대 총장을 이걸로 사퇴시키면 해외 토픽에 오를 겁니다."

"사람 함부로 욕할 게 아니구먼. 이 일은 없던 일로 하지요."

서울대 총장 경질 문제를 놓고 웃지 못할 촌극이 벌어졌던 셈이다.

어쨌거나 직접 나서서 총장들과 토론을 벌이는 등 적극성으로 치면 노무현이 역대 대통령 중 단연 1등이었다. 그만큼 말도 많고 탈도 많았다. 개혁의 수장 자리에 경제 전문가(김진표), 행정학자(김병준)까지 동원하다가 마지막은 교육학 교수(김신일)에게 맡길 정도로 고심했다.

노무현도 점점 교육에 대한 학습이 쌓여가면서 초기의 '단순 과격형' 의사 결정을 삼갔다. 여러 말 필요 없이 문제의 핵심은 '그놈의 과외 없애기'인데, 그게 지난한 일임을 뒤늦게 깨닫게 된 것이다. 수시 1등급의 비율 문제로 청와대 측근들과 교육부가 대립했을 때도 노무현은 정작 "대학 자율에 대한 국민 여론"을 운운하면서 교육부를 편들기도 했다.

서울대 폐지 문제도 생각이 달라졌다. 2006년 9월부터 교육부총리로 일한 김신일의 증언이다.

"내가 장관 할 때도 학벌주의를 뿌리 뽑기 위해 서울대를 없애자는 386 비서관·행정관들이 청와대에 여럿 있었어요. 교육부 관료들이 청와대로부터 그런 압력을 받기도 했지요. 그러나 대통령은 생각이 달랐어요. '청와대 젊은 애들 이야기 신경 쓸 것 없어요'라고 내게 직접 말했으니까요."

내신 반영 높였지만⋯ '죽음의 트라이앵글'

개혁파들의 생각은 소위 3불 정책(본고사·기여입학제·고교등급제 폐지)을 고수하는 것은 물론이고, 평준화 정책을 더 강화해 나가는 것이었다. 이를테면 대학 입시에 내신 비중을 더 높이자는 것 등이다. 그래야 입시 지옥이 완화되고 비싼 과외학원이 사라진다고 봤다. 그런데 서울대를 비롯한 대학들이 반발했다. 논술을 통해 학생 선발의 변별력을 높이겠다며 정부 정책에 정면으로 맞서고 나선 것이다. 논란의 북새통 속에 학부형과 학생들만 혼란을 겪었다.

별의별 논쟁이 다 있었다. 내신 반영 비율을 50%로 하네 30%로 하네, 수능을 9단계로 하네 마네, 수능 1등급을 4%로 하느냐 7%로 하느냐⋯. 대통령까지 끼어들어 "대학의 기득권 탓에 공교육을 망치고 있다"며 총장들을 앉혀 놓고 각성을 촉구했다. 야당은 "평등주의 교육이 나라를 망친다"고 정부를 비난했고, 대학은 그들대로 "대학 자율에 맡겨달라"고 요구했다.

이상은 높고 말만 무성했다. 사교육비 감축, 교육 격차 해소, 교육의 공공성, 학벌주의 타파, 대학 서열 완화⋯. 어느 것 하나 되는 게 없었다. 개혁을 주도했던 인물들조차 '실패한 개혁'이라고 폄하할 정도로 내부 비판도 적지 않았다. 그러나 이들이 말하는 실패는 자기네들 뜻대로 되지 않아서 실패했다는 것이지, 진짜 실패와는

수능 비중 40~70% 가중치 꼼꼼히 따져라

대입 전략 어떻게
내신·수능·논술 트라이앵글
내게 유리한 꼭짓점 찾아야

올해 대입 지원전략의 핵심은 수능, 학생부(내신), 대학별고사(면접·논술)의 트라이앵글에서 어느 꼭짓점에 강조점을 둘 것인가에다. 수시I, 수시2학기 모집에 이어 올해 대입의 마지막 기회인 정시모집(12월 20일 시작)에서도 이 전략은 유효하다. '죽음의 트라이앵글'이라고 불렸던 세 가지 전형요소가 자신에게 유리한 쪽으로 활용될 수 있는 모집전형을 찾는 게 우선이다.

특히 올해부터 수능 성적이 점수표시 없이 9등급제로 바뀌었기 때문에 등급제로 인한 변수를 충분히 고려해야 한다. 대학율이 오랜 진통 끝에 내놓은 내신 실질반영 비율과 반영 방법도 구체적으로 체크해 둬야 한다. 이제는 전형요소별로 기본점수가 공개됐기 때문에 원하는 대학의 모집단위에 합격하기 위해서 무엇을 알아나 더 잘해야 하는지 꼼꼼히 따져보는 게 중요하다.

◆정시에선 역시 수능=입시기관 전문가들은 "정시모집의 특성상 각 대학이 수능 성적에 비중을 두고 있는 만큼 수능이 여전히 중요하다"고 한다. 실제로 대학별 수능 반영 비율을 보면 40~70%로 반영 비중이 가장

2008 대입 정시모집 이렇게 대비하라

1 그동안 치른 수능 모의고사 성적을 기준으로 희망 대학을 3~5개 정하라.

2 농어촌 및 실업계 특별전형과 수능 우선선발전형 등 자신에게 유리한 전형 방법을 찾아라.

3 지원할 대학의 수능·학생부·논술의 반영 방법을 확인하고 우선순위를 정해 공부하라.

4 각 대학이 공개한 수능 영역별 응급 점수 표를 기준으로 자신이 취약한 영역을 집중 대비하라.

5 대학별로 학생부의 실질반영비율과 점수 간 점수차를 분석해 유·불리를 체크하라.

6 3학년 2학기 중간·기말고사도 학생부에 반영되므로 끝까지 학생부 등급을 올리기를 포기하지 말라.

7 동점자 간 당락을 결정할 대박별 고사를 위해 평소엔 교과 공부에 대비하고, 수능 이후부터 실전연습을 많이 하라.

높다. 대학들은 또 영역별로 가중치를 부여하는 등 등급제로 바뀐 수능의 변별력을 확보하기 위해 다양한 장치를 마련했다.

일단 수험생들은 수능 평가기관인 교육과정평가원이 주관하는 6월 모의 수능과 6일 치르는 모의 수능 결과를 토대로 지원 가능한 대학을 3~5개 고르는 게 좋다.

이영덕 대성학원 평가이사는 "대학별로 수능 반영 영역과 영역별 가중치·

가산점 등을 살펴 어느 영역에 더 비중을 두고 공부할지 결정하라"고 조언했다. 4개 영역 고루 상위 등급을 받되 각 대학이 강조하는 영역, 즉 등급별 점수 차가 크게 설정된 영역은 더 집중해 대비해야 한다.

특히 서울 소재 상위권 대학들이 대거 도입한 '수능 우선선발' 전형에 도 진출하려면 수능 성적 올리기에 더욱 힘을 쏟아야 한다. 오종운 청솔학원 평가연구소장은 "최상위권 대학을 노린다면 4개 영역 모두 1등급을 받아야 합격 안정권에 들 것"이라고 내다봤다.

◆영향력 커진 학생부=내신 성적의 영향력은 지난해보다 커질 전망이다. 따라서 지원하려는 대학의 요구 수준과 자신의 학생부 성적 간 차이가 얼마나 큰지 분석하는 게 우선이다. 각 대학들이 밝힌 내신 실질반영 비율과 등급 간 점수차 기준표에 3학년 1학기까지 성적을 적용시켜 유·불리를 따져보자.

이남렬 서울시교육청 교육연구사는 "같은 모집단위 내에 수능 동점자가 몰릴 경우 내신성적의 영향력이 상대적으로 더 커진다"며 "3학년 2학기 중간·기말고사도 포기하지 말고 끝까지 챙겨야 한다"고 담부했다. 3학년 성적이 전체 내신의 40~50%를 차지하기 때문에 남은 2학기 성적의 반영 비중이 작지 않다는 것이다.

박수련 기자
africasun@joongang.co.kr

2008학년도 대입 전략을 다룬 2007년 9월 5일자 중앙일보.

거리가 멀다. 문제의 본질은 내신이나 논술의 비중이 어떠냐가 아니라, 사교육비는 계속 늘어왔다는 점이다. 참여정부 마지막 교육부총리였던 김신일의 말에 뼈 있는 고백이 담겨 있다.

"정부가 새로운 제도를 만드는 이유는 당연히 과외와 학원 등 사교

육의 폐해를 줄이자는 것이지요. 그러나 현실을 보세요. 정부가 새로운 제도를 내놓을 때마다 사교육은 더욱 번창했습니다. 정책을 수행하는 입장에서는 괴롭기 짝이 없었습니다."

우여곡절 끝에 참여정부가 만든 2008년도 대입 제도는 내신 반영 비율을 높이고 수능·논술 비중 축소를 골자로 했다. 하지만 대학들은 수능과 내신만으론 변별력이 없다며 논술 비중을 늘렸다. 그 결과 등장한 것이 '죽음의 트라이앵글(내신·수능·논술)'이다.

어찌 보면 학생들을 경쟁의 지옥에서 구출한다는 생각으로 갖가지 방책을 강구했으나 실패였다. 교육의 다양화를 통한 쏠림 현상 해소 정책 또한 마찬가지였다. 전형의 다양화로 인해 오히려 거기에 대처해야 하는 학부형이나 학생들을 더 복잡하고 골치 아프게 할 뿐이었다. 새 상품 개발로 학원 장사만 시켜주는 꼴이었다. 무슨 수단을 동원해서라도 내 자식이 경쟁에서 이기도록 해온 대한민국의 학부형들, 그리고 그 사이를 파고들어 번성해온 사교육 시장에 당할 재간이 없었다. 성균관대 양정호 교수 분석에 따르면, 참여정부 기간의 총 사교육비(105조 원)는 전임 DJ 정부(51조 원)의 두 배가 넘었다.

노무현과 나:

김신일
전 교육부총리

교육부총리를 맡게 된 배경은.

그 무렵 교육 관련 단체들과 함께 시민운동을 하고 있었다. 대통령이
불러 청와대에서 만났다. "김 교수님 별로 뵙지 못했지만, 책을 읽어
서 잘 안다"고 하더라. 내가 쓴 책의 흐름이나 대통령의 생각이 서로
일치하는 것들이 있었다.

노 대통령의 교육관은.

한마디로 실용적, 평등주의적이다. 학벌보다는 실력이 중요하다고 봤
다. 실제 먹고사는 일, 직업 교육에 관심이 많았고 신경을 많이 썼다.

'3불 정책' 전도사로 불리며, 학자 때 소신을 꺾었다는 비판도 받았는데.

내 소신과 별 차이가 없었다. 대학은 자율이 기본이지만, 책임도 있
다. 국가 전체 철학을 위해 봉사하고, 그 틀 속에서 대학이 무엇을, 어
떻게 가르치느냐는 대학의 자율이다.

참여정부 교육 정책 중 잘한 것을 꼽는다면.

평생교육법, 평생교육기구를 만들었다. 아직도 널리 알려져 있지 않

은데, 그때 출발한 것은 잘한 결정이었다. 평생교육이라고 하면 댄스·그림 배우는 걸로 생각하는데, 그건 일부다. 지금 우리 사회가 처해 있는 상황을 봐라. 유튜브를 통한 일방적 주장에 휩쓸려가지 않나. 비판적으로 의식하고 사고해야 우리 의식 수준이 높아지고 민주 사회가 되는 건데…. 평생학습도 그런 교육 방향으로 갈 필요가 있다. 직업 교육도 열심히 했고, 대통령이 직접 주재하는 국가인적자원위원회를 법정 기구로 만들기도 했다.

로스쿨 문제로 노 대통령 퇴임 직전에 사표를 냈는데.

로스쿨 설립을 담당한 법학교육위 결정에는 경남 지역이 빠져 있었다. 대통령은 지역 균형을 고려해 경남도 배려해 달라고 했는데, 들어주지 못했다. 대통령도 보통 고집 센 사람이 아닌데 내가 고집을 꺾은 게 미안해서 사직서를 냈다. 후에 봉하마을을 찾아 대통령 내외분과 함께 점심을 했다. "그때 죄송했다"고 말씀드렸더니, "내가 사직서를 받아서 미안하지, 마음에 늘 걸렸다"고 했다.

잔뜩 긴장했던 재벌 개혁
일자리에 밀려 꼬리 내렸다

"재벌은 해체돼야 한다. 재벌 총수와 그 일족이 독점한 주식을 정부가 사들여서 노동자에게 분배하자."

초선 의원 노무현이 첫 대정부 질문(1988년)에서 한 말이다. 무시무시했다. 5공 청문회에서 현대 정주영 회장을 비롯한 재벌 회장들을 몰아세우면서 일약 스타가 된 그다. 좌파 신예 노무현이 우파의 절대적 지지를 받았던 이회창을 물리치고 드디어 대통령까지 됐으니, 재벌들은 잔뜩 움츠러들 수밖에 없었다.

당장 재계 오너 클럽인 전국경제인연합회(전경련, 현재 한국경제인협회의 전신)에 찬바람이 불었다. 신임 회장을 못 구해 SK그룹 출신 전문 경영인 손길승이 자의 반 타의 반 취임했다. 월급쟁이 사장

노무현의 등장에 바짝 얼어붙은 전경련은 오너 회장을 구하지 못해 SK그룹 전문 경영인 출신인 손길승(왼쪽 셋째)이 회장을 맡아 참여정부를 상대했다. 사진은 2003년 6월 전경련 회장단 회의.

이 오너 클럽 회장에 취임한 것은 전에 없던 일이다. 그만큼 재벌이 겁을 먹었다.

　노무현이 대통령에 출마하면서 재벌 '해체'는 '개혁'으로 바뀌었다. 당연한 변화였으나, 재벌들은 긴장의 끈을 놓을 수 없었다. 집권 초기의 대통령은 여전히 노조 편향성을 노골적으로 드러냈기 때문이다.

"사회적 힘의 균형에서 노동계에 비해 경제계가 세다. 앞으로 5년 간 이런 불균형을 시정하겠다. 노동자에게 불리하면 법과 원칙을 바꿔서라도 바로잡겠다."

노무현이 당선인 시절 한국노총·민주노총을 만난 자리에서 한 이 말은 특유의 '기울어진 운동장론'이다. 운동장 자체가 기울어져 있으니, 설사 노조가 법을 어겨도 공권력을 함부로 발동해선 안 된다는 점을 강조한 것이다. 반면에 삼성 출신으로 전경련 부회장을 맡아 재계 대변인 역할을 했던 현명관은 "참여정부의 재벌 정책이야말로 처음부터 노조 쪽으로 기울어진 운동장이었다"고 회고한다. 정반대의 이야기를 하고 있는 셈이다.

처음부터 '기울어진 운동장'

초기 재벌 정책의 투 톱은 청와대 정책실장 이정우와 공정거래위원장 강철규였다. '시장 개혁 3개년 계획'이라는 로드맵도 만들었다. 박정희 시대의 유산인 재벌 중심 문어발식 경영 구조를 손보기 위해 경제력 집중 억제와 지배구조 개선을 앞세웠다. 제도적으로는 전임 정부에서 폐지했다가 재도입한 출자총액제한제도(출총제)를 강화하는 한편, 금융과 산업 자본의 분리(금산 분리), 집단소송제 도입, 지주회사 전환 유도 등 굵직한 정책들을 밀어붙였다.

출자총액제한제(출총제)

재벌의 문어발식 확장을 막기 위해 1987년 공정거래법에 도입된 제도로, 자산 규모 일정 기준 이상의 재벌에게 순자산의 일정 범위 내에서만 출자할 수 있도록 제한한다. 참여정부에서는 2004년 12월, 출총제 적용 기준을 자산 규모 6조 원 이상, 순자산의 25% 이내로 변경했다가 2007년 4월에 10조 원 이상, 40% 이내로 완화했다.

순환출자

재벌 계열사들이 법의 허점을 틈타 A사→B사→C사→A사 식으로 돌아가며 (순환) 출자해서 계열사를 늘려가는 방식.

제도 개선 못지않게 엄포도 대단했다. 이정우는 인수위 시절에 대기업의 컨트롤 타워인 구조조정본부나 비서실의 해체를 거론했다. 총수의 전횡을 막는다는 이유였다. 말이 권고이지 지시요 겁박이었다. 아무런 법적 근거가 없었고, 전두환 시대에도 없었던 일이었다. 그는 네덜란드 사례를 들어 노조의 경영 참여 필요성도 강조했다. 강철규 위원장은 5대 그룹 총수를 하나하나 만나 지주사 체제 전환을 촉구했다. 업종별로 소그룹으로 분할하는 방안도 제시했다. 민주노총은 한 발 더 나아가 대기업 이사회에 노조 대표의 참여를 보장하는 입법까지 요구하고 나섰다.

재벌들은 전전긍긍했다. 그룹이 쪼개지고 경영권이 흔들리는 판

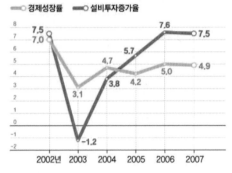

참여정부의 성장과 투자 지표

단위:% ※설비투자증가율 2007년은 3분기 기준

○ 경제성장률　●설비투자증가율

자료: 한국은행·통계청, 「노무현과 참여정부 경제 5년」 The JoongAng

에 어느 기업이 선뜻 투자에 나서겠는가. 실제로 참여정부 첫해인 2003년 설비투자 증가율은 전년 대비 1.2% 감소로 나타났다. IMF 외환위기 이후 처음으로 감소한 것이다. 이듬해 3.8%로 회복되긴 했지만, 전년 대비 기저효과를 감안하면 참여정부 초반의 설비투자는 거의 죽었다고 봐야 할 정도였다.

　재벌 개혁의 결기는 여기까지였다. 문제는 경기였다. 취임 첫해부터 신용카드 사태와 경기 침체가 계속되자 분위기가 달라지기 시작했다. 재벌과 대척점에 선 노조의 과도한 분규와 요구 역시 노무현의 인식 변화로 이어졌다. 첫해에 '고용 없는 성장'을 겪고 나서는 일자리와 직결된 대기업의 투자에 더욱 민감해질 수밖에 없었다.

경기 침체, 투자 부진에 분위기 반전

납작 엎드렸던 재계도 반격에 나섰다. 할 말을 하기 시작했다. 전경련이 앞장서서 출총제나 금융계열사 의결권 축소에 강력히 반대하고 나섰다. 지주사 전환은 LG나 SK 등이 성의를 보였지만, 삼성·현대 등 다른 재벌들은 이해관계가 모두 달랐다. 기업마다 사정이 다른데 정부가 나서서 지배구조를 통일시키려는 게 애당초 무리였다. 특히 출총제를 둘러싸고 재계와 정부 내 개혁파들의 공방이 뜨거웠다.

재벌 개혁 로드맵의 입법을 앞둔 2004년에 전경련은 대기업 회원사 현장 조사를 거쳐 출총제 때문에 포기한 투자액이 7조 원이 넘는다고 발표하며 공정거래위원회를 압박했다. 재벌의 문어발 경영을 막기 위해 출총제를 밀어붙이는 참여정부와 신사업 투자를 위해 자회사 출자를 하려 해도 출총제가 막고 있다는 재벌의 주장이 팽팽히 맞섰다.

결국 대통령이 돌아설 수밖에 없었다. 노무현 재벌 정책의 변곡점은 임기 5년의 절반 지점에 이른 2005년 7월의 이른바 '금산법(금융산업 구조 개선에 관한 법률) 파동'이었다. 외환위기가 밀려오던 1997년에 제정된 금산법은 쉽게 말해 금융회사가 제조업 회사를 못 하도록 분리하는 법이다. 핵심은 ▶대기업 집단에 속하는 금융기관이 다른 계열사 주식을 20% 이상 소유하거나 ▶5% 이상 소유하면서 사실상 지배할 경우 금융감독위원회의 사전 승인을 받도록 규정한 조항(24조)이었다. 2004년 금감위의 조사 과정에서 삼성생명의 삼성전자 지분(7.2%), 삼성카드의 에버랜드 지분(25.6%)이 법규 위반으로 드러났다. 삼성은 생명의 전자 지분은 금산법 제정 이전부터 보유 중이었으며, 에버랜드 지분은 계열사 통합 과정에서 발생했다고 해명했다. 하필 당시 금산법에는 법을 위반할 경우의 처벌 조항이 분명치 않았다.

이 문제를 놓고 대통령 주재 국무회의 날 대판 싸움까지 벌어졌다. 개혁파는 법을 고쳐서 삼성을 처벌해야 한다는 주장인 데 반해 온건파는 법 제정 이전의 문제이므로 소급 적용해서는 안 된다고 맞섰다.

개혁파의 주역은 이정우였다. 2004년에 비상근직인 정책기획위원장으로 물러섰지만 기세는 여전했다. 소관 부처인 재경부는 차관회의와 법제처 심의까지 거쳐 '처벌 대신 의결권 제한과 일정 기간 내 처분 유도'를 골자로 하는 개정안을 7월 5일 국무회의에 올렸다.

하루 전에 이를 파악한 이정우는 국무회의 당일, 출근길의 노무현에게 달려가 따졌다. 다음은 이정우가 회고록 『노무현과 함께한 1000일』에 기록한 그날 아침의 정경이다.

문제의 2005년 7월 5일 금산법 관련 국무회의 장면. 노무현의 만류에도 불구하고 배석한 이정우 정책기획위원장(뒷줄 왼쪽 둘째)은 재경부가 마련한 법 개정안의 문제점을 따졌다.
사진 노무현재단

"삼성이 금산법을 위반한 것이 분명한데 재경부는 법을 고쳐서 봐주려 합니다. 왜 저와 협의 없이 법안을 처리하려 합니까?"

따지는 이정우에게 노무현은 화를 냈다.

"삼성 잘되는 것을 국민들은 좋아합니다. 자기 돈 갖고 투자한다는데 왜 막습니까? 갑자기 국무회의 직전에 이러면 대통령인들 어떻게 하란 말입니까."

이정우는 "국무회의에서 문제 제기라도 하게 해 달라"고 부탁했으나 노무현은 딱 잘라 거절했다.

"오늘 회의에 배석도 하지 마세요. 만일 발언하면 해임하겠습니다."

그러나 이정우는 대통령 지시를 무시하고 국무회의장에 뛰어들어갔다. 노무현은 그런 이정우에게 발언 기회를 줬고, 이날 회의는 일단 재경부의 금산법 개정안을 의결하되 국회 입법 과정에서 열린우리당의 법안과 통합해 처리키로 봉합하고 넘어갔다. 이정우는 결국 이날 국무회의 소동 이후 사직하고 노무현과 결별하게 된다. 그는 대통령의 진심을 눈치챘고, 자신에 대한 신임이 떠났음을 알았다. 훗날 언론 인터뷰에서 당시 금산법 파동을 "노무현에게 가장 실망한 순간"이라고 말했다.

금산법 파동 이후 개혁파 밀려나

세 번째 청와대 정책실장 김병준은 "금산법 파동이야말로 참여정부에서 진보 좌파 세력이 물러나는 계기가 된 사건"이라고 증언한다. 당시 이정우 위원장과 박영선 의원 등 여당 내 강경파, 노조와 좌파 시민단체들은 삼성이 법규를 초과해서 보유 중인 주식을 강제 매각시켜야 한다고 목소리를 높이고 있었다. 정당과 사회단체들이 두루 참여하는 위원회를 만들고 지분 가치를 객관적으로

공정위 - 금감위 '지배구조 간섭' 논쟁

순위	집단명	소유지분율(A)(%)	의결지분율(B)(%)	의결권승수
1	삼성	4.41	31.13	7.06
2	현대자동차	5.58	39.07	7
3	LG	5.34	41.3	7.74
4	SK	2.15	34.00	15.83
5	롯데	10.53	44.59	4.61
6	한진	12.42	31.76	2.56
7	GS	16.00	51.63	2.86
8	한화	4.87	48.95	10.05
9	현대중공업	11.32	27.93	2.47
10	금호	12.28	50.69	4.13
11	두산	5.78	57.36	9.92
12	동부	14.42	53.32	3.7
13	현대	3.98	20.12	5.06
14	신세계	24.79	39.09	1.61

자료 공정거래위원회

대기업 총수 의결권이 지분 8배 - 심하다

공정거래위원회는 자금지원 대기업그룹 총수의 일가가 적은 지분을 갖고 계열사의 순환 출자를 통해 그룹을 지배하는 것은 기업 경영권을 왜곡시키는 요인이라고 12일 지적했다.

이와 관련, 강철규 공정거래위원장은 최근 라디오 방송에 출연하여 "대기업집단 지배 주주가 계열사끼리 순환 출자 등을 통해 지배력을

A 계열사는 B 계열사에, B 계열사는 C 계열사 등에 출자를 밝혀 때문에 총수 일가는 계열사 지분까지 자기의 의결권으로 행사를 불러오는 요인까지 8배 이상 더 의결권을 행사한다는 뜻이다. 총자산이 2조5천억 넘는 36개 넘는 상호출자제한 기업집단의 총수의 일가가 소유 지분에 비해 6.7배의 의결권을 행사하는 것으로

중요한 것은 기업활동 결과 - 섣부른 관여 금물

윤증현 금융감독위원장은 12일 "기업의 지배구조에는 정답이 없다. 정부가 지배구조를 관여하는 것은 큰 오류를 부르는 요인이 될 수 있다"고 말했다.

윤 위원장은 이날 정례 브리핑에서 "재벌 오너가 실제 지분에 비해 2배 넘게 영향력을 행사하고 있고, 외국자본의 폐해도 재벌의

별 정책을 견지목으로 비판했다. 이어 "외국 윤 일부 내 세금을 끌어 내고 종업원에게는 높은 임금을 주며 주주에게는 많은 배당으로 써 소위 훌륭한 관리 해 주기 어려에 도움이 되면 그것이 강제로 좋은 지배구조"라며 지배구조는 기업활동의 결과를 보고 관단할 사안이라고 지적했다.

강철규 공정거래위원장과 윤증현 금융감독위원장은 참여정부의 재벌 정책을 놓고 치열한 공방을 펼쳤다. 2005년 7월 13일자 중앙일보 경제 1면.

평가해 처분하자는 방법론까지 들이댔다. 김병준은 "재경부와 금감위 등 정부 내 우파 입장에서는 난리가 났다. 여기가 사회주의 공산국가냐? 강제 매각시키면 자본주의가 존재하겠느냐며 갑론을박이 있었다"고 회고한다. 그는 "노무현도 선택의 갈림길에 섰지만, 결국 시장주의적인 해법을 택했다"고 말한다.

금산법 파동 이듬해에 강철규 위원장도 3년 임기를 마치고 퇴임하면서 참여정부의 재벌 정책은 눈에 띄게 약화한다. 2004년 총선

에서 압승한 뒤 기세등등하던 열린우리당도 재·보궐 선거와 지방 선거 등 각급 선거에서 참패를 거듭하면서 기업 규제 완화 쪽으로 돌아섰다. 2006년 11월에 당정 협의를 거쳐 발표된 '대규모 기업집 단 시책 개선 방안'은 논란의 핵심이었던 출총제 적용 대상을 자산 6조 원 이상에서 10조 원 이상으로, 출자 한도도 순자산의 25%에 서 40%로 대폭 완화했다. 재벌의 변칙적 확장을 막기 위해 공정위 가 마련한 순환출자 금지 장치는 무산됐다. 문제의 금산법 24조는 비슷한 시기에 재경부 원안에 가까운 개정안이 국회를 통과했다. 삼성은 생명이나 카드의 계열사 보유 지분을 지킬 수 있었다.

참여정부의 재벌 정책이 크게 선회하는 과정에서 정부 내의 공 방도 치열했다. 특히 2004년 8월 두 번째 금융감독위원장으로 취 임한 윤증현은 3년 임기 내내 금산 분리 완화와 시장 논리를 내세 워 개혁파들과 맞섰다. 재벌의 지배구조 개편을 밀어붙이는 강철 규 위원장에 맞서서 "어떤 지배구조가 가장 좋은 것인지는 정부가 결정할 사안이 아니다. 이익 크게 내고 세금 많이 내며 주주와 사회 에 기여하는 기업의 지배구조가 좋은 지배구조"라고 주장했다.

참여정부의 장관급 공정거래위원장과 금융감독위원장이 공개 적으로 맞서면서 2005년 7월 주요 일간지에 '윤증현 대 강철규'라 는 제목의 사설이 등장하기도 했다. 이는 진보와 보수, 좌파와 우파 를 함께 쓰는 노무현의 용병술이었다. 참여정부 출범에 전혀 기여하지 않은 관료 출신, 보수 성향의 윤증현 위원장에게 3년 임기를 보장해 주면서 출범 초기 개혁에 치우쳤던 재벌 정책에 균형을 맞춰간 것이다.

요란한 출발, 초라한 결말

윤증현은 이 같은 노무현의 방향 선회를 "당연한 변화며, 올바른 선택이었다"고 강조한다. 과거에 어떤 생각이었든 대통령이 되고 나서 국정을 운영해 보니 생각과 선택이 바뀔 수밖에 없었다고 보기 때문이다. 그런 선택이 한·미 FTA 추진까지 이어졌다는 해석이다.

그러나 전체적으로 노무현과 참여정부의 재벌 정책은 좌파, 우파 구분 없이 좋은 평가를 받지 못한다. 당시 국정홍보처 국정브리핑팀이 펴낸 『노무현과 참여정부 경제 5년』은 "전투에서 이겼지만 전쟁에서 패배했다"고 자평한다. 집단소송제 도입, 공시제도 강화, 금융계열사 의결권 축소 등의 성과에도 불구하고 '반재벌 정권'이라는 낙인을 면치 못했기 때문이다. 집권 5년간 국민경제에서 차지하는 재벌의 비중이 오히려 커진 결과도 진보 진영 학자들의 비판을 받고 있다.

반면에 초기에 개혁파들과 맞섰던 현명관은 "참여정부가 반재

벌 정책에 매달리다가 결국 우리 경제의 미래 먹거리를 만들어내
지 못했다는 점에서 낙제점을 면할 수 없다"고 비판한다.

이렇듯 노무현의 재벌 정책은 출발은 요란했으나 결말은 초라했
다. 노무현 스스로는 임기 말에 재벌 정책에 대해 자평한 적이 있다.

"내가 반재벌 정책을 썼다고 하는데, 구체적으로 말해 보세요. 내
임기 중에 마음먹은 대로 한 것은 집단소송제밖에 없습니다. 그 밖
에는 기업들이 하자는 대로 했는데…."

작고한 LG 회장 구본무도 생전에 노무현의 말을 인정했다.

"돌이켜 보면 초기에 겁주던 때만 제외하면 노무현 시대가 기업 하
기에 가장 좋지 않았나 싶어요. 선거 때 돈 달라는 소리가 없었고,
실제로 별 간섭이 없었으니까요."

노무현과 나:

강철규
전 공정거래위원장

'시장 개혁 3개년 계획' 로드맵의 핵심은.

재벌의 지배구조 개선이 가장 중요했고 다음이 공정 거래, 투명 경영 등이었다. 로드맵을 실행하기 위해 5대 그룹 총수들을 개별적으로 면담하고 설득했다.

참여정부 재벌 정책은 반기업, 반재벌이라는 시각이 줄곧 따라다녔는데.

그건 억울하다. 참여정부의 기본 철학은 '자유롭고 공정한 시장경제'를 만들겠다는 것이었다. 출총제를 강화했다지만, 완전 금지도 아니고 순자산의 25%까지는 허용했다. 재벌의 금융계열사가 보유한 다른 계열사 의결권은 엄밀히 따지면 고객의 돈인 만큼 의결권 제한을 5년에 걸쳐 30%에서 15%로 낮췄다. 그 정도를 '반기업'이라고 할 수는 없다.

노 대통령이 더 강한 재벌 정책을 주문하지 않았나.

대통령과 서너 번 독대했는데, 특별한 주문보다는 "소신대로 하라"고 해서 힘을 많이 얻었다. 2004년 여름, 둘이서 점심을 먹으며 대통령이 이런 얘기를 했다. "시장주의자가 아니라는 비판에 대해 혼자서 여러 번 양심선언을 해봤지만, 나는 아무리 생각해도 시장주의자다."

노무현을 어떤 사람으로 기억하는가.

내가 겪은 노무현은 한·미 FTA나 이라크 파병을 결단할 만큼 실용
주의자였다. 검사와의 대화나 퇴임 후 비극적 종말까지, 감성적인 측
면을 감안하면 '낭만적 실용주의자'였다고 할까.

남미서 이승만 칭송하다니…
해외 순방이 세계관을 바꿨다

노무현의 최종 학력은 고졸이다. 외국 유학은 고사하고 국내 대학도 다닌 적이 없다. 혼자서 독서를 통해 견문을 넓히고 자신의 세계관을 만들어 나갔다.

노무현은 뒤늦게나마 매우 입체적(?)인 '해외 유학'을 경험하게 된다. 대통령이 되고 나서다. 그에게 유학은 정상 외교를 비롯한 외국 출장이었다. 사실 노무현은 고시 공부를 하느라, 노동 변호사에 전념하느라, 우물 안 개구리였다. 정치에 입문해서도 '내수內需용' 국회의원이었지, 해외 정세나 바깥세상이 어떻게 돌아가는지에 대해서는 깜깜이였다 해도 과언이 아닐 것이다. 오죽했으면 "대통령은 반미 하면 안 되느냐"는 이야기를 공개 석상에서 서슴지 않았을까. "아무리 미국이라도 할 말은 해야 한다"는 취지였지만, '외교'가

2006년 5월 서울공항. 노무현 대통령과 권양숙 여사가 몽골·아제르바이잔·아랍에미리트 3개국 순방을 위해 특별기에 탑승하기 전 환송객들에게 손을 흔들어 인사하고 있다.
사진 노무현재단

무엇인지도 몰랐던 소치였다.

그런 노무현이 대통령이 되고 나서 바깥세상을 만나게 된다. 짜인 스케줄과 의전 절차에 따른 대통령의 해외 출장이지만, 그는 비로소 세계가 어떻게 돌아가고 있는지를 접했다. 특히 밖에서 보는 한국의 위상을 실감하게 된다. 순방국의 역사를 비롯해 현안들을 전용기 안에서도 읽고 메모했고, 궁금한 것은 분야별 수행 참모들에게 벼락 과외를 했다. 탐구욕 강하기로 유명한 대통령이 불쑥불쑥 던지는 질문에 참모들이 진땀을 빼는 경우도 자주 있었다.

출장 갈 때마다 벼락공부

그런 학습을 토대로 나름대로 살을 붙이고 의미를 부여하는 임기응변은 노무현의 타고난 재능이었다. 가는 곳마다 학습 내용을 즉흥 연설을 통해 내 것으로 소화해 냈다. '해외 유학' 효과를 즉석에서 발휘했다. 비행기 타고 세계를 날아다니면서 비로소 '개방'에 대한 확신도 굳혔을 것이다. 생각도 많이 달라졌다.

취임 1년 반이 지났을 무렵(2004년 11월 19일), 칠레 산티아고 동포 간담회에서 그는 즉흥 연설을 통해 아래와 같이 말했다. 그전 같으면 결코 할 수 없는 발언이었다.

"남미를 순방하면서 왜 한국이 성공했을까 생각을 많이 했다. 예전 지도자들이 실책을 더러 했지만 그래도 한 가지씩은 다 이루었고, 국가 발전에 필수 불가결한 몇 가지를 해 놓았다. 자유당 시대를 독재시대, 식민지 시대에서 해방됐지만 암흑시대, 어두컴컴한 시대로 생각했었다. 그런데 그때 토지 개혁 농지 분배를 했는데, 지나고 보니 정말 획기적인 정책이고 역사를 바꾼 사건이 아니었나 생각한다. 그것을 해서 한국전쟁이 터졌는데도 국가 독립, 안전을 지켜냈고, 국민이 하나로 뭉쳐서 체제를 지켜냈다. 그 뒤 하나하나 다 이야기하지 않더라도 독재라는 부정적인 평가를 받으면서 한편으로는 산업화 과정을 이뤄 왔고, 여기까지 왔다."

대체 누굴 두고 한 말인가. 앞부분 토지 개혁은 초대 대통령 이승만에 관한 것이고, 뒷부분의 산업화 과정 운운은 박정희를 두고 한 말이다. 박정희는 그렇다 치자. 마오쩌둥毛澤東을 존경하고 김구를 가장 숭배하는 인물로 삼아왔던 노무현이 아닌가. 그랬던 그가 공개 석상에서, 차마 '이승만'이라는 이름 석 자는 밝히지 않았으나 사실상 '이승만 예찬론'을 편 것이다. 이승만이 역사를 바꾼 대통령이었다고?

우선 순방지가 남미였다는 점이 이승만 예찬 동기와 맞물렸던 것 같다. 지구 반대편인 남미를 처음 갔고, 그들 나라와 비교하면서 이승만이 해낸 토지 개혁의 값어치를 비로소 실감했을 가능성이

1957년 8월 수해를 입은 영남 지역을 찾아 농민을 위로하는 이승만 대통령.

크다. 브라질은 1시간을 비행기로 날아도 땅 주인이 바뀌지 않는 지역이 있는 나라다. 노무현은 포르투갈이나 스페인 식민지 시대의 토지 소유 구조를 벗어나지 못한 채 악순환이 반복되고 있는 남미의 경제 현실을 두 눈으로 목격했다.

남미 현실 목격하고 토지 개혁 예찬

특히 동포 간담회를 했던 칠레는 가장 최근에 대대적인 토지 개혁을 시도했다가 쓰디쓴 실패를 경험했던 나라가 아닌가. 사회주의 국가 건설을 표방했던 대통령 아옌데는 집권 첫해인 1970년 전체 경작지의 40%를 국유화해 집단 농장제로 만들었다가 3년 만에 망했다. 피노체트 군부 쿠데타로 도루묵이 되었다. 산더미 같은 부작용만 잔뜩 남겼다.

이런 남미 나라들과 비교해 한국의 토지 소유 구조는 어떠냐는 질문에 대한 답을 이승만에서 찾은 것이다. 설마하니 노무현의 입에서 이승만 칭송이 나올 것이라고 어느 누가 상상이나 했겠는가.

그는 토지 개혁(농지 개혁)의 진정한 가치를 몰랐다가 '해외 유학'의 현장 학습을 통해 명확하게 깨우친 것이다. 이승만이 6·25 남침 불과 3개월 전, 농지 개혁을 단행해서 당시 소작농에게 땅을 나눠주지 않았더라면 북한과의 전쟁에서 이길 수 없었던 상황을 칠레 교민들에게 콕 집어 강조했다. "한국전쟁이 났는데도 국가 독립, 안전을 지켜냈다"는 구절이 바로 이승만의 토지 개혁 결단을 높이 평가하는 대목이었다.

브라질에 가서는 국내에서는 들어보지 못했던 기업 예찬론을 늘어놓았다.

"브라질에서 깨달은 한국이 발전한 진짜 이유를 하나 소개하겠다.

우리 기업은 독재 정부 시절 권력과 결탁해 특혜를 받기도 하고 금융상의 혜택을 받아온 게 사실이다. 그 와중에 권력의 힘을 빌려 노동자를 탄압하고 갈등을 빚어왔다. 기업이 그렇게 반칙을 했지만 국민들이 훌륭해서 오늘을 이뤘다고 항상 생각해 왔다. 지금 돌이켜 보면 우리 기업은 그렇게 성공한 이익을 모두 한국에 다시 투자했다. 그걸로 금을 사서 감추지도, 해외 친척 집에 숨기거나 비밀 계좌에 두지도 않고, 전부 국내 기업 활동에 재투자했다. 지금도 노사 갈등이 있지만, 오늘까지 우리 경제를 성장시켜 온 것은 이 같은 우리 기업의 애국심과 확실한 한국 기업의 국적이었다. 한국 기업을 자랑스럽게 생각하고 어딜 가도 칭찬한다. 우리 기업이 해외 활동을 잘하는 것을 보니 대통령이 좀 시원찮아도 국민이 충분히 잘 해내겠다는 자신과 믿음이 생긴다." (2004년 11월 18일, 상파울루 동포 간담회)

귀국한 노무현은 무역의 날 기념식 연설에서도 기업 칭찬을 이어갔다.

"해외 나가서 우리 기업 활동을 보니 정말 고맙고 자랑스러웠다."

"해외 나와보니 기업이 바로 나라"

러시아·인도·베트남에 갔다 와서는 "역시 해외에 나가보니 기

2007년 6월 중남미 순방을 위해 거쳐 간 미국 시애틀의 한 호텔에서 노 대통령이 소파에 누워 보고서를 읽고 있다. 사진 장철영

업이 바로 나라라는 생각이 들었다"고 했다. 수석보좌관 회의에서 "기업의 해외 진출 투자의 장애 요인들을 적극적으로 제거하도록 하라"고 지시했다. 이런 노무현에 대해 당시 경기도 지사 손학규는 "대통령이 밖에서는 기업을 애국자라고 칭찬하면서 안에서는 마치 매국노처럼 취급하고 있다"며 이중적 기업관을 비판했다. 손학규의 말이 과장된 측면이 있긴 해도 일리 있는 비판이었다. 노동 변호사 시절부터 일관해온 부정적 기업관이 뿌리 깊었기 때문이다.

과거의 노무현은 정부 통계를 신뢰하지 않았다. 이를테면 아무리 수출 실적이 증가해도 그것은 재벌과 권력의 야합과 특혜로 만들어진 산물로 이해해 왔던 게 노무현의 고정된 관점이었다. 그런데 해외 순방을 통해 비로소 이런 인식에 수정이 가해지기 시작한 것이다. 백문이 불여일견이라고 하지 않았는가. 나라 밖에서 벌어지는 한국 기업의 활약상을 직접 목격한 현장 학습은 그의 종래 인식을 무너뜨리기에 충분했다. 코리아의 국격을 세계시장에서 끌어올린 장본인이 기업이라는 점을 체험하게 된 것이다. 아마도 '기업가 정신'이 무엇인지에 대해 노무현은 해외 순방을 통해 처음 실감했을 것이다.

기업 이야기뿐 아니라 국내 정치에 대한 소회도 거침없이 털어놓았다. 집권 4년 차의 후반기, 오스트레일리아 동포 간담회에서의 즉흥 연설이다.

"대화와 타협의 정치를 이뤄내지 못한 데 대해 제가 그 대가를 톡톡히 치르고 있다. 국민들에게 대단히 미안하게 생각한다. 저의 정치적 역량의 부족이라 생각한다. 우리는 아직도 싸움을 많이 한다. 저부터…. (중략) 옛날 군사독재하고 싸우던 때의 기억이 남아서 나쁜 사람, 좋은 사람을 갈라 놓고 나하고 생각이 다른 사람들과 토론을 하다 보면 '저 사람 옛날 많이 해먹던 사람들, 많이 꿍쳐 놓은 사람들' 이런 선입견이 있다. 또 그쪽에서 보면 '매일 거리에서 데모나 하던 사람, 쟤들 사고뭉치들' 이렇게 서로 인정하지 않는 문화가 있

다. 이것을 어떻게 넘어서느냐에 대해 고심을 많이 하고 있다. 그러
나 나는 성공하지 못했다. 아직도 숙제다."

(2006년 12월 7일, 시드니 동포 간담회)

동포 간담회는 '공포 간담회'

노무현 역시 다른 대통령과 마찬가지로 해외 순방을 즐겼다. 미
국·중국·일본 등을 비롯해 33개국과의 정상 외교는 대통령으로서
의 맡은 바 기본 소임이지만, 개인적으로도 정치인 노무현에게는
견문을 넓혔던 소중한 해외 유학이었다.

그뿐만 아니라 그는 어느 대통령보다 해외 순방을 능숙하게 활
용했다. 원고 없는 즉흥 연설로 현지 교민들을 사로잡았고, 그런 스
토리들이 국내 언론에 크게 보도되었다. 노무현 특유의 정치 기술
을 유감없이 발휘했다. 솔직함과 직설법으로 속내를 드러냈고, 그
런 화법을 통해 자신이 기존의 대통령과 다르다는 점을 부각했다.
때로는 순방국의 정상회담 관련 기사보다 동포 간담회 기사가 더
크게 보도되는 경우도 있었다. 해외 순방 시에 하는 교포 간담회를
취재기자들이 농담 삼아 "공포 간담회"라고 불렀다. 전혀 예상치
못한 대통령의 발언들이 간담회 때마다 심심찮게 튀어나와 뉴스거
리를 제공했기 때문이다.

"별 달고 거들먹, 돈 어디 썼나"
군 비판하며 국방 개혁 열변

임기 후반 들어 노무현의 행사 연설이 언론의 머리기사로 등장
하는 경우가 자주 생겼다. 묵혀 왔던 불만을 폭발시키는 바람에 벌
어지는 현상이었다. 국방 개혁도 그중 하나였다. 말투부터 격했다.

"근 20년 동안 우리가 북한 국방비의 수십 배를 쓰고 있어요. 그런
데 지금까지 한국의 국방력이 북한보다 약하다면 그 많은 돈을 다
어디다 쓴 겁니까. 과거 국방장관 자리에 있었던 사람들이 직무유기
한 것 아닙니까. … 미국에 매달려서, 미국 뒤에 숨어서 '형님만 믿겠
다' 이런 것이 자주국가 국민들의 안보 의식일 수가 있겠습니까."

(2006년 12월, 민주평통자문회의)

2006년 12월 민주평통자문회의 연설에서 노무현 대통령은 국방 개혁을 강조하며
군의 실태를 강하게 비판해 큰 파문이 일었다.

노 대통령, 격한 어조로 군 비판

대통령의 어법이 아니었다. 2002년 대선 유세를 방불케 했다. 준
비된 원고는 거들떠보지도 않았다. 당초 20분가량의 인사말로 예
상했던 것인데, 1시간 20분 동안이나 열변을 토했다. 국방 개혁의
차원을 넘어 민감한 사안인 작전통제권까지 거론했다.

"우리가 작전을 통제할 만한 실력이 없습니까. 저도 군대 갔다 왔고
예비군 훈련까지 다 받았고 세금도 냈는데, 그 위의 사람들은 뭐했
습니까. 작전 통제도 제대로 할 수 없는 군대를 만들어 놓고 '나 국
방장관이요, 나 참모총장이요' 그렇게 별들 달고 거들먹거리고 다

녔다는 얘기 아닙니까. 작통권 가져오면 안 된다고 줄줄이 몰려가서 성명 내고, 직무 유기 아닙니까. 이렇게 수치스러운 일들을 했으면 부끄러운 줄 알아야 합니다."

여태까지 군에 대한 대통령의 연설은 훈시와 격려가 보통이었다. 그런데 황당한 일이 벌어진 것이다. 듣기에 따라서는 이처럼 화통한 연설이 따로 없었다. 국방장관이 직무 유기였다니. 별을 달고 거들먹거리기나 하는, 수치를 모르는 집단으로 군을 몰아세웠으니. 그것도 대통령이 공식 석상을 통해.

얼떨결에 호되게 한 방 맞은 군軍은 어안이 벙벙했다. 통수권자인 대통령으로부터 이 같은 직설적인 질타를 당해 본 일이 없었던 터였다. 당장 전직 국방장관들을 포함한 역대 군 수뇌부 73명이 "발언을 취소하고 사과하라"는 내용의 성명을 발표하며 강하게 반발했다.

예비역 장성들 반발 성명도

참여정부의 합참의장과 육군 참모총장을 지낸 인사들도 포함돼 있었다. 여권에서도 "대통령의 발언이 너무 나갔다"며 볼멘소리를 했다. 어찌해서 이처럼 험악한 분위기가 연출되었는지를 이해하기 위해서는 집권 초기로 거슬러 올라갈 필요가 있다.

사실 참여정부가 국방 정책을 어떻게 끌어갈지에 대해 보수 진영 쪽에서는 걱정이 없지 않았다. 혹시 북한과의 대치 상황을 과소평가해 개혁이라는 이름 아래 국방력을 축소하는 정책을 취하지 않을까 하는 우려에서였다.

노무현의 첫 번째 카드는 인사부터 시작했다. 군의 수장인 국방장관 자리에 정통 육사 출신을 앉혀 왔던 전례를 깨는 일이었다. 첫 장관 조영길은 비육사 출신이었고, 그다음 장관 윤광웅은 육군이 아닌 해군 출신이었다. 군 내 기득권을 쥐어 온 주류를 배제하고 비주류를 연속 국방장관으로 임명한 것이 국방 개혁의 시작이었다.

검찰 개혁을 목적으로 비검찰 출신의 강금실을 법무부 수장에 임명한 것처럼, 노무현은 아예 민간인을 국방장관에 임명하려는 생각도 있었다. 소위 국방부의 문민화였다. 하지만 검찰보다 훨씬 상명하복과 위계질서, 보수성이 강한 군 조직을 민간 출신 장관을 앉혀 통제한다는 면에서 현실성이 떨어졌다.

비육사 출신 장관이 개혁 주도

노무현은 윤광웅을 국방장관에 임명한 후 전군 주요 지휘관과의
오찬장에서 자신의 의중을 이렇게 내비쳤다.

"나는 이번만큼은 문민 국방장관을 임명하려고 했어요. 하지만 다
시 군 출신 인사를 선택한 이유는 군 스스로 개혁할 기회를 주기 위
해서입니다. 그래서 내가 양보했습니다."

사실 군은 참으로 개혁을 논하기 어려운 대상이다. 나라에서 가
장 큰 조직이요, 가장 오래된 조직이요, 가장 구조적으로 변화시키
기 어려운 조직이 아닌가. 노무현으로서도 신중하게 접근할 수밖
에 없었다. 그리하여 집권 초기를 넘기고서야 비로소 개혁의 운을
떼기 시작했다. 배워 올 만한 외국의 모델을 찾는 일부터 시작했다.

"윤 장관, 프랑스식 국방 개혁을 잘 연구해서 신년 업무보고 때 올
리세요."

2004년 12월, 노무현은 윤광웅 국방장관에게 이런 지시를 내렸
다. 노무현은 전두환 정권 이후, 노태우~김대중 정부에서 진행되
던 국방 개혁을 어떻게 해서라도 참여정부가 마무리하고 싶었다.
그런데 왜 하필 '프랑스식 국방 개혁'을 콕 집어서 벤치마킹하라고

442

했던 것일까.

　윤광웅에게 지시를 내리기 얼마 전 유럽 순방길에 나선 노무현은 프랑스 엘리제궁에서 자크 시라크 대통령과 정상회담을 했다. 만찬으로 이어진 이날, 노무현은 같은 테이블에 앉은 프랑스의 여성 국방장관 미셸 알리오-마리와 의외의 긴 대화를 나눈다.

2007년 3월, 청와대를 방문한 미셸 알리오-마리 프랑스 국방장관. 2004년 노 대통령의 프랑스 방문 이후 두번째 만남이었다.

"한 시간 정도 알리오-마리 장관과 대화가 이어졌어요. 프랑스가 어떻게 국방 개혁을 추진해왔는지가 대화의 주제였습니다. 대통령은 이 대화에서 특히 프랑스의 무기 조달(획득) 시스템에 상당히 깊은 인상을 받았던 것 같습니다."

김종대 당시 청와대 국방보좌관실 행정관에 따르면 이날의 대화가 이후 '국방 개혁 2020'이 나오게 된 단초였다는 것이다.

프랑스식 국방 개혁 벤치마킹

윤광웅의 국방부는 프랑스의 사례를 벤치마킹해 국방 개혁안 마련에 착수했다.

①가장 최근의 성공 사례였으며 ②민간인이 참여해 병력을 57만 명에서 44만 명(2005년 기준)으로 줄였고 ③그 결과 매년 40조 원 이상의 국방비를 안정적으로 확보해 첨단 군대로 변신시켰다는 게 프랑스 국방 개혁의 핵심이었다.

청와대와 국방부 참모들은 병력 구조, 예산 배분, 전력 우선순위 등 하나하나를 놓고 치열한 토론을 벌였다. 당시 회의록에 따르면 노무현은 군 전력 계획을 직접 거론하며 "왜 그렇게 편성되었는지

군이 스스로 설명하라"고 끼어들기도 했다.

이렇게 해서 2005년 9월에 발표한 '국방 개혁 2020'의 주요 내용은 2020년까지 병력을 기존 68만 명에서 50만 명으로 줄이면서, 기술 기반의 정보화 군대로 전환하는 것을 목표로 했다. 문민 통제 강화도 핵심 과제였다. 국방부 내 민간 보좌관직이 신설됐다. 또 전략 수립 기능은 NSC가 담당하고 군은 정책 집행에 집중하는 구조로 바뀌었다.

기득권 빼앗긴 육군 강한 반발

추진 과정에서 군 내부의 저항은 거셌다. 특히 병력이 대규모로 감축되는 육군의 반발이 컸다. 지난 수십 년 동안 군 인사와 무기 소요 등은 육군 위주로 돌아가고 있었다. 국방부를 '육방부'라고 부를 정도였다. 하지만 참여정부의 군 개혁은 필요 이상으로 거대해진 육군의 전력을 적절하게 관리하면서 해·공군 전력을 강화하는 방향으로 재편했다. 육·해·공 3군의 균형 발전이었지만 육군 입장에서는 기득권을 뺏기는 것이나 다름없었다. 일부 부대를 해체하거나 재배치해야 했기 때문이다.

이에 육군 장성들은 "전장에서 실제로 가장 고생하며 싸우는 건

육군인데, 예산과 정책에서 소외되고 있다"며 공개적으로 불만을 터뜨렸다. 비공식 석상에선 직함을 빼고 대통령과 장관의 이름만 부르며 노골적으로 비하하는 발언도 서슴지 않았다. 한 고위 군 인사는 당시 "정권이 끝나면 방향이 바뀔 텐데, 왜 지금 희생을 감수하느냐"고 말하기도 했다.

육·해·공군 전력의 균형과 합동성 강화 방향이 잘못된 것은 아니었다. 하지만 개혁안이 실행되는 과정에서 3군의 경쟁적인 움직임이 때론 과도하거나 중복적인 예산 집행이라는 문제도 발생했다. 육군은 병력을 감축하는 대신 무기 등 각종 소요 장비의 예산 확보를 요구했다. 해·공군도 이 기회에 과거엔 확보하지 못한 첨단 무기들을 최대한 확보하기 위해 기를 썼다. 특히 청와대는 병력 감축 등으로 위기 의식을 느끼는 육군의 전력 현대화 요구를 대부분 수용할 수밖에 없었다.

노무현도 군의 이러한 사정을 모르지 않았다.

"내가 국방 개혁을 하자는 말만 하면 군은 항상 예산이 없다고 난리더군요. 어떨 때는 예산을 많이 쓰기 위해 군이 협조하는 것처럼 보일 때도 있어요. 이럴 때마다 나는 국방 개혁의 본질이 뭔지 고민하게 됩니다."

참여정부 때 해군과 공군의 첨단 무기가 본격적으로 도입됐다. '꿈의 전투함'이라 불리는 이지스급 한국형 구축함인 세종대왕함이 2007년 5월 진수식을 가졌다.

국방 예산은 2003년 17조 원에서 2008년 26조 원으로 대폭 증가했다. 특히 방위력 개선비의 비중이 많이 늘어나 신규 무기체계 도입과 국산화가 진행됐다. K-2 전차, K-21 보병 전투차, 이지스급 세종대왕함, T-50 훈련기, F-15K 등의 도입이 다 이 당시의 산물이다.

첨단 무기체계 도입 본격화

김종대는 저서 『노무현 시대의 문턱을 넘다』에서 "검증되지 않은 각 군의 소요가 국방 개혁에 다수 반영됐다. 하지만 청와대와 NSC는 이를 검증할 능력이 없었다"고 적었다.

이 과정에서 윤광웅은 양쪽에서 욕을 얻어먹기도 했다. 육군 측에선 "해군 출신의 장관이 뭣도 모르고 개혁한답시고 나댄다"고 비난받았다. 반면에 청와대 일각에선 "개혁의 특공대로 내려보낸 윤 장관이 제 역할을 하지 못한다"는 비판도 나왔다. 하지만 노무현은 "윤 장관이 (국방 개혁을) 다 만들어 놓고 나가셨다"며 그를 높게 평가했다.

국방 개혁은 병사들의 복무에도 큰 영향을 미쳤다.

"(젊은 청년들을) 군대로 보내 몇 년씩 썩히지 말고 그동안에 열심히 활동하고 장가를 일찍 보내야 아이를 일찍 낳을 것 아니냐. 장가 빨리 보내는 정책, 이런 제도를 개발하고 있는 중이다."

(2006년 12월, 민주평통자문회의)

아무튼 국방 개혁 과정에서 참여정부는 병사의 봉급 인상과 군 복무 기간 단축도 들고 나왔다. 육군 기준 26개월을 2003년 24개월로 줄인 데 이어 임기 말인 2007년엔 육군·해병 18개월, 해군 20개월, 공군 21개월로 단축하는 방안을 추진했다.

제주 해군기지 갈등 부작용도

국방 개혁과 맞물려 큰 소란도 벌어졌다. 일명 '강정마을 사태'
다. 해군 전력 강화 차원에서 이전 정부 때부터 검토해 오던 대양
해군을 위한 제주 해군기지가 힘을 얻고 본격적으로 추진됐다. 제
주 '강정마을'이 해군기지로 낙점됐지만 현지 주민들은 찬반으로
나뉘어 극심한 갈등을 겪었다. 마치 방폐장 부지 선정을 둘러싸고
벌어진 '부안 사태' 같은 소요가 또 벌어지는 것 아니냐는 우려도
나왔다. 참여정부 말기인 2007년 4월, 강정마을에 해군기지 건설
이 시작됐다. 이로 인한 지역 내 갈등은 10년 이상 계속됐다.

노무현은 "국방을 약화시켰다"는 비난에 억울해했다. 앞서 언급
한 강정마을 해군기지 건설도 바로 참여정부가 주도한 사업이 아
닌가.

실제 노무현이 추구했던 국방 개혁의 본질은 이데올로기와는 전
혀 상관없었다. 외세 의존에서 벗어날 수 있는 방위력의 홀로서기
를 주장하는 쪽이었다. 따라서 국방 개혁의 핵심도 군 조직의 구태
의연한 불합리나 부조리를 구조적으로 바로잡자는 것이었다. 다만
그러한 노력은 군의 집단 이기주의에 부닥쳤고, 그에 대한 좌절이
집권 후반에 접어들면서 노무현식 화법으로 표출됐던 것이다.

449

노무현과 나:

김종대
전 청와대 국방보좌관실 행정관

노무현 대통령이 국방 개혁에 관심을 갖게 된 계기가 뭐였나.

2003년 참여정부 초 '이원형 군납 비리' 사건이 터졌다. 국방품질관리소장이던 이 씨가 방산업체로부터 뇌물 받은 것을 국방부가 뭉개고 있다가 뒤늦게 터졌다. 노 대통령 지시로 당시 박범계 민정비서관이 팀을 꾸려 이 사건을 파헤쳤다. 우리 군은 모든 무기체계 결정이 전문가가 아닌 각 군 총장과 국방부의 주먹구구식 거래로 결정되는 일이 많았고, 이를 바로잡는 것이 국방 개혁의 시작이었다.

2004년 말 프랑스 방문 때 프랑스 국방장관과 국방 개혁 대화가 오갔다던데.

당시 프랑스의 관련 시스템은 어떻게 작동하는지 자세한 설명을 들었다. 프랑스는 전문가들로 구성된 병기본부라는 별도 독립 기관이 있었다. 노 대통령은 상당히 관심 있어 했고, 훗날(2006년) 이를 벤치마킹한 방위사업청 개청으로 이어졌다.

노 대통령이 생각한 국방 개혁의 핵심은 뭐였나.

국방의 문민화와 자주 국방이었다. 국방부는 군을 대리해 국민을 통제하는 기구로 인식됐는데, 국민을 대리해 군을 통제하는 것으로 바꾸려고 했다. 이를 위해 국방부 직위의 70% 정도를 민간에 개방하겠다고 했다. 또 미국에 무조건 의존하지 않고 독자적 생존을 위한 국방 전략을 만들려고 했다.

당시 국방 개혁의 의미와 한계는.

한국 안보의 중대한 변곡점이 됐다. 자주적 생존 전략이 국가 정책화된 것에 의미가 크다. 당시 한국군 엘리트들이 지식과 능력을 축적했고, 합참이 명실상부한 군 최고 작전본부로 자리매김할 수 있었다. 하지만 군 내의 폭넓은 동의와 협력이 부족했던 점은 아쉬운 대목이다. 군의 자발적인 혁신이 아닌 톱다운 식으로 개혁이 진행되다 보니 한계가 있었다.

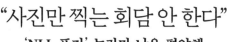

33 남북 정상 회담

"사진만 찍는 회담 안 한다"
'NLL 포기' 논란만 남은 평양행

노무현의 시대를 마무리하면서 평양 방문, 김정일과의 정상회담을 빼놓을 수 없다. 2007년 10월, 임기를 4개월 남긴 대통령의 방북은 외견상 화려했으나 결말이 씁쓸했다. 노무현과 김정일이 손을 맞잡은 사진과 영상이 남아 있을 뿐, 요란했던 합의의 실체와 기록은 두 지도자와 함께 역사 속으로 사라졌기 때문이다.

사실 노무현은 남북 정상회담의 필요성은 당연히 인정했지만, 자신의 임기 내에 반드시 해야 한다는 생각을 갖고 있지는 않았다. 취임 직후 야당이 밀어붙인 전임 김대중 정부의 대북 송금 특검법에 거부권을 행사하지 않아 민주당 주류인 동교동계와의 결별을 감수한 노무현 아닌가. 그런 노무현을 남북 정상회담으로 이끌고 간 주역은 2006년 11월, 참여정부 마지막 국정원장으로 들어선 김

2007년 10월 3일, 노무현 대통령과 김정일 국방위원장이 만나 악수하고 있다. 이날 김 위원장은 노 대통령에게 하루 더 머물 것을 제안하기도 했다.

만복이었다.

옛 중앙정보부 출신으로 대북 전문가였던 김만복은 꽉 막힌 남북 문제를 풀기 위해선 정상 간의 직접 대화 말고는 선택지가 없다고 믿는 인물이었다. 청와대에서 임명장을 받던 날 A4 한 장 분량으로 남북 정상회담 추진 필요성 등을 정리한 보고서를 들고 갔다. 임명장 수여식과 티타임이 끝나고 집무실에서 두 사람이 만났다. 김만복은 준비해 간 보고서를 건넸다.

"대통령님, 김정일과 정상회담을 하십시오. 직접 만나서 남북관계를 풀어야 합니다."

그러나 노무현은 시큰둥했다.

"에이, 지금 김정일을 만난다고 해서 뭐가 달라지겠어요. 만나도 구체적인 실적이 없으면 국민들에게 뭐라고 하겠어요. 적당히 사진만 찍고 오는 식의 만남이라면 굳이 할 필요가 없지요."

김만복은 포기하지 않았다.

"평양 방문과 정상회담 외에 다른 방법은 없습니다. 결단해 주십시오."

김만복이 되풀이 설득하자 노무현이 마지못해 말했다.

"해볼 테면 한번 해보세요."

사진만 찍고 오는 정상회담엔 반대

이런 노무현의 소극적인 자세는 후보 시절이나 취임 이후에도 큰 변화가 없었다.

454

"회담을 위한 회담은 안 하겠다. 꼭 풀어야 할 문제가 있고, 꼭 풀리는 문제만 가지고 하겠다." (2003년 6월, 정책기획위 간담회)

이종석 통일부 장관이 북핵 문제 해소를 위해 남북 정상회담 추진을 건의했을 때도 노무현은 "성사되기 어려울 테니 너무 애쓰지 말라"고 했다. 오히려 안희정·이호철 등 젊은 측근과 참모들이 대통령보다 회담 추진에 더 적극적이었다.

김대중 대통령과는 시작부터 차이가 있었다. 김대중은 대통령이 되기 훨씬 전부터 항상 남북 정상회담을 마음속에 품고 있었다. 다시 김만복의 증언.

"DJ는 남북 정상회담을 반드시 성사시켜 자신이 오랫동안 품어온 통일에 대한 정치 철학을 현실화하려 했다. 그래서 집권 후 참모들에게 하향식으로 회담 성사를 강하게 주문했다. 반면에 노 대통령은 정상회담을 이용해 자신의 어떤 정치적 목적을 달성하거나 남측의 문제를 해결하려고 생각하진 않았다. 이라크 파병이나 한·미 FTA처럼 김정일과의 만남을 실용적이고 현실주의적 관점에서 접근했다."

냉랭한 남북관계를 풀기 위해 노무현도 북한에 몇 차례 특사를 보냈다. 참여정부 초기인 2003년 가을에 배우 문성근이 비밀특사로 평양을 방문해 노동당 대남담당 비서인 김용순을 만났다. 또 2005년 6월엔 6·15 공동선언 5주년을 맞아 정동영 통일부 장관이 대통령 특사로 평양을 방문해 김정일을 만났다. 하지만 이 두 번의 특사는 정상회담 성사를 목적으로 한 것이 아니었다. 남북 간 신뢰 회복을 위한 다소 원론적인 수준의 대화 제의였다. 특사 방문 이후에도 노무현은 임기 내 남북 정상회담을 꼭 성사시켜야 한다는 지시를 참모들에게 압박하지 않았다. 이런 상황에서 김만복은 적극적으로 노 대통령에게 정상회담의 추진이 필요하다고 설득해 겨우 승낙을 얻어낸 것이다.

김만복-김양건 라인이 만든 평양 회담

2007년 5월부터 김만복은 적극적으로 움직였다. 상대는 김양건 통일전선부장이었다. 김만복은 김양건에게 장문의 편지를 보냈다. 남북 정상회담의 필요성을 강조했다. 성사를 위해 나와 김양건의 역할이 얼마나 중요한 시점인지를 세세하게 편지에 적었다. 두 달쯤 후 '평양에서 만나자'는 답장이 왔다.

김만복이 대통령 특사로 평양을 방문한 끝에 회담 추진은 급물살을 탔다. 회담일은 코앞에 다가왔지만 노무현은 여전히 기대보다는 걱정이 앞섰다. 과연 실질적인 성과를 낼 수 있을지 불투명했

2007년 8월 초 평양에서 김만복(왼쪽) 국정원장과 김양건 통전부장이 비밀리에 만나
남북 정상회담 개최를 합의했다.

기 때문이었다. 이런 우려는 점점 현실로 다가왔다.

2007년 9월 중순, 김양건이 비밀리에 서울을 방문했다. 그는 노
무현을 만나 준비해 온 정상회담 관련 문건을 읽기 시작했다. 김종
대 전 청와대 국방보좌관실 행정관(전 정의당 의원)은 당시 상황을
이렇게 전했다.

"노 대통령은 크게 실망했다. 김정일 위원장이 자신을 평양으로 불
러들이려는 의도에 진정성이 보이지 않았던 것이다. 특별한 의제도
없고, 한반도 평화 프로세스를 진전시키기 위한 구체적 노력도 보

이지 않았다고 느꼈다."

당시 노무현은 김양건에게 "이걸 보고서라고 나한테 가져왔습니까?"라며 실망스러운 마음을 대놓고 표현했다고 한다.

청와대 실무팀에서는 회담 기조를 확실히 해야 했다. 두루뭉술한 선언문 발표에 그치는 회담은 실패나 다름없다는 노무현의 의중에 따른 것이었다. 북핵 문제 해결을 위한 정치·군사적 논의도 좋지만, 경제 협력 분야에 더 주력하기로 했다. 북핵 문제는 미국을 빼고 남북 간의 협상만으로 풀 수 있는 사안이 아니었다.

노무현은 평양 회담을 통해 적어도 '한반도 평화경제 체제'를 확실하게 양측이 합의하는 것을 목표로 삼았다. 특히 서해 NLL(북방한계선) 인근에서 남북 함정 간 무력 충돌 위험이 상존하는 만큼 이 문제를 실질적으로 푸는 것이 중요했다. '서해평화지대' 합의를 끌어내는 것이 가장 신경을 많이 쓴 대목이었다. 김종대는 이를 "돈으로 평화를 사자는 것이었다"(『노무현, 시대의 문턱을 넘다』)고 평한 바 있다.

방북 첫날 한국 정부 비판한 김영남

2007년 10월 2일, 그래도 기대를 갖고 평양을 방문한 노무현은 첫날부터 당혹감을 느꼈다. 겉으로 보기엔 "임기 말 한 건 했다"고 할 만한 남북 정상회담이 시작됐지만 결코 호락호락한 만남이 아니었다. 김정일에 앞서 북한 최고위급 인사인 김영남 최고인민회의 상임위원장을 면담한 자리에서 노무현은 덕담 대신 훈계에 가까운 얘기를 들어야 했다. 김영남은 한국 정부의 태도를 비판하며 질책하고 나섰다. 노무현은 당시를 이렇게 회고했다.

> "지적하는 것들이 감당하기 버거운 것이었다. '우리 민족끼리 하자고 해놓고, 왜 계속 외세의 영향을 받느냐?' '남북 경제 협력이 자꾸 지체되고 합의도 지켜지지 않는다' '왜 (북한 성지) 참배를 금지하느냐. 풀어라' '남북관계를 가로막는 법적·제도적 장애를 풀어라'는 얘기를 늘어놓았다. 우리가 제기하려던 경제특구 문제도 비관적이었다. 45분 동안 훈계조로 얘기하니 참 힘이 들었다." (『성공과 좌절』)

그냥 듣고만 있을 노무현이 아니었다. "항상 민족끼리 해결하자고 하면서 평화협정 문제는 우리(한국)를 왜 자꾸 빼려고 하느냐"면서 "내일 김정일 위원장도 똑같은 얘기를 반복하면 회담에 무슨 성과가 있겠느냐"고 받아쳤다.

다음 날 오전 김정일과의 정상회담이 시작됐다. 노무현은 30분 동안 준비해 간 내용을 설명하기 시작했다. 남북 평화와 경제 협력에 대한 구상과 제안이 주 내용이었다. 듣고 있던 김정일은 전날 김

2007년 10월 4일, 노무현 대통령과 김영남 최고인민회의 상임위원장이 기념 식수를 위해 평양 중앙식물원에서 만났다. 김 위원장은 회담 첫날 한국 정부에 대해 비판을 쏟아내기도 했다.

영남이 했던 불편한 발언을 길게 하지는 않았다. 하지만 김정일은 몇 가지 문제를 제기하고 나섰다.

"무슨 선언을 하자고 하는데, 7·4 공동성명에서부터 여러 가지 선언들이 지금 보면 그냥 종잇장에 불과한 것 아닌가. 우리 민족끼리 하자고 하는 자주성이 없다. 특구를 하자고 하는데, 항상 정치적으로 이용만 하고 실질적으로 이득은 없더라. 기왕에 하는 개성공단이나 잘해서 마무리하고 (특구는) 다음에 생각해 보자."

김정일은 오전 대화만으로 정상회담을 적당히 끝내려고 했다. 하지만 노무현은 이 정도에서 회담이 끝나면 또 하나 마나 한 형식적 선언만 나올 것을 우려했다. 더구나 준비해 간 내용의 절반밖에

2007년 10월 2일 오전, 노무현 대통령과 권양숙 여사가 남북 정상회담을 위해 평양으로 향하던 중 차량에서 내려 노란 군사분계선을 도보로 넘고 있다.

는 애기하지 못했고, 김정일의 확실한 답변도 나오지 않은 상황이
었다. 오후에 회담을 이어가자고 요구해 시간을 추가로 잡았다.

뜻밖에도 오전에 잘 풀리지 않았던 부분이 오후 회담에서 한꺼
번에 확 풀렸다. 김정일은 오전과는 달리 노무현이 제안한 여러 의
제를 "다 좋다"며 선뜻 받아들였다. 복잡한 과정을 생략하고 한 방
에 해결하는 절대 권력자 김정일의 스타일이 그대로 묻어 나온 대
목이었다. 훗날 노무현은 김정일을 이렇게 평했다.

"김정일 위원장은 듣던 대로 거침없이 말하는 사람이었다. 본질적
인 문제에 관해서는 주장을 굽히지 않지만 실무적인 문제에서는 융
통성이 있고, 유연하게 결정을 내린다는 점에서 대화가 될 수 있는
사람이라는 느낌을 받았다."(『성공과 좌절』)

휴지조각 된 세 번의 남북 공동선언

노무현과 김정일은 여덟 가지 사항에 합의한 '10·4 공동선언문'
에 사인했다. 공동선언문에는 서해에 공동 어로구역을 설정해 남
북이 평화롭게 이용하자는 내용이 담겼다. 또 백두산~서울 직항로
개설 등 구체적인 협력 방안이 추가로 언급됐다. 선언문에는 들어
가지 않았지만 김정일은 개성공단을 2단계 사업으로 확장하자는

내용과 해주항을 개방하는 것에도 동의했다. 특히 해주항은 잠수함이 드나드는 북한군의 서해 전진기지로, 엄격히 통제하고 있는 지역이었다. 민감한 군사지역을 남북 경협에 활용한다는 것은 상당히 의미 있는 합의로 평가됐다. "개성공단 생산 물품을 해주항으로 실어내자. 또 개성에서 해주항으로 가는 평야를 남측이 활용해도 좋다"는 김정일의 언급도 오후 회담에서 나온 것이었다.

국민이 실질적으로 회담의 성과라고 느낄 만한 내용이 담겼다고 판단한 노무현은 그제야 안도했다. DJ 때의 6·15 공동선언은 '남북이 경제적으로도 교류하고 협력한다'는 선언적 내용만 담겼다. 200자 원고지 2.5장 분량으로, 남북관계 개선 방향의 대원칙 정도만 언급됐다. 반면에 10·4 공동선언은 원고지 13장 분량으로 남북 경협 사업과 관련해 매우 구체적인 내용이 거론됐다. 형식적 평화선언에 그친 6·15에 비해 노무현의 10·4 선언은 구체적 실행 방안을 담아 분명 진전된 합의라는 평가를 받았다. 하지만 노무현에게는 이러한 합의를 이행할 시간이 주어지지 않았다. 두 달여 뒤 실시된 대선에서 이명박 후보가 당선됐다.

이명박은 취임 후 "6·15 선언, 10·4 공동선언 등 남북 정상회담에서 합의한 내용을 존중하겠다"고 했다. 그러나 "진보 정권들이 북한에 끌려다녔다"거나 "퍼주기만 했을 뿐 북핵 문제는 하나도 해결되지 않았다"는 등 보수 진영의 비판이 거세지면서 남북 간 합의를 실행에 옮길 동력은 사라졌다. 이어 2008년 금강산 관광객 박왕자 씨 피격 사건, 2010년 천안함 사건이 터지면서 남북관계는 다시 악화됐다. 북한은 6자회담을 박차고 나와 다시 핵실험에 나섰다.

2012년 10월, 대선을 앞두고는 노무현의 정상회담이 정치권에서 정쟁의 소재로 등장했다. 노무현이 김정일과의 정상회담 때 "NLL 포기 발언을 했다"는 주장이 새누리당에서 제기돼 큰 논란에 휩싸였다. 당시 노무현-김정일의 정상회담 대화록까지 공개됐고, 검찰 수사로 이어졌다. 수사 결과 "NLL 포기 발언은 없었다"로 결론 났다. 하지만 이미 고인이 된 노무현은 한동안 NLL을 김정일에게 갖다 바치려 했다는 오명을 뒤집어써야 했다. 그리고 10·4 선언 역시 또 하나의 평화 선언으로 끝나고 말았다.

남북 정상회담은 노무현의 마지막 비서실장으로 당시 평양 회담 추진위원장을 겸했던 문재인이 대통령이 된 후 다시 살아났다. 문재인은 2018년 4월 김정은과의 첫 회담을 시작으로 당시 트럼프 미국 대통령까지 끌어들여 판을 한껏 키웠다. 노무현 정부와는 비교도 안 될 정도로 요란한 행차가 이어졌다. 그러나 남북관계는 지금 우리가 보고 있는 대로다.

"견평 형, 내 속 많이 썩였다"
노무현과 동동주, 그날의 비화록

다음은 노무현 대통령이 주요 일간지 편집국장들과 나눈 이야기를 요약한 것이다. 청와대 내에서 저녁 식사에 이어 동동주를 마시며 비보도를 전제로 대화한 격의 없는 자리였다. 대통령은 주요 현안은 물론이고 정치자금 문제, 집안일에 이르기까지 두루 솔직하게 속내를 털어놓았다. 참여정부 집권 첫해를 지내면서 노무현 정치를 둘러싼 갑론을박이 한창이었을 때의 모임이었다.

어투를 그대로 살려 기록함으로써 노 대통령의 말하는 스타일이나 생각을 실감할 수 있도록 메모(당시 중앙일보 편집국장 이장규)에 따라 그대로 전재한다.

2003년 5월 30일 청와대에서 열린 언론사 편집국·보도국장 초청 오찬. 노무현 대통령 오른쪽 둘째가 이장규 중앙일보 편집국장이다. 같은 해 11월 만찬은 비공개 일정이어서 사진 촬영을 하지 않았다.

2003년 11월 5일 저녁 6시 30분~10시

청와대 만찬

참석자 중앙·조선·동아·한국·세계일보 편집국장

배석자 문희상 비서실장, 유인태 정무수석, 이병완 홍보수석

대통령 모두발언

- 오늘 자리는 이병완 홍보수석 제안으로 이뤄졌다. 몇 개월 전만 해도 이런 자리는 생각도 하지 못했을 것이다. 그러나 세상살이라는 게 거역할 수 없는 흐름이 있고, 모두 때가 있는 법

인가 보다. 얼마 전에는 생각도 하지 못했던 일이 지금은 당연한 일이 되고 있으니 말이다. 오늘 여러분들 이야기를 잘 듣고 질문에 성실히 대답하겠다. (※이하 노 대통령의 발언을 주제별로 기록하되 이해와 설명이 필요한 부분은 괄호로 정리했다.)

언론 부분

- 언론에 대한 나의 기술적 대처가 미흡했던 점을 인정한다. 예컨대 비보도로 해야 했을 이야기를 그냥 했다든지, 내가 너무 감정적으로 대응했다든지….

- 그러나 본질적인 이유도 있다. 언론에 대해 대립각을 세워 왔던 것은 사실 나로선 어제오늘의 일이 아니었다. 나름대로 개인적으로 겪어 왔던 억울한 경험들, 부당한 비난에 대한 감정 등이 쌓이고, 그러한 점을 지지하는 세력들과 함께 그것이 공분으로 발전됐다. 그래서 그런 잘못된 신문을 공격하고 맞섬으로써 그 신문의 신뢰를 실추시키는 전략을 구사했다.

- 정부 출범 벽두부터 언론 정책을 강하게 밀고 나갔던 것은 인수위가 워낙 강하게 나왔기 때문이다. 인수위원들이 언론에 너무 당했던 것이 결정적인 이유였다. 집중포화를 맞았던 인

수위가 브리핑 제도 도입 등 강경책을 주도했고, 나는 간단히 사인만 한 것이다.

- (농담조로) 사실 나는 언론과 싸우는 것이 재미있다. 그러나 국민들이 불쌍하다. 내가 언론과 싸우는 과정에서 국민들이 불안해한다. 그래서 이젠 나도 자제하고 절제하겠다. 언론과도 잘 지내도록 노력하겠으니 도와 달라. 대통령 임기가 5년이라고 하지만 앞뒤 잘라내면 4년 정도밖에 안 되고, 그것도 어름어름 하다 보면 그냥 지나간다. 잘 봐 달라. (언론이 정부를 박해했다는 말을 대통령이 할 수 있느냐는 질문) 박해라는 표현은 주관적 단어 선택으로 이해해 달라.

- 나를 가십으로 조지는 것은 괜찮다. 그러나 중요한 국가 의제를 중심으로 언론이 역할을 해줬으면 좋겠다. 사실 중요한 문제가 있어도 대통령 까는 기삿거리만 있으면 대문짝만 하게 키우지 않았느냐. 신문이 너무 비관적이다. 좀 밝고 희망 있게 써 달라. 나도 종전과는 달리 언론에 대한 이해를 높여갈 테니 언론도 좀 협조해 달라.

- 사실 나로선 챙길 것은 거의 챙겼다. 언론도 많이 달라지지 않았느냐. 공무원의 언론에 대한 태도도 많이 달라졌다. 해양부 장관 시절에 겪었지만, 공무원들의 언론에 대한 태도가 너무

저자세였다. 그런 것들이 못마땅해서 가판을 보지 말라고 했던 것인데, 이젠 제법 달라진 것 같아 기분이 좋다.

- 언론에 대한 소송도 모두 홀드(보류)했다(홍보수석에게 회사별로 차질이 없도록 챙길 것을 지시).

(이날 참석한 편집국장들은 지나치게 공격적인 대통령 언론관의 문제점을 지적하고 대통령으로서의 포용적 자세를 촉구했다. 이에 대해 대통령은 앞으로 이런 자리를 자주 만들어 이해의 폭을 넓혀 나가자고 답변했다.)

재신임 문제

- 재신임 문제는 적당히 넘어갈 생각 없다. 지금 정치자금으로 이 난리를 치고 있으니, 발표했던 (재신임 국민투표의) 시기 문제에는 변화가 있을 수밖에 없을 것이다. 정치적 상황이 너무 유동적이다. 잔머리를 굴릴 생각이 전혀 없다(이 말을 되풀이 강조했다). 지켜봐 달라. 정말 책임지는 자세로 성실히 처리할 생각이다.

- 재신임 발표를 하고 나서 나에 대한 지지 여론이 더욱 악화할 줄 알았는데, 오히려 지지율이 곱빼기로 오른 것을 보고 한

국 국민들의 정서가 얼마나 복잡 미묘한 것인가를 새삼 깨달
았다. 노무현이 이xx가 예뻐서 지지율이 높아졌겠나. 노무현
이가 아무리 한심해도 불신임돼서 엄청난 선거자금을 써가며
또 대통령 선거를 치르느니, 문제가 있어도 재신임해 주는 게
낫다고 판단한 것 아니겠나. 또 어떤 엉뚱한 인물이 대통령이
될지에 대한 불안감 같은 것도 작용했을 것이다.

- 솔직히 말해 소위 프레지던시(대통령다움) 이미지 구축에 나
는 실패한 셈이다. 지금부터라도 열심히 하면 회복이 가능하
겠는가. 잘 좀 도와 달라.

정치자금 문제

- 내 마음대로 할 수 있는 것이 별로 없다. 고삐를 쥘 처지가 못
된다. 검찰도 호랑이 등을 탔다. 내려오려다간 물려 죽는다.
특히 한나라가 특검으로 몰고 갈 기세이니, 검찰로선 더욱 강
하게 나갈 수밖에 없다. 공연히 뭘 빼놓고 했다가 특검에서 그
것이 드러날 경우 검찰 체면이 뭐가 되겠나.

- 정치자금 문제로 너무 경제를 걱정 안 해도 될 것이다. 이탈리
아의 경우를 봐도 정치 부패 척결에 상당한 시간이 걸렸지만,

경제가 그것 때문에 나빠졌다는 분석은 없다. 오히려 마피아가 대폭 줄었다.

- 일단 검찰이 하는 것을 지켜보자. 이상수(당시 새천년민주당 사무총장)가 내게 모든 것을 다 까고 선언하겠다고 하기에 내가 말렸다. 지금 이 상황에서는 무슨 선언을 하는 것이 중요한 것이 아니고, 검찰 수사에 적극적으로 협조하는 것이다. 할 이야기가 있으면 검찰 수사에서 밝히라고 했다.

- 어차피 모든 것을 다 깔 순 없다. 이상수가 무슨 죄가 있나. 그가 받았다는 돈은 대부분 소명될 것이다. 문제는 오히려 노무현이다. 어려운 가운데서 나는 수십 명으로부터 돈을 받았다. 100만 원에서 몇천만 원에 이르기까지. 그 가운데는 무슨 닷컴 회사 사장도 있고, 이름 모를 예식장 주인도 있다. 법으로 걸면 걸린다. 무작정 나를 도와준 사람들이다. 나는 무슨 일이 있어도 그 사람들을 불 순 없다. 의리의 문제다.

- 이 마당에 와서 누굴 징벌하자는 차원이 아니라 정치 개혁 차원에서 최소한 정치자금을 어떻게 걷어 왔고, 어떻게 쓰였는가는 국민들에게 알게 해야 하지 않겠나.

- 분명한 것은 내가 제일 싸게 대통령이 됐다는 사실이다. 여러

분들도 인정하지 않느냐. 경선 과정에서부터 정말 돈 적게 들이고 했다. 자원봉사에 크게 의존했다. 경선에 나갈 때도 경선 보증금이 모자라 막판에 포기하려고 했다. 다행히 안희정이 돈을 마련해 와서 경선에 나갈 수 있었다.

집안, 개인 문제

- 내 형 노건평은 1970년대의 말단 세무 공무원이었다. 그런 그가 어찌 모범 시민이 될 수 있겠나. 형은 그 시대의 그런 사람이었다. 부동산도 많이 했다. 땅을 사고파는 데는 재주가 뛰어났다. 내 속을 많이 썩였다. 한번은 돈을 좀 해내라고 해서 못준다고 거절했더니 집안에서 곤욕을 치렀다. 하는 수 없이 보험 든 것을 모두 헐어서 2000만 원을 해줬다. 나중에 땅으로 돌려받았는데, 그게 다 신문에 난 문제의 땅이다. 거제도 해상공원의 땅도 형이 어디서 찾아냈는지 행정 실수로 빠진 자투리땅을 찾아내서 산 것이다. 용도변경을 해서 재주 좋게 집을 지었다. 물론 합법이었다. 그러나 언론이 이런 모든 것들을 지금 와서 두들겨 엎고 헤집어대니, 집안에서 내가 뭐가 되겠는가. 정말 견디기 어려웠다.

- LG에 다니는 아들도 힘들어 한다. 경호 문제가 제기됐는데,

결국 하지 말라고 했다. 대통령 아들이 납치의 대상이 될 수 있겠지. 그러나 경호를 하자면 정말 골치 아픈 일이 너무 많아서 하지 말라고 한 것이다. 제 운에 맡기고 사는 거지 뭐.

- 영국 대사관에 다니는 딸도 하는 일에 오해의 소지가 생길 수 있다는 주위의 말을 듣고 즉시 그만둬버렸다.

- 골프를 치는데 자꾸 주위에서 멀리건(벌타 없이 다시 치게 하는 것)을 준다. 그런 것 저런 것 다 따지면 100타쯤 친다. 골프 매너는 내가 봐도 벽창호처럼 친다. 완벽한 노터치No Touch 플레이를 한다.

미국 문제

- 경선 때부터 나의 미국관을 놓고 얼마나 말이 많았나. "일도 없는데 미국을 왜 가나"는 식의 발언이 상당한 파장을 몰고 왔던 것을 잘 알고 있다. 대선 과정에서도, 당선자 시절에도 반미적인 인물로 언론이 지목해 오지 않았나. 계룡대 가서도 "미국이 북한을 치면 우리는 자동적으로 북한을 쳐야 하느냐"는 식으로 해대니까 군인들도 어리둥절했었지.

- 파월(당시 미국 국무부 장관)이 왔을 때 나는 그에게 "동맹은 살기 위한 것이다. 한반도에 전쟁이 나면 남북한 모두 죽는다"고 말했었다. 북한 핵 위협에 공조라는 이름으로 여기까지 왔고, 그런대로 한국의 기여가 있었다고 평가하고 싶다.

- 대통령이 되고 보니 미국 워싱턴과 서울을 연결하는 채널이 이렇게도 많은가 하고 깜짝 놀랐다. 내가 무슨 말을 하면 워싱턴에서 어떤 반응을 보이고 있다는 이야기가 수십 개의 채널로 보고됐다. 사방에서 압력이 들어오는데, 정말 세더라. 가장 가슴이 철렁했던 압력은 무디스(국제 신용평가기관)가 서울에 올 때였다. 다행히 잘 막아냈다.

- 윤영관 외교부 장관은 미국 문제로 내게 막 대든다. 대통령이 그렇게 나가면 4700만 국민의 안부는 어떻게 하란 말이냐고 따지고 들고, 나는 나대로 4700만 국민의 안보를 내세우며 주장을 굽히지 않는다. "나는 죽어도 그렇게는 못 한다. 그런 압력에 굴복하느니 차라리 내가 대통령을 그만두련다. 내가 그만두면 다음 대통령이 미안했다고 하고 무마하겠지"라며 실랑이를 벌이기도 한다.

이라크 파병

- 이라크에 파병한다고 해서 당장 경제적으로 건질 것은 없다. 그러나 이라크 전쟁 자체가 세계 석유 관리 정책 차원에서 미국이 나섰다는 분석에는 신중하게 주목할 필요가 있다. 그런 전쟁이 옳다 그르다를 따지기에 앞서 그것이 현실이라면 석유 수입 의존이 심한 한국으로선 적극적으로 나서지 않을 수 없다.

- 아직 확정된 것은 없다. 지난번 APEC(아시아·태평양경제협력체)에서 부시 대통령과 만났을 때 "국내 사정상 파병의 성격, 시기, 규모는 내게 일임해 달라"고 말했더니 부시가 즉각 "일임하겠다. 다만 많을수록 좋겠다"라고 하더라. 부시도 보통내기가 아니다. 결단력이 대단한 사람이다. 마침 재신임을 선언하고 출국했던 때여서 그 핑계를 댔다.

대선 뒷이야기

- 정××(당시 새천년민주당 고위 당직자)는 정말 나쁜 놈이다. 민주당의 대선 후보가 돼서 내 캠프를 끌고 당사로 들어갔다. 대통령 선거를 위해 400억 원의 후원금을 걷었는데, 막상 대통령 선거 치르려고 하니 14억 원밖에 없었다. 하는 수 없이 경

기도 등 지방 지구당 명의로 후원금을 모아서 썼다. 나보고 돈을 만들어 오라고 해서 몇천만 원 갖다 줬더니 그걸로 내 스태프들한테 월급 주더라.

- 주위에서 민주당 박상규(전 중소기업중앙회장)와 김원길 의원이 돈을 만들어 올 수 있는 인물이니 가까이하라고 했다. 내 주위에는 돈 만드는 재주 있는 사람들이 없으니 따를 수밖에 없었다. 그런데 하루는 박상규가 JP를 총리로 삼으라고 하길래 그걸로 거래를 끊었다. 김원길은 "기업들이 모두 약한 구석이 있으니 돈 걱정 말고 내게 맡기라"고 하길래, 그러지 말라고 하면서 멀어졌다.

- 정몽준이 뜨면서 상황이 매우 어려워졌다. 그때도 당내에서 소위 재신임 문제가 거론됐다. 나는 재신임하고 뭐가 있는 모양이다. 그런데 김민석(당시 민주당 의원)이 탈당, 정몽준 쪽으로 가면서 내 지지층이 똘똘 뭉치기 시작했다. 정말 김민석 아니었으면 나는 대통령이 될 수 없었다.

- 돈이 달려서 어려움이 많았다. 기타 치는 광고는 1억 원짜리였는데, 그건 공짜로 해준 거나 진배없다. 지구당에서 돈 달라고 아우성이었지만 그때마다 거부했다. 지구당 자금으로 당락이 좌우된다고 생각하지도 않았다. TV 광고도 돈 떨어지면

476

2002년 대선을 한 달쯤 앞두고 방영된 TV 광고 '기타 치는 대통령'은 선거 광고의 대성공 사례로 꼽힌다. 노무현은 돈이 없어 이 광고를 거의 공짜로 찍었다고 말한다. 사진 노무현재단 그만하라고 했다.

- 분열로 인한 패배를 가장 경계했다. 이회창과의 경쟁에서 나와 정몽준이 분열돼서 진다는 것은 정말 어리석은 것이라서 정몽준과 승부를 건 것이다. 당시 김민석 덕분에 다시 상승세를 타기 시작했으나 정몽준을 넘어서진 못했다. 내가 불리한 가운데 계속 정몽준에게 단일화 카드를 내밀었고, 승부를 피하려는 정몽준을 붙들기 위해 양보에 양보를 거듭하면서 접근전을 벌이는 과정에서 오히려 승기를 잡았다.

- 나는 짱구 굴리는 것을 싫어한다. 체질에 안 맞는다. 대충 생각해서 방향이 맞으면 그냥 밀고 나가는 게 내 스타일이다. 대통령도 그렇게 하다 보니 된 것이다.

- 정몽준과의 공동정부는 애당초 생각지도 않았다. 그런 약속도 없었다. 승부를 내서 지는 쪽이 깨끗이 물러나기로 했다. 나는 기본적으로 이회창에 대한 신뢰가 있었다. 설사 그가 대통령이 된다 해도 나라를 들어먹을 사람은 아니라고 믿었기 때문이다.

478

경제 문제

- 하루 집무 시간의 70%를 경제 관련 회의를 하고 챙기는데 신문이 잘 안 써준다. 청와대 출입기자들이 경제 문제에 더 관심을 가져줬으면 좋겠다.

- 지방 균형 발전 문제와 수도권 집중 문제를 바터로 해결하려고 수십 차례 회의를 거듭하고 있다. 이제 대충 방향을 잡았다. 수도권 규제를 풀어 달라는 요구와 지방 발전을 연계시켜서 양쪽 문제를 함께 풀자는 전략이다.

- 정부가 법을 만들어 국회에 보냈는데, 거기서 시간을 끌고 있는 것이 너무 많다. 정말 답답하다. 공무원 사회도 문제가 많다. 지난번 화물연대 파업 사태가 대표적인 사례다. 미리 대처했으면 그 지경까지 안 갔다. 일을 당하고 나서도 화물차 운전사들 명단 작성하는 문제까지 내가 참견해야 하니 참 딱하다. 위기 관리 시스템이 없고, 있어도 작동이 제대로 안 된다.

- 부동산 투기를 막으려고 여러 강한 말을 해 왔는데, 의지의 표현이다. 대안이나 아이디어가 있으면 달라. 기회 있을 때마다 큰 건수의 투자 유치를 추진하고 있는데 잘 안 돼서 안타깝다.

뻔뻔한 정치판, 그가 그립다
실패한 노무현 이유 있는 부활

집권 당시의 노무현 지지도가 얼마나 바닥이었는지를 지금의 젊은 세대들은 믿기 어려울 것이다. 언론이나 야당은 물론이고 여당으로부터도 따돌림당한 처량한 신세였다. 정권 교체는 당연지사였다. 다음 대통령 이명박의 대승이야말로 '실패한 노무현'의 확실한 증거였다. 그랬던 노무현이 오늘날 이처럼 화려하게 부활할지, 당시로서는 상상이나 했겠는가.

"왜?"라는 화두로 시작한 본 연재물을 하필 대통령 선거판이 새롭게 시작되는 시점에 마무리짓게 된 것도 우연치고는 공교롭다. 그렇지 않아도 혼란스러운 정치판에서 '노무현' 이름 석 자가 자주 거명됐는데, 대선 열기가 본격화되면서 노무현의 주가는 더 오를 가능성이 농후하다.

그동안 각 분야나 주제별로 노무현의 성공과 실패를 살폈다. 당시의 기억들이 더 이상 윤색·왜곡되기 전에 한 시대를 정리하고 기록하는 것이 연재의 의도였다. 많은 사람을 인터뷰했고, 상반되는 주장은 기록을 뒤져가며 진실 여부를 가리고자 했다. '백서'라는 이름의 정부 간행물이 얼마나 편향된 내용이었는지를 확인한 것도 소득이었다. 참여정부와 관련된 수많은 '자서전'도 마찬가지다. 노무현 영웅화 무드에 편승한 지나친 과장이나 미화를 바로잡는 것도 쉬운 일이 아니었다.

노무현이 남긴 여러 업적에 대해 인색했던 평가, 잘못된 인식들을 바로잡는 것도 의미 있는 일이었다. 20년이 지난 시점에서 최대한 객관적 시각으로 재조명하고자 했다. 한·미 FTA, 깨끗한 선거, 행정 전산화 등은 시비의 여지 없이 마땅히 평가받을 업적이다. 노무현이 반미주의자냐, 참여정부가 사회주의 정권 아니었느냐 하는 의심도 더 이상 제기되지 않을 것이다.

에필로그에서는 정치인 노무현에 대한 소회에 초점을 맞췄다. 개별 사건이나 정책들을 둘러싼 평가를 떠나서 그가 정치인으로서 추구했던 바는 무엇이었을까가 여전히 궁금하다. 역대 다른 대통령들과 어떻게 달랐나. 무엇이 노무현의 인기를 높이고 있는 걸까. 이런 점들을 마무리 삼아 돌이켜보자는 것이다.

"애당초 대통령이 되지 말았어야…"

우선 노무현은 스스로를 어떻게 평가했을까. 본인이 직접 쓴 자서전은 없다. 사후에 자서전이라는 이름의 책이 여럿 출간되었으나 모두 남이 쓴 것이라 한계가 있다. 『성공과 좌절』이 대표적 '자서전'인데, 평소의 메모와 단상들을 모아서 측근들이 편집·정리한 것이다. 그러나 이 책 역시 전반부와 후반부의 서술이 매우 다르다.

앞부분에서는 성공보다는 좌절 쪽에 더 쏠려 있다. 감정이 걸러지지 않는 메모들을 그대로 옮겨 담았다. 자신을 "실패한 대통령"이라고까지 했다. 심지어 "애당초 나는 대통령이 되지 말았어야 했던 사람"이라는 등의 심한 자학과 회한을 곳곳에 남겼다. 정치도 실패했고, 대통령으로서도 뜻대로 한 게 없으니 자신의 인생은 실패였다고 했다.

노무현은 집권 말기에 접어들면서 우울한 나날이 늘어났다. 행사에 나가 연설을 할 때면 원고에 없는 즉흥 스피치가 대부분이었다. 예정된 시간을 2~3배 초과하는 경우도 잦았다. 걸핏하면 감정의 여과 없는 발언을 쏟아냈고, 언론은 "국민을 피곤하게 하는 대통령"이라고 비판했다. 바람 잘 날이 없었다. 대통령은 "노무현을 비판하면 그것이 곧 정의냐"며 맞받아쳤다. 이렇게 큰소리를 치면서도 노무현 자신의 노트에는 다음과 같이 적고 있었다.

인기 없는 대통령이 인기 없는 정책을 밀어붙였다. … 말씨와 품위, 언론과의 싸움, 국민들을 피곤하게 한 대통령. … 인심을 잃었다고 한다.

이런 정치적 좌절은 치명적이었다. 그는 통합의 정치인이 되고 자 하는 포부가 있었다. 지역구 선거운동에나 매달리는 생계형 국 회의원이 되려고 잘나가던 변호사를 접은 게 아니었다.

'바보 노무현'이 추구한 통합의 정치

노무현에게 있어서 통합의 정치란 무엇이었나. 당시 정치판을 지배하던 YS와 DJ의 계파 정치, 지역 정치를 뛰어넘는 진정한 통합 의 정치를 펼치고 싶었다. 그는 정치 입문 때부터 영·호남 대립으 로 빚어진 지역주의 정치를 극복하는 것이 정치 개혁의 핵심이라 믿었다. 당선이 보장되다시피 한 지역구를 포기한 채 '전라도당(DJ 당)' 간판을 달고 경상도 지역구를 자청해서 낙선을 감수했다. 생각 대로 실천해 보인 것이었고, 그런 자신에 만족했다. 가장 자랑스러 운 패배로 내세울 만했다. '바보 노무현'이라는 애칭도 그래서 붙여 졌다. 정치 경력은 짧아도 소신의 정치인이라는 이미지가 이때부 터 만들어지기 시작했다.

2003년 5월 미국 순방 중에 링컨기념관을 찾은 노무현 대통령 부부. 그는 진심으로
'한국의 링컨'이 되고 싶어 했다.

　이런 이력을 발판으로 드디어 대통령이 된 노무현은 자신만 잘
하면 통합의 정치를 이룰 수 있다고 믿었다. 대통령 당선이야말로
그가 정치인으로 입신해서 거둔 최대의 성공이었다.

　그의 정치적 욕심은 대통령 자리에 그치는 것이 아니라 통합의
대통령이 되는 것이었다. 에이브러햄 링컨을 닮고 싶었고, 책을 쓸
정도로 많이 공부했다. 노예 해방에 앞장섰으며, 분열과 대립으로
갈라진 미국을 화해와 관용으로 통합시킨 '한국의 링컨' 소리를 들

는 게 소원이었다.

앞서도 살폈듯, 대통령 노무현은 과거와의 단절에 과감하게 나섰다. 당연직인 여당의 총재직을 마다하고 국회의원 공천 권한을 스스로 내던졌다. 스스로 대통령 권력을 축소하는 것이 통합 정치의 시작이라고 믿었기 때문이다. 그는 나름대로 준비된 각본이 있었다.

'노무현식 통합' 노력은 집권 내내 계속되었다. 하지만 현실은 각본과는 달리 거꾸로 갔다. 통합은커녕 분열과 갈등은 더 심해져 갔다. 당정 협의란 말조차 사라졌다. 정부 일에 여당이 반대하고 나서는 경우가 비일비재했다. 대통령의 권한 축소가 부메랑이 되어 자신을 공격했다. 언론은 눈에 불을 켜고 노무현의 정치적 실책을 비판했다. 그럴 때마다 노무현은 발끈했고, 이것이 또 다른 갈등을 부르는 악순환으로 이어졌다.

통합의 시나리오가 이처럼 틀려 나갈지 몰랐다. 임기는 다가오는데 갈등과 대립의 골이 더 깊어지고 있음을 노무현도 부인할 수 없었다. 오죽하면 "나는 갈등의 DNA를 타고 태어났나 보다" 하며 자탄했겠는가. 어찌 보면 노무현의 정치는 통합과 갈등 사이에서의 방황이었다고 해도 과언이 아니었다. 애당초 통합이나 화해, 관용 등의 단어 자체가 성격적으로도 그에게는 어울리지 않았는지 모른다. 결국 임기 말에 자신이 만든 당으로부터 쫓겨나다시피 떠나야 했다.

그럼에도 불구하고 노무현답게 버텼다. 레임덕에 빠지고 여당마저 등을 돌린 형국에서도 노무현은 "내가 옳다"는 생각을 결코 포기하지 않았다. '비전 2030'을 발표했을 때도, 개헌과 대연정을 제안했을 때도 뚝심을 견지했다. 그가 어떤 대통령이었는지를 역설하는 영상 인터뷰까지 자신이 지정한 매체와 했다.

퇴임 후에도 재임 중에 못다 이룬 '노무현 정치'를 고향 봉하에 앉아 계속할 생각이었다. 말이 공부 모임이지, 자신이 추구하는 바를 계속 이어 나갈 '노무현당黨'을 준비하고 있었다. 대통령으로서 경험한 실패를 이론적으로라도 만회하고 보완하고 싶었던 것이다.

그러나 박연차 비리 사건이 터지면서 공들여 쌓았던 모든 것이 무너지고 만다. 파국적인 상황이 휘몰아 닥치면서 산산조각이 났다. 막판의 메모들은 자책과 좌절의 넋두리가 대부분이다. 어디 가나 정의와 공정을 내세워 큰소리를 쳐 왔던 것인데, 가족 비리가 터져나오면서 모든 게 한 방에 날아가 버린 것이다. 당시의 참담한 분위기로는 참여정부 시대가 역사에서 지워지는구나 싶을 정도였다. '폐족廢族'이 그냥 나온 말이 아니었다.

'사과쟁이' 대통령

그러나 노무현의 반전 스토리는 오히려 이때부터 시작된다. 박연차 스캔들의 절망 속에서 그는 모든 스위치를 끄고 오직 속죄의 스위치만을 켰다.

"과오는 과오입니다."

검찰 수사가 목을 조여오는 가운데 그는 참회의 메모들을 써 갔다.

"말년이 되면서 나는 정치적 좌절을 이야기했다. 정치를 하면서 이루고자 했던 목표는 분명히 좌절이었다. 시민으로 성공하여 만회하고 싶었다. 그런데 이제 부끄러운 사람이 되고 말았다."

(『성공과 좌절』 16쪽)

노무현의 이런 고백에 담긴 울림은 그의 죽음을 계기로 시간이 흐를수록 커져 갔다. 그 이후의 대통령들인 이명박·박근혜·문재인 등을 거치면서 더욱 두드러졌다. 급기야는 역대 대통령 여론조사에서 만년 1등이던 박정희를 제치고 압도적인 차이로 1등에 올라선 것이다. 아마도 최근 윤석열의 파면까지 여론에 반영된다면 노무현의 지지도는 더 올라갈 게 뻔하다.

한국 정치는 확실히 마이너스 게임인 모양이다. 노무현을 끌어올렸던 반전의 원천은 무엇을 성공시켜서가 아니었다. 이 잡듯 비리를 뒤지는 검찰 수사의 살벌함 속에 노무현이 한 것이라고는 자신의 과오와 실수에 대한 고백과 사과뿐이었다.

사실 노무현은 '사과 선수'였다. 일도 많고 탈도 많았지만, 그때마다 진솔하고 솔직한 사과로 고비 고비를 넘어갔다. 대통령 자리에 앉자마자 장수천 사건에 대한 대국민 사과를 시작으로 안희정·

대통령 노무현은 살아서 바닥이었으나 죽어서 일등이 됐다. 그의 육신이 화장되면서 이승의 삶을 마친 수원 연화장에 세워진 조형물은 오늘도 속삭인다. 죽음은 마침표가 아니라고.
사진 손병수

최도술 등 최측근이 관련된 대선자금 사건 등이 터질 때마다 주저 없이 사과했다. "대통령이 말이 너무 거칠어서 죄송하다"고 사과하는가 하면, "인사 검증을 잘 못했다"고 사과했다. "대통령으로서 책임을 통감하며 국민들께 사과드린다"는 식의 사과는 수도 없이 했다. 노무현처럼 사과를 많이 한 대통령이 없었다.

그의 마지막 사과는 스스로 생을 마감한 것이었다. 그 마지막 사과는 파멸의 낭떠러지에 몰렸던 주변을 기사회생시켰고, 나아가서 스스로의 정치적 부활을 만들어냈다. 통합의 정치에는 실패했으나 노무현은 어느 대통령에게서도 찾아볼 수 없었던 사과와 참회로써 모든 허물과 과오를 덮을 수 있었다.

오늘날 회자되는 '노무현 정신'도 특별한 정치적 신념이나 가치라기보다는 허물과 과오, 그리고 참회까지 아우르는 삶의 솔직한 태도에서 비롯된 것이 아니겠는가. 더구나 지도자들의 뻔뻔함이 극에 달하고 있는 작금의 정치 현실이 '사과쟁이' 대통령 노무현을 더욱 돋보이게 만든 이유일 것이다.

노무현과 나:

정세균
전 노무현재단 이사장

노무현 대통령을 대선 때부터 도왔는데.

대선 경선 때 동교동 쪽에선 암암리에 이인제를 밀었다. 하루는 이 후보가 내게 전화를 걸어 노 후보를 잔뜩 비난했다. 이념적으로 문제가 있는 사람이라는 내용이었다. 나는 좌파나 극렬한 운동권은 아니지만 고려대 총학생회장을 지냈다. 노무현을 그렇게 색깔론으로 비난하는 걸 보고 이 사람은 안 되겠다 싶어 그때부터 노 후보를 적극적으로 도왔다.

노 대통령은 한·미 FTA나 이라크 파병 등 지지층에 반하는 정책도 폈는데.

당리당략이나 지지자들, 팬덤에 연연하지 않고 국익을 좇는 데 용감했던 분이다. 한·미 FTA가 좋은 예다. 우리나라는 통상으로 먹고사는 나라, 제조업 경쟁력이 강한 나라 아닌가. 수출 안 하면 먹고살기 어렵다고 본 거다. 지지자들과도 필요하면 한판 붙을 용기 있는 지도자가 별로 없는데, 그런 점에서 특별했다.

노사모도 지금의 팬덤과 달랐는데.

인간 노무현에게 반해서 '저런 사람이 나라를 이끌고 갔으면 좋겠다'

고 순수하게 생각했던 사람들이다. 이후 정치인에 대한 팬덤이 생기면서 그냥 응원만 하는 게 아니라 권력화됐다. 지금 팬덤은 자신들과 생각이나 노선이 다르면 공격하고, 지지하는 정치인을 부려먹으려고 한다. 나는 후배들에게 "국민을 위해 정치한다면서 어떻게 지지자들 눈치만 보느냐"고 얘기한다. 정치인이 자기 소신과 철학이 없으면 정치인이라 할 수 없다.

정치개혁에 대한 평가는.

무엇보다도 돈 안 드는 선거를 만들었다. 내가 재선할 때까지는 돈이 좀 들어갔는데, 노 대통령이 되고 나서 3선 할 때는 돈이 거의 안 들었다. 그는 중선거구제를 원했지만 성공하지 못했다. PK(부산·경남)에서 민주당 의원이 10명 이상 나오면 지역주의를 타파할 수 있다고 했다. 노무현은 순수한 이상주의자였다. 정치 지형상 통합의 가능성이 없었지만 통합에 대한 열정과 열망을 포기하지 않았다.

노무현재단의 지향점은.

민주주의를 업그레이드하는 것이다. 대의민주주의하에서는 국민이 어떤 신념으로 의견을 내고 참여하는지가 그 나라의 민주주의 수준을 결정한다. 깨어 있는 시민을 양성하고 시민 민주주의를 지켜나가는 것이 재단의 소명이고 목적이다. 그것이 노무현의 꿈이었다.

노무현 전 대통령 연표

1946.9.1. ~ 2009.5.23.

1946. 9. 1.	경남 김해시 진영읍 본산리 봉하마을 출생, 노판석-이순례 씨의 3남 2녀 중 막내
1959. 2.	진영 대창초등학교 졸업
1963. 2.	진영중학교 졸업
1966. 2.	부산상고 졸업(53회)
1971. 1.	육군 만기제대
1973. 1	권양숙 여사와 결혼
1975. 3.	제17회 사법고시 합격
1977. 9.	대전지방법원 판사 발령
1978. 5.	변호사 개업(법무법인 부산)
1981. 10.	부림사건 변론 이후 인권변호사로 활동
1988. 4.	제13대 국회의원 당선(통일민주당, 부산 동구)
1988. 12.	'제5 공화국 비리 조사 특별위원회' 위원, '청문회 스타'로 부상
1992. 3.	제14대 총선 낙선(민주당, 부산 동구)
1995. 6.	부산시장 선거 낙선(민주당)
1996. 4.	제15대 총선 낙선(민주당, 서울 종로)
1998. 7.	제15대 보궐선거 당선(국민회의, 서울 종로)
2000. 4.	제16대 총선 낙선(새천년민주당, 부산 북강서을)
2000. 8.	해양수산부 장관 임명(~2001년 3월)
2002. 4.	새천년민주당 대통령 후보로 선출
2002. 11.	국민통합21 정몽준 대표와 후보 단일화
2002. 12.	제16대 대통령 당선
2003. 2.	제16대 대통령 취임
2004. 5.	헌법재판소 탄핵소추안 기각
2005. 7.	한나라당에 대연정 제안
2007. 4.	한·미 FTA 타결
2007. 10.	평양에서 남북정상회담 개최
2008. 2.	대통령 임기 종료
2009. 4	대검찰청 소환 조사
2009. 5. 23.	서거

성공한 노무현,
실패한 노무현

초판 1쇄 2025년 5월 30일

지은이 이장규 손병수 고성표 박유미

발행인 박장희
대표이사 겸 제작총괄 신용호
본부장 이정아
책임편집 이상민
기획위원 박정호
마케팅 김주희 이현지 한류아

사진 중앙포토
디자인 어나더페이퍼

발행처 중앙일보에스㈜
주소 (03909) 서울 마포구 상암산로 48-6
등록 2008년 1월 25일 제2014-000178호
문의 jbooks@joongang.co.kr
홈페이지 jbooks.joins.com
인스타그램 @j__books